人民日报 传媒书系
SERIES OF THE BEST MEDIA BOOKS

全媒体时代的标题制作实操读本
标题制作者的案头常备书

Xinwen Biaoti
Zhizuo Yidiantong

# 新闻标题制作一点通

主　编　王卫明　万　莉　蔡军剑
副主编　徐玲玲　薛莎莎　李华龙　郑艳琦

人民日报出版社
北京

图书在版编目（CIP）数据

新闻标题制作一点通 / 王卫明，万莉，蔡军剑主编 . —北京：人民日报出版社，2020.9
ISBN 978-7-5115-6530-3

Ⅰ.①新… Ⅱ.①王… ②万… ③蔡… Ⅲ.①新闻标题—新闻编辑 Ⅳ.① G213

中国版本图书馆 CIP 数据核字（2020）第 163561 号

| | |
|---|---|
| 书　　名： | 新闻标题制作一点通<br>XINWEN BIAOTI ZHIZUO YIDIANTONG |
| 主　　编： | 王卫明　万　莉　蔡军剑 |
| 出 版 人： | 刘华新 |
| 责任编辑： | 林　薇　王奕帆 |
| 封面设计： | 春天书装工作室 |
| 出版发行： | 人民日报出版社 |
| 社　　址： | 北京金台西路 2 号 |
| 邮政编码： | 100733 |
| 发行热线： | （010）65369527　65369846　65359509　65369510 |
| 邮购热线： | （010）65369530　65363527 |
| 编辑热线： | （010）65369514 |
| 网　　址： | www.peopledailypress.com |
| 经　　销： | 新华书店 |
| 印　　刷： | 北京盛通印刷股份有限公司 |
| 法律顾问： | 北京科宇律师事务所　010-83622312 |
| 开　　本： | 710mm×1000mm　1/16 |
| 字　　数： | 300 千字 |
| 印　　张： | 19.75 |
| 版　　次： | 2020 年 11 月第 1 版　2025 年 7 月第 4 次印刷 |
| 书　　号： | ISBN 978-7-5115-6530-3 |
| 定　　价： | 46.00 元 |

# 前　言

**标**题对新闻报道而言是相当重要的部分,它为读者直接呈现新闻的内容和特点,传达新闻报道的核心内容。

标题是新闻传播成功与否的一个关键。"题好一半文",对新闻报道而言,好的标题相当于半篇文章。所以,每一位新闻记者、新闻编辑、新闻通讯员,案头都需要常备一本涵盖各种标题技巧、收录大量标题实例的图书。

任何新闻的标题都需要在坚持新闻真实性原则的基础上,结合新闻本身的内容特点,简明扼要地传达真实信息,令读者眼前一亮。

可如今在媒体之中,有些新闻标题似乎只是作为吸引读者眼球的工具。各种虚假、浮夸、耸人听闻的标题大行其道,例如,"看哭网友""某某组织傻了""震惊!"等,最常见的则是在标题最后增加网友评价,而评价真假却不得而知。这些新闻标题看似惊天动地,实则索然无味,仔细推敲标题内容,不乏想入非非之嫌。同时,这些标题反映出作者基本新闻素养的缺失,一味地迎合公众口味,只求吸引眼球,不惜编造信息,传播"客里空"[①]新闻。

---

[①] 客里空:"客里空"是苏联1942年出版的剧本《前线》中的一个角色——前线特派记者。在剧本里,作者用讽刺的笔法刻画了客里空不上前线、不深入部队,每天待在前线总指挥部信口开河、弄虚作假、"创造"新闻的形象。因此,"客里空"一词成为新闻写作中弄虚作假、无中生有、凭空捏造的代名词。

有些标题，题文不符。有些标题，与事实不符。带有主观故意性、欺骗性的标题，我们称之为"标题党"。表意夸张的标题，我们称之为"浮夸体""震惊体"。这两类标题，是我们必须摒弃的，否则可能给作者和媒体带来大麻烦。

### 标题讲究真实、准确

真实是新闻的生命，标题的真实更是新闻真实的门面。标题党在追求阅读量的时候，往往忽视了新闻标题的本真。标题出现的浮夸风、虚假风，不仅令标题严重失实，长此以往，更会让读者对这些夸大其词的新闻感到麻木，从而对整个新闻行业的权威性和可信度产生怀疑。不管是从新闻本身的特点，还是从受众对新闻的态度来看，失实标题都不可取，新闻标题的水平仍需要提升。

### 标题讲究生动

制作新闻标题，可以灵活运用对偶、排比、拟人、拟物、比喻、翻造、回文、双关、顶针、对比、设问等修辞手法（慎用"夸张"修辞）。

唐代诗人杜甫在七言律诗《江上值水如海势聊短述》中写道："为人性僻耽佳句，语不惊人死不休。"如今，为了达到最佳的传播效果，记者、通讯员、编辑纷纷效仿杜甫，追求"题不惊人死不休"。古人为了写好一句诗，常常反复推敲。今人为了拟好一个标题，也是常常反复推敲。这种推敲的精神，应该是每一位标题制作者都具备的。

### 标题讲究简洁

如果标题字数过多，可以将其分解为两行标题、三行标题甚至增设提要题。有时在版面上，标题可以只是一个字。

### 标题讲究适配

制作新闻标题，要考虑媒体的特性、定位、风格，尽量不要与其他媒体的标题雷同，也不可背离媒体本应保持的风格。党报的标题通常突出领导人，都市报、晚报的标题通常突出新闻点。手机平台的新闻报道，因为受众看到标题时通常看不到正文，所以应该尽量在标题中设置悬念，否则受众很可能不会点击进去阅读。

不同的新闻题材,其新闻标题的文风也有所不同。时政新闻标题,可以相对严肃一些;娱乐新闻标题,可以轻松一些;气象新闻标题,可以生活化一些;体育新闻标题,可以活泼一些。

有些标题与体裁不匹配,本来是消息的标题(注重客观、陈述事实),却写成评论的标题(主观性强、表达观点)。消息的标题,通常不能写成名词性短语或名词,但是,通讯的标题却可以写成名词性短语或名词。

**标题讲究规范**

标题中的标点符号使用是非常讲究的。句号,通常不能写入标题之中。破折号,通常不放在消息的标题之中,却可以放在通讯的副标题之中。标题中的逗号,通常以空格代替。

**标题讲究传播效果**

制作新闻标题,要多考虑受众的感受,设身处地想想"受众看了这个标题之后会做何感想"。

**标题讲究创新**

制作者可以借用古诗文、网言网语、流行语、方言做成标题,也可以在后期的编辑阶段将标题的某一局部做成特定的图片(某地的地图轮廓、上升或下降的箭头等)。

本书分类细致,涉及 20 种题材的新闻标题,结合具体实例,对不同类型的新闻在拟题时需要注意的要点进行鞭辟入里的分析和细致的说明。本书还列举了大量新闻标题实例,方便读者参考,希望读者能够从优秀实例中感受到新闻标题应有的特点和内涵。

总之,鉴于一些新闻标题的虚假浮夸之风,本书的出版希望能够引发媒体工作者或是媒介受众对标题制作的新思考,但愿读者能够从书中得到一些启迪,了解新闻标题的真正要义,不被新闻标题乱象带偏,成为新闻标题制作高手。

# CONTENTS 目录

## 第一章 不同题材新闻标题制作技巧 // 001

第一节 时政新闻标题制作技巧 …………………………………… 001
第二节 慈善新闻标题制作技巧 …………………………………… 005
第三节 气象新闻标题制作技巧 …………………………………… 008
第四节 娱乐新闻标题制作技巧 …………………………………… 011
第五节 房地产新闻标题制作技巧 ………………………………… 014
第六节 政经类新闻标题制作技巧 ………………………………… 019
第七节 股票新闻标题制作技巧 …………………………………… 022
第八节 军事新闻标题制作技巧 …………………………………… 028
第九节 法治新闻标题制作技巧 …………………………………… 032
第十节 科技新闻标题制作技巧 …………………………………… 035
第十一节 体育新闻标题制作技巧 ………………………………… 040
第十二节 影视新闻标题制作技巧 ………………………………… 044
第十三节 灾害新闻标题制作技巧 ………………………………… 047
第十四节 监狱新闻标题制作技巧 ………………………………… 049
第十五节 会议新闻标题制作技巧 ………………………………… 052
第十六节 游戏新闻标题制作技巧 ………………………………… 055
第十七节 健康新闻标题制作技巧 ………………………………… 057
第十八节 广告软文标题制作技巧 ………………………………… 060

第十九节　社区新闻标题制作技巧 …………………………… 070

　　第二十节　教育新闻标题制作技巧 …………………………… 076

## 第二章　不同媒介新闻标题制作技巧 // 083

　　第一节　微信新闻标题制作技巧 ……………………………… 083

　　第二节　手机报新闻标题制作技巧 …………………………… 088

　　第三节　都市报头版标题制作技巧 …………………………… 093

## 第三章　"10万+"新闻标题的秘密 // 097

　　第一节　"10万+"新闻标题制作技巧 ………………………… 097

　　第二节　"10万+"新闻标题案例 ……………………………… 104

## 第四章　不同题材标题案例点评 // 112

　　第一节　时政新闻标题 ………………………………………… 112

　　第二节　慈善新闻标题 ………………………………………… 121

　　第三节　气象新闻标题 ………………………………………… 130

　　第四节　娱乐新闻标题 ………………………………………… 140

　　第五节　国际新闻标题 ………………………………………… 149

　　第六节　社会新闻标题 ………………………………………… 158

　　第七节　股票新闻标题 ………………………………………… 168

　　第八节　军事新闻标题 ………………………………………… 177

　　第九节　法治新闻标题 ………………………………………… 186

　　第十节　科技新闻标题 ………………………………………… 196

　　第十一节　体育新闻标题 ……………………………………… 206

　　第十二节　影视新闻标题 ……………………………………… 215

　　第十三节　灾难新闻标题 ……………………………………… 224

　　第十四节　监狱新闻标题 ……………………………………… 233

第十五节　会议新闻标题..................................241
第十六节　游戏新闻标题..................................250
第十七节　健康新闻标题..................................258
第十八节　旅游新闻标题..................................267
第十九节　社区新闻标题..................................277
第二十节　教育新闻标题..................................287

**附录　新闻标题制作的微课教学视频 // 298**

**主要参考文献与推荐书目 // 300**

**后　记 // 301**

# 第一章
# 不同题材新闻标题制作技巧

## 第一节 时政新闻标题制作技巧

"标题者,新闻之缩影,事实之骨髓。"① 位于新闻报道正文之前的新闻标题常常承担着"里通外联"的重要作用。对内,简概事实之精华、暗示新闻之价值;对外,吸引用户点击阅读、互动购买。

与时事政治相关的时政新闻是一种政策性强、指导性高、思想性深的"硬新闻"。因其报道重点与政府的方针政策、领导人之间的互动交往、公职人员的人事变动及座谈会议、时事发展等重大题材息息相关,时政新闻的文风往往显得沉闷枯燥、严肃刻板,不是很受读者尤其是年轻读者欢迎。

21世纪以来,随着报纸、广播、电视等大众传播媒介的进一步深度融合,新闻标题在争夺新闻用户中的重要性方面不断深化。融媒体时代下,如何制作出政治高度不减、思想深度不浅,且"引人入胜"的时政新闻标题值得探究。从人民网、新华网、中国新闻网、澎湃新闻四个代表性的时政新闻网站的新闻标题实践来看,时政新闻标题的制作至少可以采用以下五种技巧:

---

① 郑兴东,陈仁风,蔡雯:《报纸编辑学教程》,中国人民大学出版社2001版,第131页。

## 一、虚实结合

新闻标题有实题、虚题之分。实题具体所指，包含新闻中最重要的要素，读后使人对新闻所要表达的内容一目了然。虚题抽象空泛，简单构建框架，着重阐明新闻的意义和价值，亦可议论、说理。虚题与实题相结合是四家新闻网站时政新闻标题的常见配置，具体形式主要分为以下两类：

一种是"主标题+副标题"。主标题往往以较少字数概括新闻的主要事实或中心思想，副标题则以细节补充说明主标题的内容。例如，澎湃新闻的《"骑行圈第一案"二审：结伴骑行一人身亡，七骑友赔3.8万》、人民网的《商务部回应美301调查：对美方单边保护做法强烈不满》、新华网的《北京共享单车新规：企业管理不力将限制投放》这三则标题，主标题均以虚题架构事实框架，副标题再以具体细节填充。

又如，新华网的《人民日报谈过度包装：不仅污染环境，还污染人心》、澎湃新闻的《第二届白洋淀国际服装节开幕：对提高区域文化自信有重要推动》、中国新闻网的《5年来每年超1000万人脱贫：负担轻了 日子稳了》等标题则恰恰相反，主标题说明具体事实，副标题表明意义或影响。

另一种是"引题+主标题"。新闻标题的引题，又称为肩题、眉题。一般用来交代背景、说明原因、烘托气氛，从而引出主题。引题多为虚题。例如，《外卖井喷！天量"用塑"考问"限塑"》《部分高校校长谈双一流：人才培养是关键，不用太着急去"抢"》《户籍制度改革三周年观察：迈出实质性"三大步"》都是通过使用引题交代背景的方式引出新闻所要传达的关键信息。

## 二、巧设问答

包含问句的时政新闻标题，是融媒体背景下新闻标题的一大特色，它包括疑问、反问、设问、互动问答四种形式。这种标题形式既能有效表达质疑性观点，吸引受众，又能结合热点，制造悬念，还可以通过自问自答的形式释疑解惑。

2017年9月24日，德国联邦议院举行新一届政府选举。从21日至24日晚，澎湃新闻共发表相关报道12篇。其中有6篇新闻报道都采用了一般疑问句式的新闻标题。例如，《为何无人能取代默克尔？》《极右翼选择党带领德国社会向右转？》《政治光谱两极的党派为何同时呈现出分裂和模糊？》等标题均紧扣选举的最新动向与争议，抛出疑问，制造悬念。

问答式标题是一种自问自答的动态标题形式，新闻重心往往在"问"上，能很好地起到解释说明甚至营造轻松氛围的效果。例如，中国新闻网的标题《航天技术如何变身抗震神器？可隔离地震约80%能量》，就"航天技术如何变身抗震神器"这一专业性问题以最核心的信息给出解释，至于具体操作如何，感兴趣的读者自然会点开全文，可谓水到渠成。又如新华网《强军之路怎么走？习近平在建军90周年大会上这样说》这一标题，通过自问自答的形式，一改对国家领导人讲话报道的刻板印象，设下悬念，给人活泼轻松的感受。

## 三、借用流行词汇

流行词汇丰富了词汇的意义，增强了语言的表现力。时政新闻标题借用流行语不仅使标题显得新颖别致，也拉近了政治新闻与年轻群体的心理距离。

例如，2017年9月23日，澎湃新闻在宣传全面反映党的十八大以来中国经济社会取得巨大成就的电视纪录片《辉煌中国》时，转载以《为祖国打call！来听〈辉煌中国〉主题曲》为标题的视频新闻。新闻标题中的"打call"就是当下热词，意为对某个人、某件事的疯狂应援，这里则表现了对祖国的支持以及对中国经济社会取得的成就欢欣鼓舞的情绪。

再如，2017年9月18日，澎湃新闻发表的文章《刷脸支付、机器人防诈骗……众多"黑科技"亮相网络安全周》，标题中的"黑科技"也是近年来比较流行的词汇。还有《武汉"老司机"成功举报400余起交通违法行为，获奖近万元》《众多"神器"亮相2017年网络安全博览会：足不出户办签证》、中国新闻网的《亮眼改革成绩单来了！给力了，咱的深改组》等新闻标题，都是借用了网络流行语。

### 四、强调关键数据

大数据时代,新闻标题中参用数字,可使新闻更加真实准确、立体可视。通过数字之间的对比,往往能够加强新闻深度,暗示事实之外的内在含义。

例如,2017年9月13日,澎湃新闻在分析"当好主政一方的'一线总指挥'——县委书记是凭学历还是靠资历?"这个问题时,转发浙江日报"政已阅"微信公众号文章《媒体盘点浙江89位县委书记:32位70后,平均年龄45岁》,通过一系列的数字参照,读起来朗朗上口,展示出我国领导干部大多正值壮年的现状。

又如,澎湃新闻标题《全国7月份处理违反八项规定6184人,含2名省部级干部》,对全面贯彻落实中央八项规定精神状况做了交代,详细数据使读者一望而知,了然于心。使用强调关键数据的技巧,在澎湃新闻中最为常见。起到同样效果的新闻标题还有《云南一出纳挪用社保资金2368万,6单位25责任人被问责》《全军5年立案审查4000多起,给予纪律处分1.3万余人》《海口一老总承揽工程一路打点,向区委书记等7人行贿499万》等。

### 五、突出主要人物

传统的会议报道、政策宣传、时事动向往往大而空,写起来框架高却"人"气低。时政新闻报道中的"人",主要指国家公职人员或与时政事件相关的普通民众。融媒体环境下,时政新闻报道更强调以"人"为本,增加人情味和亲切感。

有关高层领导人的工作动态,发言决策;有关国家公职人员人事动向的新闻报道,人物和职位首当其冲作为亮点存在。如《李克强向第三届中国—中东欧国家文化合作部长论坛致贺信》《湖北省政协社会和法制委员会副主任程颖接受组织审查》《国务院任免国家工作人员 秦宜智任国家质检总局副局长》等。

在时政会议新闻报道中,常用的做法是摘取某个政治人物的关键发言作为标题。例如,《习近平:向军民融合发展重点领域聚焦用力》《王宇:全面从严治党　推动云南政治生态明显好转》《克拉玛依市委书记:要让"城市工匠"坐到主席台上》等新闻标题,均采用直接引语,真切感人,增强了可读性。

## 第二节　慈善新闻标题制作技巧

慈善新闻,是与慈善相关的新闻。它是一种特殊新闻,涉及扶贫济困、扶老救孤、恤病助残、捐助教育文化科技医疗卫生事业、防治污染和其他公害、保护和改善生态环境等以社会公益为目的的行为或活动。然而,这种新闻若想引人注意,其标题就要写得非常具有吸引力。正因为慈善本身有着特别的社会价值,所以,有必要认真探究慈善新闻报道的标题制作技巧。从《慈善公益报》《公益时报》、中国慈善新闻网、中国公益新闻网、搜狐网、腾讯网、凤凰网等传媒的标题实践来看,可以采用以下几种技巧:

### 一、强调慈善诉求

强调慈善诉求,是指在标题中强调慈善针对的具体诉求(如孤苦无助、重病病种、缺乏款项)。因为人们普遍容易被各种无助情形、悲惨处境吸引,愿意给予一定的关注。在慈善新闻标题制作中突出弱势人群的慈善诉求,会吸引人们阅听该新闻。

例如,2017年9月20日,人民网发出的新闻标题《"健康快车慈善跑步行2017"新闻发布会举行　运动健儿助力白内障患者治疗》,就着重突出了白内障患者。由于白内障目前处于探索研究阶段,临床上常用的药物不下几十种,有眼药水或口服的中西药,但都没有确切的治疗效果,因此提到它,自然会引起很多读者的关注。中国人普遍拥有一种同情弱者的心理,更何况是对这种患了疑难病症的患者,为了帮助他们恢复健康,人们自然会投以更多的关注。

## 二、适度煽情表达

煽情，指通过某种方式激发感情或煽动人的感情或情绪。煽情不可过度，但适度煽情是可以的。慈善新闻报道的标题通过适度煽情，博取别人同情，也可达到吸引人注意的效果。

例如，2017年10月10日，《慈善公益报》在报道中华慈善总会邀请4家爱心医院，由10位专家组成医疗队兵分两路，翻山越岭，专程赶赴索县的江达乡和噶木乡救治大山里的藏族包虫病患者的事件时，就使用了适度煽情的写法。该文以《雪域高原行善举 不畏艰难谱华章——记中华慈善总会西藏那曲索县包虫病普查之旅》为题，制作这样的标题会使读者想象到底是怎样的一幅画面：雪域高原地处偏远、交通不便，去那里做慈善的人肯定会舟车劳顿，有人还可能会晕车，长途晕车的痛苦再加上不同程度的高原反应，会让读者感觉去那里做慈善的确是件艰难辛苦的事，更会使读者迸发一种"去那儿做慈善的人都很伟大"的感受。

## 三、突出名人元素

所谓突出名人元素，就是指在标题中提到具有知名度的名人，利用他们的明星光环来吸引读者以及他们的粉丝，提高阅读量。由于粉丝会热切关注名人明星的一切，因此在标题中提到名人明星的名字会事半功倍。

例如，2017年9月22日，爱豆APP报道正在意大利参加时装周行程的Jessica郑秀妍在结束了Bulgari showroom活动之后，马不停蹄地出现在amfAR Gala（艾滋病研究基金会）慈善晚宴现场这件事时，就以《郑秀妍受邀出席amfAR Gala慈善晚宴高贵闪耀的卡皇大人》为标题，利用郑秀妍的明星光环来吸引读者，提高读者的阅读兴趣，从而使新闻阅读量达标。

再如，2017年9月30日，《山东商报》在报道为山东男篮效力12年的曹振华在山东高速男篮与天津荣钢男篮的比赛中场休息期间宣布退役，并牵头成立农信通慈善助学基金，目的是帮助家庭困难的学生完成学业的新闻时，就利用了曹振华是体育明星这一点，直接以《曹振华发起慈善助学基金》为标题，让知道他、喜爱他的读者产生阅读兴趣。

## 四、使用亮眼数字

在慈善新闻中，使用数字已成为一个吸引眼球的好办法。尤其是对数字很敏感的中国人，如果在新闻标题中提到捐出金钱的数值或捐助年限，如果数值巨大或捐助时间很长，会使人眼前一亮，想了解这些钱的来源以及用途或为何会愿意捐助这么久，有时可达到产生悬念的效果，自然而然会引起读者仔细阅读。

例如，2017年9月22日，大洋网报道中山市社会组织在扶持发展专项资金时累计投入1290万元来扶持社会组织的发展这则新闻时，标题《1290万扶持慈善社会组织》直接以数字开头，自然会让人好奇到底是谁投出的1290万，以及为什么要投出这1290万。通过仔细阅读文章，发现原来是中山市各职能部门为了加强培育发展慈善公益组织力度才做出如此决定。

再如，2017年9月25日，湛江新闻网在报道雷州市爱心慈善会坚持20年，共慰问贫困户3万多人次，行善足迹遍及雷州600多个自然村，被当地群众亲切誉为"雷州市爱心团队"的事迹时，就突出了数字"20"的作用。以《雷州市爱心慈善会坚持20年慰问贫困户》为标题，起到了震撼的效果，让人们好奇为何这个慈善会能坚持慰问这么多年。

## 五、利用谐音效应

谐音，就是利用汉字同音或近音的条件，用同音或近音来替代本字，产生辞趣的修辞格。

例如，2017年9月29日，爱豆APP报道了由张艺兴代言的某洗衣品牌官方微博公开艺兴化身守护大使，为中国青少年发展基金会捐赠了1000份洗衣产品的事迹。以《又到了暖"兴"时刻！艺兴化身洁净守护大使做慈善》为标题，利用汉字"心"与"兴"近音的条件，用"兴"来代替"心"，起到双关作用，既提到了张艺兴这个人，又指出了张艺兴做的这件事很暖心的意思。

## 第三节　气象新闻标题制作技巧

气象新闻与人们的生活息息相关，气象新闻报道是一种专业新闻报道，要处理好"大众化"与"专业化"的关系①。从《新京报》近几年的气象新闻标题来看，气象新闻标题制作可以采用以下五种技巧：引"今"据典、对仗押韵、巧用修辞、活用符号、略表关怀。

### 一、引"今"据典

《新京报》的气象新闻标题，善于引"今"据典。"今"指的是当下比较热门的流行歌曲、影视剧名称和网络热词，"典"指的是古典诗词或者传统楹联谚语。

2017年5月13日，北京的天气和前几天一样，依旧是大风，于是《新京报》A16版当天的气象新闻标题引用了张国荣的经典歌曲名称——《风继续吹》。该报之前也曾大量运用流行歌曲名称，令人印象深刻，如《被风吹过的蓝天》《像沙像雨又像风》《阳光总在风雨后》《雨的主打歌》《雨一直下　天气还算"融洽"》等。

该报引用影视剧名称做标题的例子还有《人间三月天　莫负好春光》《春风沉醉的日子》《暖风融融　万物生长》等。

引用网络热词也是该报气象新闻标题的一大特色。如《降水很任性》《户外走起》《神清气爽出门嗨》《北风助力　蓝天给力》《夏天余额不足》《气温奔三》等。

另外，在标题中熟练而巧妙地引用古典诗词，不仅能够体现制作者的文化素养，而且可以在传达天气信息的同时表达出某种意境。

5月12日，该报气象版有个标题是《大风起兮沙飞扬》。该标题引自

---

① 张振亭、陈玮：《专业化与大众化：黄天鹏新闻思想及实践初探》，《南昌大学学报（人文社会科学版）》2012年第6期。

汉高祖刘邦《大风歌》里的一句——大风起兮云飞扬。因为当天北京风沙严重，该报巧妙地将诗词里的"云"改为"沙"，精确而又贴切，让人会心一笑。

该报灵活运用古诗词的标题还有《料峭雨寒春不知》《一枝春雪冻梅花》《乱花迷眼杨柳绿》《乍暖还寒需保暖》《繁花似锦春意浓》等。

## 二、对仗押韵

对仗指的是用字数相等、结构对称的两个句子或短语来表达相类、相反或相关的内容的一种修辞手法。押韵是指在创作中，在某些句子的最后一个字，都使用韵母相同或相近的字或者平仄统一，使语句读起来产生铿锵和谐感。

在气象新闻标题中使用对仗和押韵手法，将两者巧妙结合，不仅能体现出制作者深厚的文字功底，而且能增强标题的表现力，使之更有韵味，读起来朗朗上口，让人回味无穷。

综观《新京报》2017年的气象新闻标题，多次运用对仗和押韵相结合的手法，如《风急勿忘寒　春意来姗姗》《晴天有暖意　别急脱寒衣》《雨微凉　夏日长》《气温低　雨淅沥》《雨添凉意　早晚添衣》等。

这些标题对仗工整，前一句话的最后一个字和后一句话的最后一个字读音相近、平仄统一，可见制作者的用心。如《晴天有暖意　别急脱寒衣》这个标题，共十个字，五个字为一部分，前半句以"意"结尾，后半句用"衣"结束，"意"和"衣"读音相近，且前者是四声调，即去声，为仄。后者是一声调，即阴平，为平，符合我们传统对联中"上联收于仄声，下联收于平声"的标准，使之读起来就像是一句传诵多年的优美诗词。如此用心制作出来的标题，当然备受读者的青睐。

## 三、巧用修辞

2017年1月29日，正值大年初二，《新京报》当天气象新闻的标题是《大风携蓝天来拜年》。这个标题运用拟人的修辞手法，将大风和蓝天写活了，不仅向读者传达出当天的天气状况，而且契合我国春节拜年这一习俗。

2017年以来,《新京报》的气象新闻多次运用比喻、拟人、夸张的修辞手法来制作标题。如2月16日的《北风进京大扫除》、7月22日的《闷热告假　雨水频顾》、16日的《"小笼包"开蒸》、15日的《明日再战桑拿天》、13日的《"烧烤天"还将继续》、10日的《再入"蒸笼"》、5日的《大雨今夜有约》、8月31日的《小雨串门儿》、26日的《雨夜凉似水》等。

《"小笼包"开蒸》这个标题,短短五个字,运用了比喻和夸张两种修辞手法,将高温天气比作蒸笼,而在这高温天气下的我们就是一个个小笼包。当然,实际温度肯定高不过蒸笼里的温度,但这里运用夸张的修辞手法,将高温天气用诙谐幽默的方式表达出来,形象且生动,令人捧腹。

## 四、活用符号

在标题中直接使用符号,如感叹号、问号等,是抒发情感最直接的方式。

《新京报》2017年4月29日的标题——《昨天热?今儿更热》,6月15日的标题——《38℃!热力四射!》,7月14日的标题——《坚持住!雨来了!》。

《昨天热?今儿更热》一个问号,将北京前一天很热、第二天更热的天气状况表达得很准确。而且,整个标题看起来就像是市民对这高温天气的无力吐槽,让读者感受到新闻始终和自己站在同一"阵脚",无论是从地域上还是从心理感受上都增加了新闻的接近性。

《坚持住!雨来了!》短短六个字,用了两个感叹号,可见语气之强烈、感情之充沛。那几天北京连续烈日当头,市民极其渴望雨水。这个标题不仅表达出了市民对雨水的渴望,而且像是一位好友,在给正在高温炙烤下苦苦等雨的读者们加油助威,并告诉他们一个好消息——雨水即将来临。

## 五、略表关怀

要制作一个好的气象新闻标题,要带着感情,向读者传递出人文关怀,而不只是冷冰冰的信息传播。《新京报》近几年的气象新闻标题,采用温和的语气和亲切的口吻,在准确传达天气信息的同时,提醒读者应该注意和防范些什么，带有浓厚的人情味儿，让人备感温馨。

2017年6月29日《新京报》气象新闻的标题是《闷热持续　外出防雨》、7月3日《本周多降雨　出门备雨具》、7月28日《雨落山区　莫近河道》、8月16日《雨添凉意　早晚添衣》、9月13日《雾出没　请注意》等。

这些标题大多言简意赅，且有人文关怀。如《雨添凉意　早晚添衣》，此标题除了向读者传达出伴随着降雨天气，气温会有所下降且昼夜温差大的天气状况外，还提醒广大读者早晚要注意添衣保暖，语气温和、口吻亲切，能让读者感受到关心，深受读者喜爱。

## 第四节　娱乐新闻标题制作技巧

相对于其他种类的新闻，娱乐新闻因其极具娱乐性，故关注度更高，关注范围更广。从《南都娱乐周刊》的微信公众号"289星球"、腾讯娱乐、新浪娱乐等多家娱乐媒体的标题实践来看，制作娱乐新闻标题至少有以下六种技巧：

### 一、点明事件核心内容，一目了然

直接表明事件内容，在标题中直接表明时间、地点、事件等新闻要素，使受众一目了然，是所有新闻标题制作的技巧之一，娱乐新闻也不例外。

例如，腾讯娱乐微信公众号2017年9月20日文章《〈战狼2〉上映期再延长，将放映至10月18日》，便是在新闻标题中直接阐述《战狼2》的放映期延长到10月18日，标题直截了当，不拖泥带水，让受众直观地接收到新闻信息。再如，《北京青年报》娱乐板块2017年9月28日文章《周知获加拿大温哥华金枫叶影展最佳女演员奖》，标题制作遵循基本的新闻要素，受众一目了然。

值得一提的是，由于传统媒体和新媒体的形式差异，相对于新媒体，传统媒体多用这一标题制作技巧；而在新媒体娱乐新闻中，使用这一技巧制作新闻标题的案例较少。

## 二、直接引用人物话语，反映观点

所谓直接引用，即在制作娱乐新闻标题时，将采访对象所说的关键句、重要信息摘引出来放到标题中。娱乐新闻标题引用的关键语句，主要有以下三种：

第一种是观点性句子。例如，《南都娱乐周刊》2017年8月9日第15期文章《TFBOYS：我们是非常幸运的，从未后悔四年前的决定》，让受众能直接得知三位成员的态度。

第二种是生动有趣的句子。例如，《北京青年报》娱乐板块2017年7月10日文章《王大陆秀"撩妹"绝招 粉丝：受不住要晕》中，标题直接引用粉丝话语。

第三种是带有情感色彩的句子。相对于新媒体，传统媒体较多使用这种标题制作技巧，尤其是"人物专访"等栏目。

## 三、设置悬念，引人入胜

标题设置悬念，即在标题中故意忽视某个新闻要素，达到吸引读者阅读全文的目的。笔者分析几家娱乐媒体发现，娱乐新闻标题中设置悬念，主要包括对人物要素、事件要素、图片内容设置。一般新媒体偏爱设置悬念标题，能够吸引受众点击阅读，产生流量，而传统媒体较少使用。

对人物要素设置悬念。这种方式，针对不红不紫或者过气的公众人物设置悬念的较多。微信公众号"新浪娱乐"2017年9月5日文章《她是最美观音，美到脱俗程灵素；曾恋黄日华，如今变孙俪婆婆》，微信公众号"新京报Fun娱乐"2017年7月27日文章《她曾是"亚洲第一美"，如今想做"打女"》，都是对新闻人物要素设置悬念，标题制作异曲同工。

对事件要素设置悬念，即在标题中忽视事件要素，达到吸引受众的目的。例如，《新京报》娱乐板块2017年7月10日文章《赵传一生中最爱的竟然不是唱歌》。

### 四、紧跟语言变迁，使用新词热语

互联网时代，网络用语发展迅速。作为网络用语发展的重要领域，娱乐新闻标题制作自然紧跟网络语言的发展，使用新词热语。相对于传统媒体，新媒体的娱乐新闻标题使用网络新词热语的频率更高。

例如，新京报网 2019 年 2 月 16 日文章《这种水果突然"C 位出道"现在抓紧种应该能挣着钱》中的"C 位出道"，新华网 2018 年 6 月 7 日文章《@考生：确认过眼神，你是那个既努力又幸运的人！》中的"确认过眼神"，都是网络新出现的热词。

"爆""独家""重磅""震惊""揭秘""福利""厉害了"等词汇，用于娱乐新闻标题开头，可给受众带来一定程度上的视觉和心理冲击，更好地凸显新闻价值。此类娱乐新闻标题多用于新媒体标准制作，传统媒体较少使用。例如，微信公众号"新浪娱乐"2017 年 7 月 14 日标题《惊呆！刘嘉玲侄子的颜值怎么下滑了？》、6 月 28 日标题《震惊！曾经的小公主夏天，现在竟然有女汉纸的趋势了！》等，都使用了这类词汇。

### 五、巧用数据，引人瞩目

数据运用得好，往往能起到出乎意料的效果。标题用不用数据，与传统媒体和新媒体的形式无关，主要取决于新闻事件是否含有有价值的数据信息。如果含有有价值的数据信息，则可以使用数据；反之，强行使用数据，会造成适得其反的效果。

金钱数额一般和明星片酬、电影票房、制作费用、时间等相关。例如，微信公众号"新京报 Fun 娱乐"2017 年 8 月 7 日标题《13 天 34 亿，〈战狼 2〉成中国票房冠军》中的"34 亿"十分醒目。再如，《南都娱乐周刊》2017 年 7 月 23 日第 14 期文章《〈冈仁波齐〉从普通预估的 500 万卖到了近亿，谁才是撑起了文艺片票房奇迹的人？》，用两个数据形成对比，突出票房超出预期。

### 六、借助问号和感叹号，主动设问

借助符号，巧设问句，是传统娱乐媒体和新媒体娱乐新闻都普遍使用的制作技巧。符号一般包括问号和感叹号，问句一般包括设问句和疑问句两种。

设问句在娱乐新闻标题制作中较为普遍。如《南都娱乐》2017年8月9日第15期文章《谁说戴眼镜就平庸了？徐璐杨幂教戴眼镜的美颜策略》，使用设问句，一问一答，既吸引受众，又能在标题中解答受众疑惑。除了传统纸媒，新媒体也偏爱这一标题制作技巧。如腾讯娱乐微信公众号2017年9月3日文章《她们又变脸了？不，剪对了发型堪比整容》，标题中用"变脸"设置疑问，用"发型"回答疑问，让读者明白原来是发型惹的祸。

标题使用疑问句，那么答案就应该出现在正文中。如《南都娱乐》2017年9月23日第18期封面标题《明星"C位"是用来撕的？！》，针对当时热议的"C位"问题，发表观点。

## 第五节 房地产新闻标题制作技巧

房地产新闻是一种涉及面广、关注度高的特殊新闻，尽管如此，其标题技巧依然值得探究。从《中国房地产报》、腾讯网房产频道、新浪乐居网、搜狐焦点网等传媒的标题实践来看，制作房地产新闻标题，至少可以采用以下六种技巧：

### 一、应用修辞

应用修辞是制作房地产新闻标题不可忽视的重要技巧，修辞的作用在于"让新闻生动形象起来"。

修辞手法共有 63 大类①。在众多的修辞手法中，对偶、比拟、翻造等修辞手法在房地产新闻标题中较为常见。

对偶就是在标题中把结构相同、意义相对或相关的两个词语排在一起，与一般陈述句相比语调上更和谐，情绪上更有感染力。如 2017 年 7 月微信公众号"中国房地产报"以《莫名其妙王健林　不知死活孙宏斌》为标题报道了万达集团将酒店和文化旅游项目以 631.7 亿元出售给融创中国，分别使用两个大致对偶的成语形容王健林和孙宏斌，不仅饶有趣味，吸引读者点击阅读，而且后期制作时便于排版工整，读起来朗朗上口，令人印象深刻。

比拟是指把甲事物模拟做乙事物来写的修辞方式。②一般讲究巧用动

---

① 包括比喻、白描、比拟、避复、变用、层递、衬垫（衬跌）、衬托（反衬、陪衬）、倒文、倒装、叠音、叠字复叠、顶真（又名顶针、联珠）、对比、对偶（对仗、队仗、排偶）、翻新（翻造）、反复、反问、反语、仿词、仿化、飞白、分承（并提、合叙、合说）、复迭错综、复合偏义、共用、合说、呼告、互体、互文、换算、回环、回文、降用、借代、设问、歧谬、排比、拈连、摹绘、列锦、连及、夸张、警策、示现、双关、重言、重叠、指代、用典、引用、移用、须真、谐音、歇后、象征、镶嵌、析字、委婉、婉曲、通感（移觉、移就）、跳脱和转文。

② 朱庆平：《做有表情的新闻标题——谈"比拟"修辞方法在标题中的应用》，《新闻实践》2016 年第 1 期。

词，显得标题富有动感。例如，《上海证券报》以《土地市场开闸放水！一二线城市房价还会涨吗？》为标题报道2017年中土地市场放地供应，"开闸"二字本多用在水库上，但此处将土地市场比拟成"水库"，将土地市场的放地、推地形容成"开闸放水"，巧用动词，突出了土地市场迎来供地增量高峰期。

翻造是指将一些广为人知的语句，在特定的环境里凭借词义的牵连，改变其中的某些词语，使语言更活泼、幽默、洗练。如2017年3月23日《第一财经日报》在报道北京市住建委约谈中介机构这一事件时，就以《不得炒房！逢"炒"必"办"！北京住建委约谈十大中介机构》为标题。"逢炒必办"是由常用在大学生口中的"逢考必过"翻造而来，不仅言简意赅，还切中了该则新闻中政策的要点。

## 二、摘引字句

摘引字句，这种技巧主要适用于观点新闻，操作起来也很简单：在新闻稿中，把新闻稿中出现的人物所说的关键句、重要信息摘引出来，放到标题当中去。

例如，2017年7月27日，中国房地产网发布视频报道《孟晓苏：中国的房地产市场没有泡沫》。这个标题摘引自中房集团原董事长孟晓苏的原话："中国的房地产市场没有泡沫，想要抑制房价上涨过快，短期的调控如同'打麻药'，需要建立能让房地产健康发展的长效机制。"

再如，2017年8月1日，中国房地产网转发中新社的报道《统计局：房地产等行业商务活动业务总量回落》。这个标题摘引自中国国家统计局工作人员的评论："中国国家统计局服务业调查中心高级统计师赵庆河31日在京表示，7月份，中国道路运输、房地产、居民服务及修理等行业商务活动指数位于收缩区间，业务总量有所回落。"

## 三、设置悬念

设置悬念是指在标题中故意忽略某个新闻要素，达到吸引读者阅读全文的目的。"新闻传播设置悬念是媒体经常采用的写作手法"。①

2017年7月,凤凰网地产频道以《万达、SOHO争相甩卖地产透露了什么信号?》为标题,通过疑问句设置悬念。

再如,新闻报道《买房不付款倒赚三四万》故意以不符合常理的话语为标题,让受众禁不住想点击文章看个明白。

设置悬念在移动端的房地产新闻标题中极为常见,这是因为:在以智能手机为载体的移动端媒介平台(如各种微信公众号、微信朋友圈),人们不能像看报纸一样同时看到新闻报道的标题和正文,只有被标题吸引住才可能点击阅读正文。

### 四、接轨流行

新闻标题还可以与一些流行元素结合起来,包括流行歌曲歌词、流行台词、网络流行语等。如此制作的标题,不但显得时尚,而且能给读者带来情感上的共鸣。

"网络流行语作为整个社会文化在网络空间的一种投射"②,出现在新闻标题的时候,往往带有一种引人注目的娱乐色彩。

例如,2017年6月9日,微信公众号"中国房地产报"在报道广东佛山一宗住宅用地拍卖中万科给出"持有这块地上所有的物业,70年不出售"的报价时,以《万科又要搞事情,禁售70年!楼市风向突变》为标题,用的就是"搞事情"这个网络流行语,有调侃万科之意。

再如,2017年8月1日,大江房产网(中国江西网房产频道)转发中国经营网的报道《这次的房产税到底几个意思?五类房不用征税》,标题中的"几个意思"也是近年比较流行的流行语。

---

① 王卫明,李珊,李志锋:《悬念为王:手机媒体新闻传播的决胜策略》,《新闻与写作》2016年第2期。
② 冯月季:《论网络流行语的符号相似性》,《南昌大学学报(人文社会科学版)》2017年第2期。

## 五、使用数据

数据不仅增强了新闻作品的准确性、客观性，还能给人以即视感，达到足够的说服力效果，尤其是在当前大数据时代，在房地产新闻领域，数据的使用与分析已经成为一个不可避免的趋势。在新闻标题制作时使用数据，可以让读者一目了然。通常情况下，新闻标题在使用数据时是间接的，需要记者对数据进行解读，如折算、分析趋势等，甚至也能达到给人悬念的效果。

例如，《南方都市报》的新闻标题《震惊！中介在合同上多加 5 个字，买家购房竟然要多花 5 万元》，《劳动报》的新闻标题《6 月上海首套房平均利率 4.8%　保持上行趋势》，都使用了数据，都将新闻内容中人们最关注的数据进行解读并表述在新闻标题中。

## 六、巧用符号

房地产新闻标题的制作除了上述技巧，还有巧用符号，增加表情符号、学科符号等。

例如，2017 年 7 月 14 日，深圳新闻网运用大于号（>）制作了《深圳式相亲"鄙视链"：有房 > 深户 > 90 后》的标题。

## 第六节　政经类新闻标题制作技巧

对新闻而言，标题是吸引受众阅读的第一步。无论是传统的纸质媒体还是新兴的新媒体，制作一则好的标题都是最重要也是最困难的环节，政经类新闻也不例外。

"以政治眼光看经济，以经济眼光看政治。"政经新闻主要关注政府与市场的关系，探讨政府在经济活动中所起到的作用。从《人民日报》《经济日报》等传统媒体，以及经济观察网、新京报网、澎湃新闻、微信公众号"央视财经"等新媒体平台的政经类新闻来看，政经类新闻标题制作主要有以下四种技巧：

### 一、突出高级领导

在政经新闻现场，往往有政界要员、商界高层领导人，他们位高权重，知名度高，引人注目，体现的正是新闻价值中的"显著性"要素。所以，制作政经新闻标题，首要考虑的技巧是：突出新闻现场的高级领导人，尤其是最高级别的领导人。

因为政经类新闻的主体是政界人士，主要围绕政治经济展开，所以突出领导这一标题制作技巧，在传统媒体和新媒体平台中都较为常见。

例如，2017年11月1日《人民日报》报道《习近平在瞻仰中共一大会址时强调　铭记党的奋斗历程时刻不忘初心　担当党的崇高使命矢志永远奋斗》，突出的是新闻现场的最高级领导人——中共中央总书记、中共中央军事委员会主席、国家主席、中央军委主席习近平，中共中央政治局的另外六位常委姓名则未在标题中出现。

《习近平会见清华大学经济管理学院顾问委员会海外委员和中方企业家委员》(2017年10月31日《经济日报》)、《汪洋将赴俄罗斯举行有关机制性会晤和会议并出席第三届东方经济论坛》(2017年8月29日《人民日报》)，也是突出新闻现场最高级领导的方式制作标题。

当然，当新闻现场有多位级别相同的高级领导人时，新闻标题也可同时列举两人或多人，或只列举我方最高级别领导人。《人民日报》2016年9月4日头版的新闻标题《习近平会见美国总统奥巴马》《习近平分别会见阿根廷总统、南非总统、土耳其总统、乍得总统和意大利总理》属于前一种做法，《人民日报》2016年9月5日头版报道《二十国集团领导人杭州峰会举行  习近平主持会议并致开幕词  强调二十国集团要与时俱进  知行合一  共建共享  同舟共济  推动世界经济强劲、可持续、平衡、包容增长》的标题属于后一种做法。

## 二、使用复式标题

在政经类新闻报道中，仅有一行标题有时不足以承载主要信息。相对于其他类新闻而言，政经类新闻涉及的内容通常是复杂的，事件影响范围大，需要使用复式标题：引标题＋主标题、主标题＋副标题、引标题＋主标题＋副标题、引标题＋主标题＋副标题＋提要题。

例如，2017年8月7日《人民日报》报道了政府出台管理分享经济新政策的新闻，标题用引标题"八部门出台促进发展的指导性意见"，引出报道重点"分享经济，不用老办法管"（主标题），让读者一目了然。

再如，2017年11月2日《经济日报》新闻《（引）李克强与俄罗斯总理梅德韦杰夫共同主持中俄总理第二十二次定期会晤时强调（主）不断推进中俄务实合作  更好共享发展机遇（副）张高丽汪洋出席》，同时使用引标题、主标题和副标题，标题涵盖了出席的重要领导人以及事件内容，完整表达了事件的重要信息，使受众读完标题即可掌握报道的重点。

由于门户网站及微信公众号等新媒体平台对标题字数和排版的限制，这一标题制作技巧在新媒体中极少使用，主要运用在纸质媒体中。

## 三、适度设置悬念

在各类新闻中，设置悬念都是常用的技巧之一。在政经类新闻标题中设置悬念，并不多见，但在深度报道中较为常见，主要有两种情况。

一是设置疑问句。例如，2017年8月26日经济观察报网报道《境外投资13年宽与紧：监管层鼓励什么？担心什么？》，以及微信公众号"财经"2017年10月31日报道《昨天，习近平对苹果脸书阿里等企业负责人说了啥？》，标题中都使用疑问句，让读者读后心中产生疑惑，从而带着好奇心点击阅读，在文中找到答案。

二是使用总结性、引导性词汇设置悬念。例如，微信公众号"央视财经"2017年6月11日报道《连发"5道令"！李克强出大招，企业减负万亿这样做！》，以及经济观察报网2017年5月3日报道《国务院常务会议推出六大减税措施，今日开始落地》，其中"5道令""这样做""六大"等词，让受众产生好奇，迫不及待点击阅读。

这两种设置悬念的标题制作技巧，在门户网站及微信公众号等新媒体平台中使用较多。因为在新媒体平台中，标题作为联系新闻内容和受众的最重要的桥梁，更需要在极短时间内引起受众好奇，激发受众点击阅读。

### 四、摘引关键语句

政经新闻标题制作中，恰当地摘引语句，往往能起到一语中的、无须多言的效果。因这一技巧不受新旧媒体形式的限制，在政经类新闻中被普遍采用。

引用决策性关键语句，即所引用的关键句涉及国家政治经济政策、领导部门决策等。例如，新京报网2017年9月29日报道《国资委：国外企业也可参加国企混改》，以及澎湃新闻2017年10月30日报道《国务院常务会议：深化"互联网+先进制造业"发展》，都援引国家的经济决策关键句。

引用观点性关键语句，即引用领导人、政经专家等观点性话语。例如，2017年6月29日，微信公众号"财经"题为《朱民：下一步改革要更多地发挥市场作用和激励机制》的新闻，引用了清华大学国家金融研究院院长、IMF原副总裁朱民在2017年世界经济论坛新领军者年会《财经》电视辩论会上对中国下一步改革的观点。

## 第七节　股票新闻标题制作技巧

在投资者所能获得的信息渠道当中，新闻因其真实性成为一个重要渠道，而股票新闻更是投资者做投资决策的重要参考依据之一；同时，由于金融市场受政策影响波动较大，金融证券从业者每天也都会关注最新政策资讯和股票资讯，以更好地跟踪股票市场趋势，保持对市场的敏感性，为自己的客户提供更好的投资建议。

股票新闻众多，如何吸引受众阅读，标题起着至关重要的作用。笔者经过分析总结，认为股票新闻标题的制作技巧主要有以下八种：

### 一、使用数据

金融市场瞬息万变，时间对投资者来说十分宝贵，投资者希望能够以最快的速度获得自己想要的资讯；且股票市场本就与数据息息相关，所以在标题上直接使用数据，直观地将市场某部分的数据展现给读者，不管是对投资者，还是对金融证券从业者来说，使用数据的新闻标题都能够让其一目了然。

2017年11月1日南方网发文《伊利三季报营收524.71亿净利润　同比增长12.12%》，标题中直接写出伊利公司的营收额及净利润同比增长率，这一方式通过客观良好的数据展示伊利股票的良好态势，具有很强的说服力，又在一定程度上展现了客观性。

除此之外，某些特定数据还具有趣味性，在标题中使用可以吸引眼球。新浪网在2017年11月10日发布的快讯《贵州茅台股价涨达666.66元再创历史新高》，标题中的数据与日常生活流行语"666"相近，且在标题中指示的意思也有相近之处，数字惹眼，增加读者阅读兴趣。

### 二、巧设悬念

作家会费尽心力想一个完美的带有悬念的开头，诱使读者继续读下去。

同理，一个留有悬念的股票新闻标题，富有吸引力，让读者在好奇心的驱使下阅读文章内容。

### （一）制造矛盾

在标题中制造矛盾，设置疑团，增强读者阅读兴趣。2017年11月14日，上海证券报发布的文章《火爆的转债！正股涨停转债两度临停！但真正的赢家只有他们》，标题中先简短表述转债市场并不乐观，但与此同时有赢家，勾勒出了一个矛盾，读者看完标题后必会产生疑问：这些赢家是谁？他们为何能够取得赢势？要想获得答案读者必须阅读新闻正文。

### （二）设置问题

设置问题可引起读者注意，启发思考，使标题更具表现力。设置问题的形式多样，有疑问、设问、反问等形式，标题中准确恰当地设置问题，不仅能够表达媒体观点，还可引起读者共鸣。

例如，2017年7月20日，上海证券报的《这些小票正在被机构大肆抛售！原因究竟是什么？》，标题在陈述事实的同时还留有悬念，未说明是什么小票，紧接着一个疑问句，留的两个悬念可以让读者看新闻的具体内容。

除了设置一个问题，还可连设两个问题或三个问题，起到强调的作用，如华尔街见闻于2017年7月10日发布的文章《"周末涨停"的周期股：为什么涨？还会不会涨？》，标题正是针对投资者日常最关注的问题即股票会不会涨连发两问，能够强烈引起读者的共鸣。

股票新闻中，除了常规对股票市场的现状进行分析报道，更受投资者欢迎的是前瞻性新闻，标题中使用自问自答的方式，能够在一定程度上体现某一事件未来的发展方向或结果。如2017年8月9日，经济导报发布的文章《谁在抛售"闪崩股" 不排除机构通过减持来调仓的可能》，标题就是用问题来表述市场现状，随后回答以对事件发展趋势的预测和解答，使标题更鲜明、生动。

### （三）标注文中附有名单

股票市场涉及对象众多，当需要向读者传递多个对象的更多的讯息时，便会选择在标题中标注附有名单，诱惑读者阅读全文获得信息。如新浪网于 2017 年 9 月 8 日发布的《深圳向东再造一座新城　这些 A 股公司或最受益（名单）》，以及和讯网在 2017 年 9 月 11 日发布的《重磅！雄安新区全面建设拉开帷幕　这些股要注意了（名单）》，两个标题中都明确标注有名单，读者在看到这样的标题后，会不由自主想要看一看。只要读者产生了这样的想法，这个标题便是成功的。

## 三、运用修辞

作为经济新闻中的股票新闻，其价值就在于用相对通俗的语言，把金融市场的状态、经济专家及业内人士以及有关企业、行业内部所传达的信息传递给老百姓和金融从业者。而使用太专业的经济术语，对新晋股民以及对股票新闻感兴趣的读者来说是个难题。所以股票新闻可运用修辞手法，把复杂深奥的经济术语、枯燥无味的股市状态、生硬的经济新闻政策变得具体、浅显和形象化。①

如 2017 年 11 月 14 日证券时报在其新媒体平台 e 公司上发布的文章《看好中国资管"大蛋糕"　外资憧憬公募绝对控股权》，标题把中国资产管理行业比喻成一块美味的大蛋糕，这一比喻也形象地表达了外资机构想要获取利益的欲望。再如，2017 年 11 月 15 日每日经济新闻发布的《A 股投资新时代　价值股有望从"春"入"夏"》，春天的特点是发新芽，夏天则是热烈的，价值股从"春"入"夏"，代表着价值股的投资潜力很大，股价有望提升，由这来诱发读者阅读全文了解具体的情况。

标题中采用拟人的方式可以使标题更生动，更具趣味性。微信公众号广州万隆在 2017 年 8 月 30 日推送的《主力提裤走人？旧爱新欢谁会胜出》，标题将主题对象及发生事件都用拟人化的方式表达，犹如一场人间大戏，

---

① 牛丽红，马雄：《经济新闻术语的大众化"变译"》，《编辑学刊》2015 年第 2 期。

勾起读者的好奇心。再如《21世纪经济报道》于2017年11月14日发布的《直投整改大限将至 十券商私募子公司获准生》，将券商私募开子公司拟作人的生育，获得开子公司的资质拟作人获得准生证，这个拟人颇有想象力。

将双关这一修辞手法运用在股票新闻的标题中，利用同一字或词语的多义或多音，产生"表"及"里"双重意思，使标题更生动丰富，意蕴更厚重。如2017年11月21日财富动力网发布的《芯片概念王者归来 机构看好"芯"机会》，标题中就是采用了谐音双关的修辞手法，"芯"在代表芯片类股票的表层意思后，还代表着新机会，芯与新谐音，也暗含着芯片类股票目前看来前景不小。

标题中运用修辞手法，在将深奥变浅显的同时，还能将记者对股市状态的理解传达给读者，从而引导读者对股市有更清晰的认识，增加股票新闻的魅力。

## 四、灵活引用

除了在标题中运用修辞手法吸引读者，灵活引用词语也能提高股票新闻标题的可读性，更富生动性。

### （一）引用成语

在标题中引用成语，言简意赅、诙谐幽默、生动形象，让成语与标题巧妙融合、浑然一体，能够搭建新闻与读者沟通的桥梁。引用成语的方式，有直用、套用、反用、拆解、翻新这几种方式。

如2017年11月9日中国证券报发布的文章《10月大宗商品进口环比全线下挫 中国买兴阑珊商品反弹如履薄冰》，标题中套用"意兴阑珊"，改"买兴阑珊"，而后又直接引用了成语"如履薄冰"，言简意赅，清楚地表达了大宗商品的消极形态。再如投资者报在2017年10月16日发布的文章《"科赛飞"欲上演金蝉脱壳游戏 大手笔并购高管套现接踵而至》和2017年8月7日，上海证券报在其微信公众号推送了文章《上市公司控制权转移竟成"雾里看花"！教你看穿"隐匿式易主"！》，都是采取了直用成语的方式。

### （二）引用股市专用术语

买卖股票是现在很多人经济生活中的一个重要内容，而随着经济发展，股市词语也是不断出新。投资者们每天都要关注股市，一些股市专用词必然是了然于心，标题中使用股市专用词，在快捷地表达股市状态的同时，还因众多专用词的趣味性吸引一些新股民或是对股票感兴趣的读者。

如《新京报》于2017年11月17日发布的《A股有哪些灰犀牛和黑天鹅？》，"灰犀牛"比喻大概率且影响巨大的潜在危机，"黑天鹅"则比喻小概率而影响巨大的事件，标题用两个简单的词概括了A股中的两种类型，用小篇幅就将新闻主旨大意讲清楚了。再如2017年9月26日南方网《A股"喝酒吃药"行情上演》，"喝酒吃药"是指酒类和医药类的股票行情好，股价上涨。证券市场红周刊在2017年7月17日发布的文章《高送转降温，"韭菜"割不动了？》，标题中的割"韭菜"是指一部分革命先烈亏本离场，新生力量又加入股市，就像韭菜一样，割一茬很快又长一茬。

诸如龙头效应、"红十月"效应、"翘翘板"效应等这类效应专用术语，也因其象征意义而在股票新闻中广泛使用。

### （三）引用网络热词热句

结合热词热句，增加标题的趣味性，如和讯网在2017年6月1日发布的文章《儿童节吐槽A股：愿你炒股半生归来仍然有钱》就是套用了当时比较火热的网络句：愿你出走半生，归来仍是少年。将"出走"改成"炒股"，将"少年"改成"有钱"，正中投资者们的下怀，更加风趣。

## 五、明确指导

投资者阅读股票新闻，就是希望能够从中获取有利信息以引导自己做相关的买卖决策。股票新闻带有明确指导性的标题，提供服务性信息，必定能够吸引投资者们阅读全文。

2017年11月14日华尔街见闻发布的文章《比特币空头注意了！还有一个月你们就可以做空了》、新华社的《新规直面"无股不押" 股民需防"踩雷"》、和讯名家的《成交量不会骗你！资金急速流向大蓝筹 你还在犹豫什么？》，标题都是对投资者们有很强的指导性，在此暂且不讨论指导的方向是不是正确的，但是这种标题的吸引力，是毋庸置疑的。

## 六、情感表达

股市跌宕起伏，投资者的心情也是随着股市起波澜，标题中用些感情色彩的词语来表现股市跌涨，在一定程度上能够带动读者的情绪。所以，股票新闻标题的制作可以适应读者的需求和心理，锤炼词语，选择准确且感情色彩鲜明的词语，亮"新闻之眼"，吸引读者。

如《证券日报》在2017年11月13日发表的《保险业四重利好 可持续龙头股迈上转型新台阶》，财富公里网在2017年10月9日发布的文章《港股走势进入"大时代" 牛气提振A股节后"开门红"》，就是在标题中使用了利好、新台阶、大时代、牛气提振、开门红等带有强烈积极情绪的词语。华尔街见闻于2017年9月22日发布的《工业金属多头屠杀持续，沪镍跌停！》，则使用了屠杀、跌停这样消极情绪的词，清晰描述股市的同时让读者产生情绪共鸣。

## 七、标明主角

在信息活跃的时代，大多数读者时间有限，面对众多信息源扑面而来之时，读者必然要进行选择，会通过标题来迅速找到需要阅读的内容。于是，在标题中用简洁精练的文字，概括新闻最主要的内容显得尤为重要，在标题中直接标明新闻主角不失为一个好方法。投资者在浏览新闻时，会对与自己已买或欲买卖的股票相关的新闻格外关注。

如讯股票发布的《贵州茅台再创新高 券商看好五粮液等9股》、财联社的《创业板盘中直线拉升 万达信息率先封涨停》和国际金融报的《赵薇夫妇51倍杠杆收购大戏演砸 5年内禁入证券市场》等新闻标题，都采用了直接标明新闻对象的方式。

## 八、加强音律

新闻标题不仅要看起来醒目，形式美观，新颖别致；而且要读起来顺口，听起来节奏感强，声情并茂。① 股票新闻注重音律，加强节奏，可以使新闻标题更具韵味，给读者带来阅读上的愉悦感和吸引力。

如《证券市场周刊》在 2017 年 7 月 7 日发布的《二六三买买买　股东卖卖卖》，节奏鲜明，读起来朗朗上口。还有证券市场红周刊的《诱多是假，杀跌是真，周一开门黑》和《该"红"不"红"要小心》等，这些新闻标题都在节奏上下了一定功夫。

## 第八节　军事新闻标题制作技巧

军事新闻标题拟制讲究实事求是、主抓热点、表意清晰的基本准则。互联网时代下，融入网络媒体相关元素，既要吸引读者眼球引导阅读，又要便于搜索引擎捕捉、时常上"榜"。结合来自多家媒体的相关报道，军事新闻标题制作可参考以下几种技巧：

### 一、直奔主旨"抓"核心

核心思维是制作新闻标题最为常见的一类思维方式，通常直击主题，直接展现新闻事件人物、地点、结果等内容中的一点或多点，使读者快速判断新闻于自身的相关度，进行阅读的取舍。此类思维方式通常用于热点事件的宣传，新闻事件本身具有较广泛的关注度与受众。

例如，2017 年 6 月新华社微信公众号以《刚刚，沙特王储被废了》为标题，传递沙特另立王储这一焦点事件，引发网友热议，下方跟踪评论火热，并引发诸多媒体效仿。信息过剩的时代，人们对焦点新闻便倍加关注，掌握焦点新闻资讯的我们，以简单明了的话语作为报道标题，使读者快速

---

① 李明文：《新闻标题的语言美》，《写作》2006 年第 19 期。

掌握信息。

再如2017年1月《解放军报》刊文《"工作要干好，老婆也要哄好"》，以朴实的言语作为标题，强调出工作之余也需家庭和睦幸福，无形之中对官兵产生莫大的鼓舞和鞭策。《解放军报》文章清晰、直白、接地气，网友点赞：可以可以，这很军报！读来朗朗上口，激发广大官兵共鸣。同时，通过这样的方式，让寻常百姓感受到我军是"仁义之师"，表现出当下的军队领导眼中不仅有国也有家，体贴基层官兵。

## 二、多面勘探拟好题

迂回利用信息是军事新闻标题创新性提高的一种特殊手段，以多方位的角度看待同一件事，在充分把握事件基础上创新拟题。进入互联网时代，网络、微信、微博，相较纸质媒体并不明确受众的具体范围，类似于一种一点对多点的传播模式。受众的复杂对作者对事件的熟悉程度提出更高要求，因而从从众、悬疑、对比等手法入手，提取信息量，转换思维方式，同时借用热点词汇、经典语录，拓宽受众很有必要。

例如，2017年1月《解放军报》头版文章《一百一十五名军嫂撑起另一座营盘》，借115个军人家庭的"双城记"为题，讲述改革之下部队移防面临常态化，由原先"铁打的营盘流水的兵"转变成"流水的营盘铁打的兵"。以最质朴的情感描绘，展现出强军征途中的军人家庭不易，直击读者内心。因而，标题中由情感角度出发，借用"撑"，未开篇便展现出115位新闻主人公的辛酸不易，产生先声夺人、引人入胜的效果。

再如，2017年1月《解放军报》刊发《同事成领导，咋一起"玩耍"？》一文吸睛无数，当同事成为领导，还能不能一起愉快地"玩耍"？紧跟网络流行用语，引发读者思考，也不失为一种迂回方式。友谊的小船是不是说翻就翻了？带着好奇细读文章，最终，文章传递出职务变迁是正常的，无须太过敏感，更不能成为"心病"。潜移默化间，使读者欣然接受文章观点，达到传播效果。此外，如"撸起袖子加油干""稳准狠""正确打开方式"等词汇进入标题，富有刺激性、敏感性，采取紧跟时代潮流的方式，给人以深刻印象。

## 三、反向思考寻突破

反向思考事件不同于习惯性思维，要求记者在记录与观察事物的某一方面时，同时去思考与之相反的对立面。由于事物对立统一性的普遍适用，逆向思维在不同场景下呈现出不同形态。作为记者身份，当我们意图肯定某种事件，不妨去尝试否定它，将思维对象颠倒以进行思考，给受众哲理性感悟。

如2016年12月，中央电视台《我们距离打仗还有多远：转变思维，打通胜战之路》，讲述38集团军经复盘总结既要掀起头脑风暴，更要迈出坚实步伐，探索制胜之道。全篇新闻眼即标题，讲述军队改革转型以来，以新的理念、新的视野、新的方法、新的标准抓建设，诸多观众看毕拍案叫绝。

由此，运用逆向思维命题，变"直接找寻和平时代如何练兵"为"我们距离打仗还有多远"，使得新闻作品更为形象生动，诱发读者好奇心，愿一探其深意。

军事新闻报道变"追求训练成绩为什么提不上去"为"我们离优秀还有多远"，变"政治教育缺乏力度"为"入脑入心还有多远"，逆向思维的普适性引导着作者反向思考，给予作者广阔的思维空间，结出不一样的新闻果实。

## 四、层层剖析悟内涵

将新闻事件层层挖掘，进行跟踪性、系列性报道，追求命题的内涵性。在当下自媒体高度发达的时代，未能抢占第一时效的情况下，如何体现文章水平与深度。通过大量新闻实践证明，编辑记者如果对生活没有探讨与追踪的热情，仅仅浮在问题发生的表面，失去了头脑中对事件的深刻思考，极容易落入俗套，随大流。

如中央电视台《军事报道》2017年6月的报道《南昌陆军学院：自主对抗毕业考核贴近实战》，记者对常态化综合演练进行报道，并未局限于报道何时何地做何事，而是聚焦"对抗紧贴实战"，深入挖掘演习中急难险重科目的战术意义，突出展现作者对事件的把握能力。剥去简单军事报道外壳，将综合演练地位与意义展现于荧幕之上，使得广大观众更为直观清晰地了解事件详情，别具一格的标题起到导向作用，未开篇便了解该校围绕实战育人才。

再如，2017年1月《解放军报》刊发《日本右翼就是喜欢把"臭的东西加上盖子"》，当媒体将镜头锁定 APA 连锁酒店撤走问题书籍，将话筒纷纷摆向右翼分子，这位作者却以日本谚语为题，将"臭的东西加上盖子"，借掩饰历史罪恶，深层次追踪掩饰的为何物，寻找臭的究竟为何发臭。

日常新闻制作时，挖掘新闻事件十分必要，反之极易出现忽略新闻价值、就事论事。譬如，某院校开展进行某应用型军事系统比武，意在提升人员操作能力，瞄准部队任职所需。由于该系统装备操作先进，实战预估使用普及度高，本为一个很新鲜、很有针对性也很有新闻价值的新闻，写得好，采用追踪型的思维去深挖细究，对强化学员"官之初"能力，甚至适应信息化条件下作战大有裨益。

可报道员将其作为一般性事件进行叙述，写成这样一篇稿件《某院校开展某军事应用系统比武竞赛》，首先标题立意浅显，忽略了主办方活动的开展意图，更与事件本身意义相距甚远。文章通篇讲述何时开展比武，比武流程是怎样进行的，比武后首长做了哪些重要指示，以及现场观众受到怎样的震撼，再普通不过。因此，我们在拟写稿件标题时，一定要注意锻炼我们的新闻甄别能力，不可让一般的过程叙述遮盖有价值的新闻线索，而应该使它更为突出显眼。

## 五、发散思维成特色

思维的发散对新闻标题采写具有重要意义，是一种综合的全方位高层次的思维方式，具有流通性、变通性和独特性三个特性。适当地应用发散性思维，可以开阔标题制作者思路，发掘与众不同的观点，达到标新立异之效。但思维发散要求以发展的眼光看问题，能依据现实，推测出事物发展的趋势，从而对新闻人物或时间在一定时期内进行连续报道，层层深入展开。新闻标题增添发散思维，起到画龙点睛的作用，收到事半功倍的效果，有利于形成作者新闻采写特色，提高新闻水准与导向效果，增强新闻竞争力，出好新闻，出独家新闻。

如2017年6月《解放军报》一则《取长补短互学，立足岗位共进》的报道，介绍97医院组织开展教育活动不断升温，结合多种平台媒介，强化官兵思想合拍。标题上下两句以类似对仗的形式恰当概括了报道中主体单位立足基础岗位进行教育普及，深化政治认同，拿新闻元素悄然传达该单位聚焦基层，思想教育不落下一个人的立场，使受众一看标题便能感同身受，愿意去感受这样的单位是如何进行互学共进，激起受众的关心，吸引受众参与其间。

再如，中央电视台《军事报道》2017年1月《南昌陆军学院：考场对接战场，教学融入实战》，介绍学院多方面紧贴实战搞教学，展现学院过硬的训风、考风，全面强化学员军事素质。透过标题，便可让读者闻到考核场上的"硝烟味"，感受洪炉铸剑的军营风采，激发广大官兵产生共鸣。

## 第九节　法治新闻标题制作技巧

随着我国法制建设的日益完善，依法治国方针的提出，法律知识的普及，人们对法治新闻的关注度日益提高。通过关注法治新闻，人们也能更好地知法守法，参与到法制建设当中。所以，"如何做好法治新闻"是值得研究和探索的。

《法制日报》作为中央宣传部确定的中央主要新闻媒体之一，目前已成长为全国规模最大、最具权威性和影响力的法制传媒，在政法界、法律界和社会各界广大读者中享有很高声誉。所以，本章随机抽取了《法制日报》2017年的35条头版头条新闻标题，作为范例分析法治新闻标题制作技巧，总结出五点法治新闻的制作技巧：

## 一、平铺直叙　简洁明了

在35条新闻标题中，有16条采用了平铺直叙的手法。平铺直叙的运用使标题显得简洁明了、落落大方。这可能是由于法治新闻是与法律、社会治理有关的新闻，涉及这方面的话题大多较为严肃，大部分新闻不适合走"花俏路线"，不如原原本本地反映事务，毕竟准确地概括事件本身就有一种真实美。例如，2017年5月19日的头条《安徽公安4年涌现19位二级英模》，标题简洁明了地交代了地点、时间、人物、事件。还有许多标题是直接概括总结领导人讲话或者会议内容而成。这样的新闻需要的就是严肃认真突出重点，所以平铺直叙是制作这类新闻最好的技巧之一。

## 二、比喻拟人　生动形象

在35条新闻标题中，有9条采用了比喻或者拟人等修辞手法，这使得标题变得更加生动形象。2017年5月13日的标题《法治思维渗入每个社会细胞——广东培育出一系列岭南特色普法品牌》，用了"渗入""社会细胞"这样的字眼，使得普法这一行动变得具体可感，法治思想就像液体渗入细胞一样融入我们每个人。此处既用了比喻又用了拟人，把人比作社会细胞，把法治思维形象化、动态化。再看《快速推进体现效率　借鉴超越贵在担当　天津司改厚积薄发驶入快车道》的后半截"天津司改厚积薄发驶入快车道"，用"驶入快车道"来比喻"天津司改"的进步，说明天津司改确实取得了长足的进步，而且就像火车驶入快车道一样还会继续加速，这样的比喻十分贴切。

## 三、对称整齐　朗朗上口

对称整齐赋予标题形式美，这里的对称是指由两句字数相同、句法相似的句子成对排列而成。对称是形式美的一条规律。整齐是指通过新闻标题语言文字量相同的或重复的一种形式美。新闻标题的形式美，具有语言文字形式上的一致性和统一感，这样往往能产生一种气势美。对称整齐使标题可视性增强，引发读者接着读正文的兴趣。[1]一共有6条标题做到了对称整齐。例如，2017年9月13日的标题《履行法定义务弘扬法治精神——宁夏"法治模范"引导群众懂法守法》，主标题对称整齐。

## 四、化用妙语　以情夺人

化用妙语可以为标题增色，使标题看起来更加有趣。例如，2017年6月17日《用订单真扶贫扶真贫——贵州省司法厅创新"订单模式"助力脱贫攻坚》中的"用订单真扶贫扶真贫"，巧妙地变换了"真"字的位置，表明贵州省司法厅"订单模式"助力脱贫真正落实到位了。

"感人心者，莫先乎情"，人是有感情的动物，一个标题想要吸引读者，以情夺人是终南捷径。新闻标题不只是单纯地报道事实，传递信息，它的魅力还在于以浓郁的情感来拨动读者的心弦，唤起受众的情感认知和审美体验。信息化时代，人们更需要真挚的情感和人文关怀。因此，新闻标题要饱含情感，要富有魅力，要吸引人，感染人。[2]例如，2017年5月2日的标题《用行动诠释一心为民公仆情怀——追记安庆市公安局交警支队四大队副大队长毕伟》，"用行动诠释一心为民公仆情怀"就注入了作者的赞美之情，副标题补充说明了赞美对象。

## 五、设置悬念　引人入胜

标题设置悬念，可以引起读者的好奇心，让读者有接着读正文的兴趣，达到引人入胜的效果。但是在35条新闻标题中设置悬念的标题并不多，这可能与《法制日报》本身的定位有关。法制新闻除了报道社会生活、问题、风气中与法律制度密切相关的内容外，还肩负着报道民主与法制建设、报道权力机关、司法机关和行政机关的重大活动，宣传和普及法律知识，提高全民的法律意识、弘扬法治精神等任务。《法制日报》曾经担当这一

---

[1]　辛华:《新闻标题语言的艺术》，吉林大学2008届硕士学位论文。
[2]　同上。

重任并将继续担当这一角色。①《法制日报》处在普法"教师"这样的位置，严肃务实应该是常态，体制内的烙印也少不了。该报 2017 年 6 月 14 日的标题《生命的最后一天，他还在提审——追记江西永丰县检察院公诉科科长谢登明》就有悬念。读者一看到标题《生命的最后一天，他还在提审》，肯定想知道：谁在生命的最后一天还在提审？为什么在生命的最后一天还在提审？当然，第一个问题副标题已经说明白了。但是第二个问题就需要读者去文章中找到答案，这样就起到了引人入胜的作用。

## 第十节　科技新闻标题制作技巧

清代李渔有云："开卷之初，当以奇句夺目，使之一见而惊，不敢弃去。"（《闲情偶寄》）无论是在印刷出来的新闻纸上，还是在移动端的屏幕中，标题都是帮助读者判断和选择文章的第一要素。在信息爆炸的时代，作为内容生产者，要在海量的竞争者中脱颖而出、抓住读者眼球，必须要借助好标题。

随着全球科技的突飞猛进，加之国家创新创业政策的推动，读者对科技新闻的需要日益增长。科技新闻覆盖面广，主要包括科技成果、科技人物、科技政策、科技市场和科教普及等。

本章从《江苏科技报》《科技日报》、36Kr、ifanr、中国科技网等媒体中归纳了几种媒体在科技新闻拟题中实用的技巧，具体如下：

### 一、印刷媒体三种拟题技巧

#### （一）虚实结合

蔡雯在《新闻编辑学》中指出，新闻标题存在实题与虚题之分。实题

---

① 蒋凌昊：《比较〈法制日报〉和〈法制晚报〉——浅析中国法制类报纸的现状和出路》，《三峡大学学报（人文社会科学版）》，2010 年 S1 期。

主要用以概括新闻事件的基本事实,虚题主要用以评价事件。

由于大众对科技的理解能力参差不齐,科技新闻的标题不宜太"硬",即过于专业化。如2017年11月3日刊登于《上海科技报》的一篇报道标题叫作《冷冻电镜技术揭开重要蛋白原子结构》,对不谙此道的读者而言,既不知道"冷冻电镜技术"为何物;亦不知道"揭开重要蛋白原子结构"有何意义,实在难以引起读者注意。

2017年11月3日刊载于《科技日报》的《海上浮动核电站:随意调遣的"充电宝"》,采用了虚实题结合的方式。这篇文章借中国第一座海上浮动核电站即将竣工的消息,介绍了其技术原理和安全性等问题,同时还介绍了它的重要特点——由于核反应堆安装在船板上,它可以"招之即来,挥之即去"。

这一标题用"海上浮动核电站"作为实题,概括了基本的新闻事实,又用"随意调遣的'充电宝'"作为虚题,对这一科技创新成果进行了方便读者理解的评价,虚实题结合使人一目了然。类似的标题还有:《特斯拉才是搅动市场的"鲇鱼"》《二维码侵权战,输赢之外是练兵》等。

### (二)精心修辞

修辞是让语言"活起来"的妙方。修辞手法共有63大类,除了比拟、对偶等在新闻标题中较常见的修辞手法外,也可以使用借代、双关等手法,为科技新闻标题增色。

**1. 借代**

2017年11月3日刊载于《科技日报》的《科学家"钓"出田园洞人"真身"》,巧妙地使用了借代这一修辞手法。借代是指不直接说出所要表达的人或事物,而是借用与它密切相关的人或事物来代替的修辞方法。这篇文章的主要内容是科学家通过一种DNA探针,提取了田园洞人的遗传基因组,确定了田园洞人与东亚人种的遗传关系。标题用"钓"这一具有普遍感知的动作,借代了科学家在化石中提取DNA的动作,使得标题极富动感的同时也显得十分贴切。"真身"也将遗传基因组的意义,以能够为读者普遍接受的方式解释了出来。

《科学家"钓"出田园洞人"真身"》报道截图

### 2. 双关

2017年11月1日刊载于《科技日报》的《看上去很美?》,使用了双关的修辞手法,用极精简的字符表达了丰富的含义。这篇文章的主要内容是,美国军方为M1A2"艾布拉姆斯"主战坦克装备了以色列生产的"特罗菲"反坦克武器防御系统。

"看上去很美?"中"美"字包含两层含义。一方面,"美"可以理解为形容词,标题的语义是:美军主战坦克安装以色列生产的坦克防御系统,可以增加其战斗力;但是,紧接文字的"?"形成反问,引出了新一层的观点——这样的合作,其结果未必尽如人意。另一方面,"美"可以理解为名词,即"美军的风格",美军为自己的主战坦克安装他国生产的坦克防御系统这一行为,不太符合美军一贯以来的行事风格,"?"与含有此意的文字连用,形成了一种更具深意的反问。

### (三)设置悬念

故意抛出一个问题,或者刻意省去新闻内容的某些关键环节,有时会使读者用户产生浓厚的兴趣。

2017年10月26日刊载于《科技日报》的《为什么日子越过越长？天文学家这样说》是一篇科普文章，它主要为读者介绍地球自转并非永恒不变，会随着特定宇宙环境因素发生改变这一天文常识。作者以"为什么日子越过越长？"起头，向读者抛出了一个乍一眼看起来不知如何回答是好的问题，紧接着用"天文学家这样说"收尾，在与问题形成问答的同时，表明了本篇文章的阐释角度，以设问的方式，引导读者从天文学的角度思考这一问题，从而进入文章的语境。

相比刻板的、说教式的行文风格，现在的读者越来越钟情于轻快、具有亲近感的文字。对话体新闻具有极大的开放性，并且由于"对话"这一需要对方反应的特殊形式，容易抓住读者用户的注意力。

2017年10月26日刊载于ifanr网站上的《亚马逊想要在你不在家时"送货进门"，你会同意吗？》，就运用了对话体的思路。在这一标题中，虽然只有作者的提问，但是"你会同意吗？"一句，表面上将选择权交给了读者，实际上引导读者进一步了解亚马逊的"送货进门"服务是如何操作、有无风险等问题。

2017年11月2日刊载于《科技日报》的《哈勃望远镜，无法与你说再见》的主要内容是，哈勃望远镜的运行轨道正在衰减无法逆转，未来在进入大气层后，哈勃望远镜将化作一团火球，借此信息，报道梳理了哈勃望远镜的历史、职责等方面的内容。标题中"无法与你说再见"一句运用"你"这个第二人称代词，而不是"它"，将旁白式的文体变为对话体，产生了一种对哈勃望远镜在供职几十年后无法避免"死亡"的惋惜，调动起了读者的情绪，使得读者对文章产生了感性的波动。

## 二、新媒体科技新闻拟题技巧

马歇尔·麦克卢汉在他的著作《理解媒介：论人的延伸》中提出了"媒介即讯息"的观点。必须意识到，当我们在说"标题"时，除了组成标题的文字和标点符号以外，还应包括它的字体、字号、空间位置等因素。另外，印刷纸和电子屏幕两种载体也存在巨大的差异。

学者张丽认为，报纸新闻是线性结构，正文内容与标题在同一平面空间中；而电子屏幕中，新闻是分层次的交互结构，标题与正文内容是以超链接的方式联系在一起的。结合国内科技新闻网站36Kr的页面布局，我们可以发现，新媒体中，标题的基本构成要素包括：文字标题、补充文本栏、标签和配图四大主要部分。

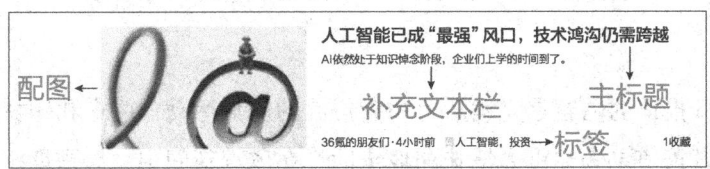

新媒体文字与印刷媒体文字标题基本相似；补充文本栏可以是对标题的进一步补充，或者是对正文内容的提炼，有时也可以是作者想说的、与主题未必有密切关联的话语；标签在新媒体中运用较多，它可以帮助读者快速知晓报道涉及的主要领域或主要人物等；配图在新媒体环境中使用的频率也远高于印刷媒体。

2017年11月6日刊载于36Kr的报道《科技神回复 | 三星发广告diss历代iPhone，苹果：Oh Boom！》标题就具有代表性。

这是一篇网友评论集纳。从文字标题上来看，运用"神回复""diss"一类网络流行语将两大手机厂商并置，有意无意地挑起双方的竞争性，这些手法容易引起读者用户的阅读兴趣。文本补充栏呼应了标题的"神回复"，在这里的作用是指明本文章文体是轻快的网友热评，不是充满了观点和论理的"硬货"，它和标签一道，能帮助新闻找准寻求娱乐的读者。配图选用了一个正在使用智能手机、发型与iPhone屏幕神似的神情似笑非笑的男人，和文章的总体风格相呼应，使得标题具有较强的整体感。

综上所述，在制作科技新闻标题时，不仅要在问题标题上下功夫钻研，同时也要对所处媒介的特性进行深入思考，以寻求更加丰富、有吸引力的标题形式。

## 第十一节　体育新闻标题制作技巧

体育报道的内容是充满活力和竞技性的体育运动，内容和题材的特性使得体育报道更为注重人情味和趣味性。在体育新闻中，标题承担着提示内容和吸引读者两大任务，也应具备表现力、感染力和吸引力。要将激烈的比赛场面和精彩的竞技故事，用寥寥几个字呈现出来，需要一定的技巧才能实现。

### 一、武林叙事，气势十足

武林叙事，指的是借鉴中国武侠小说的叙事口吻，撰写具有武林风格和热血情怀的标题。体育赛场与武林江湖存在一定的相似性，运动员的竞技比拼就像武林高手之间的对决，总要分出个高低胜负。使用这一技巧，能够令标题气势十足，迎合以男性为主的读者群体的传统武林情怀，更能传神地表达主观信息和媒体立场。该技巧主要运用于主队赛事的报道当中，如中国队、媒体所在地的地方代表队等。

例1：《曹缘称雄三米板国乒　女团无人敌》(《新民晚报》，2016年8月17日，A20版)

将"称雄""无敌"这些常见于武侠小说中的词汇用在奥运报道的标题当中，既形象地展现了中国奥运健儿在赛场上取得的优异成绩，也在无形之间表达了对奥运健儿的赞扬和浓厚的民族自豪感。

例2：《十年磨一剑　小丁擒火箭》(《新民晚报》，2017年4月27日，A26版)

在武林故事中，卧薪尝胆、复仇成功是最令人热血沸腾的桥段。这篇新闻报道的是在斯诺克世界杯半决赛上，丁俊晖击败了十年来从未赢过的奥沙利文。用"十年磨一剑"和"擒"作为标题,给人一种见证丁俊晖在苦练十年后终于复仇成功的快感,足以引发读者的强烈共鸣。

例3:《飞雪连天　曼联难射白鹿》(《广州日报》,2013年1月22日,A7版)

"飞雪连天射白鹿,笑书神侠倚碧鸳",是金庸将自己的武侠作品名串作的对联。这则标题化用这副对联有两个妙处:"飞雪连天"点出比赛在雪天进行;热刺的球场叫白鹿巷,"难射白鹿"暗抒记者对曼联未胜热刺的惋惜。

## 二、嵌入人名,突出主体

嵌入人名,多用于对有精彩表现的运动员的报道,指的是将相关体育人物的名字巧妙地串入标题中。嵌入人名能够突出体育报道的主角,让读者一瞥标题就知道报道的主要人物、主要内容。嵌入人名有三种方法,分别是全取式、拆取式和摘取式。

例1:《吴迪无敌》(《新民晚报》,2017年8月19日,A12版)

该报道将网球运动员吴迪的名字放入标题当中,属于嵌入标题中的全取式。"吴迪"与"无敌"谐音,二者叠加精练地概括了中国男网第一人吴迪在全运会男子网球项目中的精彩表现,令读者眼前一亮。

例2:《"刘"待里约见彩"虹"》(《新民晚报》,2016年8月20日,A10版)

这是典型的拆取式嵌入,将刘虹的名字拆开嵌入,"刘"谐音"留","虹"即"彩虹",意为"刘虹在里约看见了彩虹"。短短几个字巧妙地概述了刘虹走出禁药风波、赢得奥运会女子竞走项目冠军一事。风雨之后见彩虹,暗含褒义。

例3:《"杨"眉吐气》(《体坛周报》,2017年7月24日,A18版)

这则标题采用摘取式嵌入,只摘取了孙杨的"杨"字置入。新闻报道的是孙杨在世界游泳锦标赛上战胜了"老冤家"霍顿,标题将孙杨的"杨"与成语"扬眉吐气"结合,既指出孙杨夺金,也点出二人恩怨纠葛,颇具匠心。

### 三、活用数字，赛果直达

任何一项体育运动，其过程、结果的呈现都离不开数字。因此，将数字应用于标题当中是体育新闻标题制作最常用的技巧。体育新闻标题用客观的数字说话，不仅可以直观地传达比赛结果，还会起到一些意想不到的效果。

例1：《马龙3：4负于波尔国乒无缘八连冠》（新浪体育，2017年10月22日）

将相关比赛数据直接置入标题，适用于快速传达比赛结果、追求时效性的消息类报道当中。这篇报道用"3：4"和"八"两组数字直观地呈现了男乒世界杯半决赛的结果，并传达了马龙输掉比赛将导致男乒无缘八连冠的关键信息，简洁明了。

例2：《从1：5到4：1价值千万？》（《体坛周报》，2017年9月25日，A05版）

数据的一大优势是便于比较，将不同的数据放在新闻标题之中进行比较，能够起到增强立体感和说服力的作用。这则新闻报道的是中超球队泰达一周前1：5输给亚泰，濒临降级；一周后4：1大胜权健，保级有望。两组数据对比强烈，球队所设千万奖金的重要性不言而喻。

例3：《三箭齐发瞄准三金》（《中国体育报》，2004年8月15日，5版）

这篇雅典奥运会的经典报道在标题中用了两个一样的数字，前后照应，首尾呼应。在该新闻中，"三箭"指的是女子10米气手枪、女子52公斤级柔道、男子56公斤举重三项运动中具备夺金实力的中国运动员，所以能够"瞄准三金"。两个数字"三"，把运动员冲击金牌的决心表现得淋漓尽致。

### 四、一语双关，点石成金

各种各样的修辞手法广泛地运用在各类报道的标题中，体育新闻也不例外。综合各种修辞类新闻标题来看，双关式新闻标题诙谐幽默、寓意性强，最能增强体育新闻报道的吸引力，可以起到点石成金的作用。双关有许多形式，适用于体育新闻标题的有谐音双关、语义双关。

  例1：《最短命最凄惨安切落地》（《体坛周报》，2017年9月29日，
    A09版）

  在这则新颖独特的标题中，起到谐音双关作用的是"安切落地"。标题利用"落地"与"洛蒂"同音，一方面指明新闻主人公是足球教练安切洛蒂；另一方面指出新闻事件，即安切洛蒂被解除拜仁慕尼黑队主帅一职。

  例2：《登高望远剑指全运冠军》（《新民晚报》，2017年3月23日，
    A19版）

  该标题使用了语义双关的技巧，利用"登高望远"的双重含义构成了双关语。结合报道来看，"登高望远"表面指上海男排登上高塔东方明珠举办夺冠庆功活动，其深层含义是上海男排赢得国内联赛冠军后，定下了更为远大的目标——赢得全运会冠军。这类标题寓意十足，令人印象深刻。

## 五、巧用动词，画龙点睛

  体育新闻所报道的体育运动本身就是充满活力的，因而制作体育新闻标题时更应在寻找动感上下功夫。在标题中巧妙地使用动词，如同画龙点睛的那一笔，可极大地加强标题的视觉冲击力，让整篇报道都"活"起来。

  例1：《梅西扛着阿根廷进入了世界杯》（《楚天都市报》，2017年10
    月12日，20版）

  《楚天都市报》的这则报道，标题用一个"扛"字，传神地展现了梅西凭一己之力带领阿根廷进入俄罗斯世界杯的努力、艰辛和伟大。

  例2：《心无旁骛必取卡塔尔！》（《体坛周报》，2017年9月4日，A03版）

  这则标题用了千军万马之中取上将首级的"取"字，使国足在世预赛生死战前的必胜决心跃然纸上。

  例3：《曹莫默契申花绽放》（《新民晚报》，2017年7月30日，A15版）

  该标题使用动词"绽放"，契合足球队申花的"花"，不着痕迹地

赞扬了申花队在比赛中的精彩表现，极具动感和语言魅力。可见，就算是语义平淡的动词，结合与其相衬的语言环境，也能起到画龙点睛的效果。

## 第十二节　影视新闻标题制作技巧

影视新闻是一种娱乐性、关注度高的新闻。尤其是近年来，我国影视事业进入快速发展阶段，影视新闻标题的制作技巧更加值得探究。通过分析 1905 电影网、凤凰网娱乐频道、新浪网等知名媒体的影视新闻栏目的标题制作，大致总结出五大技巧：

### 一、"影视剧名 + 当红明星"的巧妙结合

由于影视新闻娱乐性强，并且影视作品与明星息息相关，当红明星宣传影视作品能取得最佳效果，相似地，用当红明星制作新闻标题也最能博得眼球。综观几大影视频道，几乎所有的影视新闻资讯都是用"影视剧名 + 当红明星"的方式来制作标题，以达到吸引受众注意，从而宣传影视剧的效果。

例如，2017 年 10 月 11 日，环球网的报道《邓超深夜尬舞辣眼睛邀观众猜〈心理罪〉新档期》，该标题中的邓超是当红明星、演员、导演，享有极高的知名度，更容易获得受众的关注，而《心理罪》依托明星的感召力，也可获得受众的注意。这样制作新闻标题，既符合影视新闻内容的可读性标准，又吸引了眼球。

又如，中国新闻网娱乐频道的报道《〈战狼 2〉高票房背后：吴京拒绝替身称用生命在拍戏》、新浪娱乐电视新闻栏目的报道《〈亲爱的客栈〉陈翔升级变管家　机智满分刘涛狂赞》，同样采用这种"影视剧名 + 当红明星"的巧妙结合技巧。

## 二、用活数据和日期

标题中使用数据，不仅可以增强新闻作品的准确、客观，更能使受众直观地抓住重要信息。影视新闻中，对影视作品何时播出、获哪些奖项是报道的重点，与之相对应的，新闻标题中对数据、日期的使用非常普遍。一般情况下，影视新闻标题制作中，具体的数据、日期会直接应用于标题中，让读者一目了然地获取最直观的信息。

例如，1905电影网的新闻标题《〈回到火星〉定档10月13日 "火星男友"跨星来袭》《〈银翼杀手2049〉海外破5000万 占全球票房61.4%》；搜狐新闻的标题《新〈流星花园〉砸1.6亿拍48集！众星争演F4》；网易新闻的标题《惊悚片〈深宫怨灵〉曝海报 定档11月17日》等都使用了数据，将最重要的信息直观地表述在新闻标题中。

## 三、巧用修辞手法

修辞手法是通过修饰、调整语句，运用特定的表达形式以提高语言表达作用的方式和方法。在影视新闻标题的制作中，常采用多种修辞手法，使其在简短的内容中体现出更加丰富的内容，吸引受众的注意。巧用修辞是影视新闻标题制作中不可忽视的技巧。

对偶。在影视新闻标题的创作中，对偶是较为常见的修辞手段，从形式上看，结构相似或相同，音节整齐匀称；从内容上看，语言凝练集中，高度概括。例如，2017年10月3日，《重庆时报》的标题《54届金马奖公布提名：张艾嘉创纪录 金城武首入围》；2017年9月30日，新浪娱乐电影频道的标题《鉴定〈缝纫机〉：草根喜剧成套路 摇滚情怀最燃情》，音节整齐，语言凝练，朗朗上口，令人印象深刻。

引用。写文章时，引用成语、诗句、名人名言、典故等，以表达自己想要表达的思想感情，说明自己对新问题、新道理的见解，这种修辞手法叫引用。在影视新闻的标题中常常引用明星在该事件中所说的话语，并且是明星话语的核心内容，以此来突出娱乐新闻事件的重点。例如，2017年10月10日，《北京晨报》的新闻标题《成龙变老演技更佳 回应：让你们知道，我是个演员》中，引用了成龙在该事件中所说的话语，并且是该话语的核心内容，以此来突出成龙演技更佳这个重点。

设问。表示强调作用，提出问题，自问自答。正确地运用设问，能引人注意，启发思考。突出某部分内容，使文章起波澜，有变化。例如，2017年10月8日，1905电影网的标题《〈呼啸的青春〉疑似紧急撤档　只因为票房失利？》；2017年10月11日，《广州日报》的新闻标题《〈羞羞的铁拳〉国庆称雄　电影话剧互为好助力？》，都用疑问句表达了肯定的回答，暗含在设问句中，既引发读者的思考，又明确了作者的态度。

### 四、熟练使用流行语

影视新闻要具有强烈的趣味性才能吸引受众的注意力，所以熟练地使用流行语在影视新闻中很常见，是其标题制作的一大技巧。

例如，2017年9月28日，1905电影网的标题中《〈英伦对决〉获群星鼎力支持　众星为成龙打call》，用流行语"打call"来表达众星对成龙新电影的支持，既幽默有趣，增添了文章的趣味性，又凸显文章的亮点，起到画龙点睛的作用。

再如，2017年9月26日，中国电影报道的新闻标题《明星们要哭晕在厕所了吗？聊聊史上最严"限酬令"》，用流行语"哭晕在厕所"幽默诙谐地道出了"限酬令"给明星们带来的直接影响，生动形象又贴近大众。

### 五、设置"悬念"

在制作新闻标题时，记者编辑总是有意识地运用某些表现手法，对标题内容欲露又藏，或者造成矛盾冲突，或在标题中卖个"关子"，通过在标题中设置"悬念"，引起读者的好奇心，使标题"出奇制胜"，从而抓住读者的注意力。

例如，2017年10月11日，1905电影网为报道《天生不对》电影的上映以及影片特色，以《〈天生不对〉定档11.10　周渝民薛凯琪"八字不合"》为题，通过"八字不合"给读者卖了个"关子"，吸引了大家的注意力。

又如,2017年4月30日,凤凰娱乐电影频道的报道《他在〈拆弹专家〉原地爆炸！连刘德华都想演他的戏》,标题中的"他"指代不明,给大家制造了"悬念"。

## 第十三节　灾害新闻标题制作技巧

灾害新闻是新闻种类中较为特殊的一类,它牵涉人文情怀、社会稳定、公民隐私权、公民知情权等一系列错综复杂的因素。同时,灾害新闻也要避免过度渲染,避免煽情化。因此,对灾害新闻标题的拟定,"方向"要比"方法"更为重要。本章也将着重探讨如何把握灾害新闻标题拟定中方向性的问题。

### 一、将最为紧急、重要的事实置于标题中

灾害一般事发突然,直接涉及人民群众的生命财产安全,新闻媒体作为社会的瞭望台,应该将与民众利益息息相关的事实,最为简洁清晰地传达给受众。由于新闻传播过程中的特殊性,即受众在阅读新闻时很有可能只浏览标题,如果标题顾左右而言他,很容易使受众错过重要信息。

那么,在灾害新闻中有哪些事实是比较紧急和重要的呢？一般而言,受灾可能波及的人群和范围、受灾群众应该如何应对灾害、政府相关部门应对灾害的措施、灾区所急需的物资等信息是比较紧急和重要的,应该在灾害新闻的标题中体现出来。

如下图所示,华商报的新闻标题《九寨千古情景区天源豪生酒店急需大量帐篷》,这种标题的好处就是,能够使受众清晰地看到灾区所需要的物资,更便于统筹社会力量支援灾区。

华商报
8-9 来自微博 weibo.com

【灾情信息：九寨千古情景区天源豪生酒店急需大量帐篷】此时，位于九寨千古情景区外的天源豪生度假酒店目前急需大量帐篷，为灾区群众搭建临时救助场所，据了解该酒店食物和饮用水充足。酒店方面表示该地区已经断电，酒店打算自行发电给灾区群众提供便利。（华商报）@四川公安 @四川消防 ... 全文

## 二、宜使用鼓励性标题，慎使用问责性标题

所谓宜使用鼓励性标题，慎使用问责性标题，是指在灾害还未过去时，不宜过度问责，新闻媒体应营造一个积极的抗灾舆论环境，而问责则应在灾后进行。这既符合我党的以正面宣传为主的新闻思想，也符合新闻媒体在灾害中凝心聚气的作用。如果一篇稿件中既有积极抗灾的事实也有问责的事实，在这里建议应该在标题中突出积极抗灾的一面，问责性事实则可作为反面事例安排在稿件中。

这样安排新闻标题的好处是，能在抗灾过程中凝聚社会力量，大家心往一处想，劲儿往一处使。如九寨沟地震时，《人民日报》的新闻标题《汇聚抗震救灾的国家力量》、《中国日报》的《众志成城，多支救援队伍赶往灾区救援》等，都取得了预期的宣传效果。

## 三、灾害新闻标题应体现人文关怀，勿过度渲染细节

新媒体时代，"流量为王"理念一度甚嚣尘上，不是说这一观念是错误的，只是单纯以流量为导向可能使新闻变味。

这种做法是对灾难中受害者的不尊重；是对受害者家属的不尊重，容

易使他们受到二次伤害；也是对读者的不尊重，会让读者反感；更是对新闻记者这一身份的不尊重，是缺乏新闻素养的体现。如某报在报道海啸时使用了《孩子七窍流血、尸体散发恶臭，裹尸布告罄》这一标题，这是极为不可取的。

灾害新闻应有人文关怀，从标题中便体现出来。这种人文关怀是不调侃死者，不伤害生者，不挑衅读者。

### 四、多列数字，慎用比喻

灾害新闻标题中，使用列数字的手法既可以体现新闻的精确性和客观性，也可以使灾害情况更为清晰明了地传达给受众。一般而言，受灾人数、经济损失、所需物资数量等信息可以直接作为标题内容。

慎重使用比喻，是因为比喻所表达的意思比较隐晦，受众不一定能迅速反应，或者受众的理解会不尽相同。这在灾害新闻中是不可取的，灾害新闻应注重清晰明了，而不适合春秋笔法。

## 第十四节 监狱新闻标题制作技巧

监狱新闻是各类新闻信息传播潮流中的一个小支流，监狱新闻报道专门报道监狱内外与监狱有关的各种新闻。近年来，随着国家深入推进司法体制改革，"社会形象好"成为评价一所监狱是否为"六好监所"的重要标准，监狱新闻的能见度也逐步上升。虽然监狱新闻是少数，但人们普遍对监狱怀有比较强的好奇心和窥探心理。在社会开放程度不断提高的今天，监狱新闻可谓颇具吸引力。如何把握这一有利因素，使监狱新闻在纷繁复杂的海量新闻信息中脱颖而出，赢得受众青睐和点击，制作好标题就显得至关重要。从新闻学基本理论和实际工作经验来看，制作监狱新闻标题可以采用以下技巧。

## 一、开门见山，表明新闻亮点

取什么样的新闻标题，取决于什么样的新闻素材。做好监狱新闻标题，首先要善于对各类监狱新闻素材进行分析、总结，确认素材类型。直抒胸臆，适合用于政治导向鲜明的新闻素材。监狱作为国家刑罚执行机关，肩负着惩罚和改造罪犯的重大任务，又是司法体制改革直接受影响的一线，其性质决定了要经常报道一些正面新闻。直抒胸臆，顾名思义，就是在新闻标题中直截了当表明新闻报道的主题、内容和方向，让受众一目了然。

例如，2017年7月《法制日报》刊登的《江西监所连续十年实现"四无"》报道了江西监所连续十年实现"无罪犯脱逃、无在全国全省有重大影响的狱所内案件、无重大安全生产事故、无重大疫情"的"四无"目标，标题字句精练，简洁明了，舆论导向鲜明，受众一看便知新闻的主要内容和肯定赞扬态度。

再比如，中国江西网2017年8月刊发《南昌监狱举办服刑人员"养老护理员"初级培训班》，这个标题同样用一句话概括了报道的主要内容，受众不需要运用多种感官配合思考，便能对这则报道做到心中有数。

## 二、讲究接地气，增强故事性

当前，我们的社会传播已进入全媒体时代，媒介技术的发展，传播格局的演变，使得各类新闻信息已呈井喷式纷呈。在这一背景下，追求"高大上"的新闻标题很多，而真正朴实又有韵味的"接地气"新闻标题很少。标题"接地气"，适合用于制作宣传"监狱故事"之类的新闻素材。监狱新闻标题尤其讲究接地气，其原因有二：一是因为监狱新闻本身就是基层一线的新闻素材，具有广泛的群众和实践基础；二是监狱故事数量庞大又不乏经典，应该俯下身段，倾心讲述，才能赢得受众。

例如，中国长安网2017年7月刊发《江西鄱湖圩堤上的"青训营"》，讲述的是江西未成年管教所青年民警积极参与一线抗洪抢险的故事，标题朴实无华但却内涵丰富。

再如，微信公众号"江西司法行政"刊发《请原谅你身边这个"夜不归宿"的男人》，运用了"原谅""夜不归宿""男人"等通俗名词，婉转地表达了监狱民警因为工作而无法兼顾家庭的无奈，通俗易懂，感情真挚，让人顿生同情之心。

### 三、善用修辞手法，增强生动性

修辞手法为许多新闻标题所运用，效果可谓屡试不爽，也赢得了诸多肯定。修辞手法包括比喻、夸张、比拟、对比、白描、对偶、层递等。就监狱新闻标题而言，能使用修辞手法的空间更大，因为监狱新闻主体是警察和服刑人员，是管理者与被管理者，是教育者与被教育者，多种身份使得其被修饰发挥的空间大增。

比如，江西监狱内网刊登的《神秘身份之"拆弹专家"》讲述的是江西省女子监狱女民警化解服刑人员抗拒劳动改造的监管危险，它将此类危险比喻为"炸弹"，将女警察比喻为"拆弹专家"，既与主题十分契合，表达中又将意境升华，极易让受众产生想要一探究竟的心理。

南昌监狱内网刊登的《特殊校园的特殊园丁，教师节他们这样度过》，则在新闻标题中巧妙地运用比喻、对比，将警察比喻成园丁，服刑人员比喻成花草，将狱内的教师生活和狱外的教师生活进行鲜明对比，高低不同立现，把监狱民警的形象刻画得栩栩如生。

### 四、化用热门语句，激起共鸣

熟知的事物时间久了，容易被人遗忘，而再次想起，定会勾起深深回忆，让人产生无限遐想。化用熟知事物，即在制作标题时，融入一些诸如音乐歌曲、人文典故、寓言故事之类的事物，以达到引起受众共鸣的效果。

微信公众号"江西司法行政"刊登的《请把我的歌带回我的家，请把你的视频留下》，这个新闻标题化用了歌曲《歌声与微笑》中的经典歌词，深情地表达了监狱开展亲情帮教的生动画面，同时因为这首歌曲为广大受众所熟知，读来必将唤起受众深深的回忆，使其产生浓厚的阅读兴趣。

江西监狱内网刊登的《一封特殊来信引发的真相探寻》，讲述的是洪城监狱服刑人员向监狱长写感谢信的故事。该标题借用了"一个馒头引发的血案"这个耳熟能详的电影故事剧情,使得标题一下充满神秘感和吸引力。

再比如,微信公众号"江西司法行政"刊登的《我的前半生,从军营到警营》,讲述了江西省豫章监狱几位退伍转业的军人从警后的坚守岗位、默默奉献的人生历程,标题巧用电视热播剧《我的前半生》剧名,恰当借鉴,充分发挥,使得新闻标题与热点同频共振,让受众产生强烈的好奇心理。

### 五、巧用新词汇,与热点同频共振

在监狱新闻标题中运用新词汇,不仅展示了作者与时俱进、勇于创新的品质,而且能大幅拉近与受众的心理距离,提高传播效果。新词汇包括的范围很广,它可以是领导人重要讲话用词,可以是网络热搜词,也可以是影视作品中的热门词汇,关键在于如何适当插入,让标题"新起来""亮起来"。

例如,江西监狱内网刊登的《点赞:面对歹徒行凶,我们的狱警这样做》,这则新闻报道了监狱民警勇斗歹徒的故事。"点赞"一词虽源自网络,但却被很多人借用,是热门用词。作者巧用"点赞"这一新词赞扬民警,让标题有了闪光点。

## 第十五节 会议新闻标题制作技巧

会议新闻稿在各类新闻稿件中当属结构最为严谨,同时语言逻辑也要求最高。这类新闻稿件要求作者注重时效性,并将会议精神融入稿件中。也就是说,会议新闻不仅要在第一时间发布出来,而且要把会议精神准确有效地传达出来。而标题是新闻的"眼睛",既是新闻内容的浓缩和亮点所在,也是吸引读者兴趣的重要途径。拟好会议新闻的标题,对会议新闻报道的成功与否,起着至关重要的作用。

在各类题材的新闻稿件中，会议新闻有其独特且鲜明的特点。就会议的表现形式而言，无非就是讲话、交流、讨论、观摩，与其他类型的新闻相比，会议新闻的报道对象是单一的。形式的局限性和报道对象的单一性给写好会议新闻增添了难度，同时也给标题的拟定增添了难度。在当前自媒体、新媒体文章标题越来越吸引眼球的背景下，更有必要制作好会议新闻标题，使会议新闻报道具有吸引力、竞争力。

## 一、提炼会议中最关键的内容做标题，切勿面面俱到

会议新闻就是会议上发生或与会议有关的新闻，会议新闻的报道内容应站在受众的角度，在准确无误反映会议精神的同时，应把受众的需求放在第一位，将会议中最关键、最实质、受众最关心且与受众利益密切相关的内容提炼到标题上。如此一来，不仅可以使受众对会议精神一目了然，而且可以提高受众对新闻的兴趣。

例：《俄方指责美国等部署反导系统》

在莫斯科核不扩散国际会议中，各个国家出席会议，从这则会议新闻的标题就可以看出，"俄方指责美国等部署反导系统"就是对莫斯科核不扩散国际会议中最关键的信息的提炼，受众从标题中就能获得这次会议中的亮点，同时也是他们最关注的信息。

## 二、突出新闻中的主角，将最重要的信息凸显在标题中

在一些重要的选举会议和先进人物产生的会议，以及领导发表重要讲话的会议中，将主要信息凸显在新闻标题中，是这类会议新闻标题常用的手法，也是传播效果较好的手法。

例1：《不断买地的另类支书——记沂水县前小河社区党支部书记刘乃忠》

这是典型的先进人物报道的新闻标题，将新闻中主角的名字直接显示在标题中，突出主角，也更具传播性。

例2：《十九届一中全会决定习近平为中央军委主席》

这是2017年10月十九大召开期间的一则会议新闻标题，属于换届选

举类会议新闻的标题拟法，标题中突出了主角习近平的名字。

## 三、创新标题结构、善用修辞，增强标题的趣味性和艺术性

会议新闻因其本身的严肃性质，很多人认为会议新闻的标题不宜过于活泼，但在当前受众对新闻标题的趣味性和可读性要求越来越高的语境下，如果仍然一味墨守成规，只会在失去受众的路上越走越远。其实，只要不像娱乐新闻和社会新闻标题那样过于口语化，会议新闻的标题也可以做到趣味和庄重并行。

### （一）善用设问句、疑问句，使标题和正文引人注目

例1：《为何儿童水痘疫苗从打一针改为两针？》（主题）

《省疾控专家：接种两剂次的保护效果接近100%》（副题）

这则会议新闻的标题就是采用了设问句的修辞手法，主标题用了"为何儿童水痘疫苗从打一针改为两针？"的疑问句，副标题"省疾控专家：接种两剂次的保护效果接近100%"回答了主标题的问题。这个标题不仅激发了读者的阅读兴趣，也让读者从标题中获得了感兴趣的信息。

例2：《2015年至今国内人工智能医疗领域投资额已超200亿元》（引题）

《资本如何挖掘人工智能医疗新热点？》（主题）

这则新闻标题中"2015年至今国内人工智能医疗领域投资额已超200亿元"是背景，"资本如何挖掘人工智能医疗新热点？"采用了设问的修辞手法，抛出问题，引发读者兴趣。

### （二）善用比喻、拟人、排比、借代、双关、引用、翻造等修辞手法，增强标题的形象性

例1：《"全国创投主体培育工程暨鹏城天使千人计划"启动》（引题）

《深圳欲成为天使投资人的摇篮》（主题）

将"深圳"比作"摇篮"，通过这个比喻，读者不仅直观形象地理解了标题意思，也能增强新闻标题的趣味性。用具体的、浅显的"摇篮"来表示深圳的投资环境，表达准确。新闻标题这样写，可以使受众展开想象

的翅膀去捕捉它的意境，体味它的深意，甚至增添幽默的意味，使标题更加引人注目。

例2：《广药集团牵手广州开发区发力医疗器械产业》（主题）

将"广药集团"和"广州开发区"拟人化，把它们之间的合作说成是"牵手"，形象生动。

例3：《主旋律更响亮　正能量更强劲》（主题）

　　《党的十八大以来宣传思想文化工作综述》（副题）

用相似的句法展现标题，将内容相关、结构相似、语气一致、字数大致相当的句子排列在一起，能给人以整齐均衡的美感，也能形成一种气势。

例4：《特色小镇当先锋：湾区时代中山创新发展的"镇能量"》（主题）

这则标题采用了双关手法，"镇能量"双关"正能量"，突出湾区时代下，中山特色小镇发展的前景和势头。

例5：《〈海边的曼彻斯特〉首尝分线发行，电影市场将进一步细化》（引题）

　　《中国文艺院线：千呼万唤要出来？》（主题）

"千呼万唤要出来"套用了"千呼万唤始出来"诗句，使用"翻造"这一修辞手法（对诗词、歌词等进行翻新改造），语言精练，含蓄典雅。

## 第十六节　游戏新闻标题制作技巧

新闻标题质量决定阅读流量。好的新闻标题不仅能够吸引受众关注、增加阅读流量，而且还能使受众在第一时间了解新闻的核心内容。

随着王者荣耀、开心消消乐等游戏的火爆，游戏新闻也得到越来越多人的关注。游戏新闻的主要受众是喜欢游戏的网民，故笔者从今日头条游戏频道、凤凰网游戏、游戏—人民网、新浪游戏、搜狐游戏、腾讯游戏、爱玩网—网易等传媒来研究游戏新闻标题技巧。

从网络媒体的游戏新闻标题实践来看，制作游戏新闻标题，可以采用以下技巧。

## 一、使用数据

大数据时代下，对各类数据的运用及分析是人们了解事件的重要手段。新闻标题也常常使用数据来突出内容重点，加强新闻的真实性，而一些看似比较夸张的数据则带有悬念、吸引受众关注。

例如，爱玩网—网易的新闻标题《半年暴涨数十倍 "绝地求生"绝版围巾最高价卖6780》、游戏—人民网的新闻标题《"绝地求生"红头巾价格惊人：6760元一条》，两则新闻对同一个新闻事件的报道，都在标题中使用了数据。"绝地求生"绝版围巾是一款火爆游戏的皮肤，受众最关注的是皮肤的价格，在标题中出现具体价格，将受众最关心的内容表述出来了。

## 二、使用网络流行语

在Web 3.0时代，网络流行语已经具有独特的文化内涵。截至2020年3月，中国网民规模已达9.04亿，他们使用独特的网络流行语。各类新闻常使用网络流行语来彰显时代感、接地气，拉近与受众之间的距离。因很多网络流行语最初都是在网络游戏中流行起来的，故游戏新闻标题中也常用网络流行语。

例如，腾讯网游戏版面的新闻标题《蓝洞证实腾讯要代理吃鸡 Wegame发博：敬请期待》、网易的新闻标题《吃鸡和生活一样，九分天注定，一分靠打拼》，都运用了"吃鸡"这个网络流行语，该词源于一款射击类生存游戏《绝地求生：大逃杀》。两个标题的"吃鸡"，前者的意思为《绝地求生：大逃杀》这款游戏；后者意为玩这款游戏。运用这类网络流行语，不仅抓住了精准受众的注意力，而且给一些不太了解该词的受众设置了悬念，引发阅读兴趣。

## 三、摘取正文

各行各业的新闻，在涉及一些重要人物讲话、重大活动举办、重要会议召开等行业事件时，其新闻标题制作往往直接引用知名人物、知名企业对行业现象的观点、看法。直接将重点拎出，作为标题，让受众一目了然。

例如，游戏—人民网的新闻标题《麦肯锡：中国已经成为数字创新企业乐土》，是一篇对整个数字创新发展现象的观点分析。该标题直接引用正文中麦肯锡发布的《中国数字经济如何引领全球新趋势》研究报告内容。

### 四、使用问句

相对于陈述事实重点的标题，带有问句的标题，其感情色彩更为强烈。在游戏新闻标题中的问句，主要是设问句、疑问句。游戏新闻直接用问句做标题，能启发读者思考，更好地领会新闻的中心思想。

凤凰网游戏频道的新闻标题《砸出4个亿，腾讯下一个"农药"就这么到手了？》、搜狐游戏的新闻标题《"王者荣耀"为什么成为史上最成功的moba手游？背后原因令人深思》均运用了问句。前者运用疑问句，引起受众兴趣，引出主要内容——"腾讯购买游戏《绝地求生：大逃杀》版权"；后者采用设问句，引起受众对内容的深思，同时新闻正文的结构是提出问题、分析问题，与题目交相呼应。

### 五、运用对话

对话形式最能体现观点、意见。在新闻标题中运用对话，形式独特，核心内容直接凸显在标题上，观点清晰明白。对话形式的游戏新闻标题，通常代表两类观点：一类是名人的观点；一类是网友的观点，两者之间的观点有对立的，也有一致的。今日头条游戏版面的新闻标题《马云：饿死不做游戏　网友：有效期五年》，就运用了对话形式。

## 第十七节　健康新闻标题制作技巧

随着时代的发展和人民生活水平的提高，大众对健康新闻的关注度越来越高。健康新闻是指面向普通大众，提供医疗卫生资讯，追踪健康焦点事件，解读健康热点话题，服务人民健康生活的新闻信息。从《厦门日报》

《燕赵都市报》《乐享健康》等传媒的标题实践来看,制作健康新闻标题,应注意以下五种技巧:突出新闻性、注重实用性、牢记简洁性、注重口语化和适当使用修辞。

### 一、突出新闻性:新鲜、新知、新潮

新闻具有一定的时效性,因此,健康新闻有别于过往的健康资讯,制作健康新闻时应注意与当下社会时事相关联,以吸引读者的注意力。比如,《厦门日报》的一篇健康新闻《孩子打喷嚏也要找主任医师》,描述了国庆长假期间厦门各大医院人满为患,而社区医院则门前冷落的新闻事实。这则新闻标题不仅吸引了读者关注,拓展了新闻内涵,而且增加了内容的可读性,提醒患者就近就医。又如,二孩政策全面放开时,《乐享健康》周刊就以《二孩时代"大圣"扎堆降生》为标题,对孩子接种疫苗做了科普。

健康新闻可以为人们提供医疗卫生资讯、营养健康知识,因此,应从标题中显示出这一点以吸引读者的兴趣。比如,《厦门日报》采写刊发的《骨质疏松吃钙片?白搭!》,提醒广大读者吃保健品不能代替药物,不可盲目进补,注意均衡营养的重要性。又如,《燕赵都市报》结合人们日常生活中的健康疑惑和网络上大量的健康信息,刊发了以《放血能急救中风?》《电吹风能治寒湿病?》《久坐不动易患感冒?》《地暖辐射能治病?》等为标题的健康新闻,联系专业医生和专家提供权威的信息,给读者以详细解答。

### 二、注重实用性:做人们的健康顾问

健康新闻应坚持提高公众的健康意识,服务公众的健康生活,做人们的健康顾问。在制作健康新闻的标题时,注意突出内容的实用性,及时给予读者健康提醒。比如,《厦门日报》的《手机信号不强时别打电话》《三类人不宜泡温泉》《某些食品不能与药品同吃》等健康新闻的标题一针见血,简明扼要地为人们提供了实用的健康资讯。

季节变化往往会给人们的健康带来一定影响,因此,健康新闻应关注天气的变化,为公众及时提供健康方面的指导,标题制作中突出实用性的

特点。如《厦门日报》标题为《乍暖还寒，老年人要留神骨健康》《初秋季节当心五种疾病》等健康新闻。与此同时，做好节假日的相关健康提醒。比如，国庆前夕，《厦门日报》推出的《吃喝玩乐，不要忽视健康》，标题突出了健康新闻实用性的特点，提醒市民注意节日病的出现，过一个健康的假期。

### 三、牢记简洁性：精练而有吸引力

新闻标题的简洁性，即舍弃不必要的干扰信息。有些新闻传达的信息很多，但并非每一个都有放进标题的必要。很多时候，信息过多反而减弱了读者的兴趣。健康新闻是给人们提供健康生活的信息，其标题更应简洁明了，一目了然。

随着新媒体的高速发展，公众对健康信息的收集、传递更加便捷、高效，我们已经由之前的医药信息稀缺时代快速进入了健康卫生信息过载时代。因此，要求健康新闻的内容更应该个性化、定制化、精准化，而其新闻标题更应该具备简洁性，即精练而有吸引力。比如，《厦门日报》通过向市民征集平常工作、学习、饮食、运动、会友等存在的健康问题，请专家解答，并配上漫画，内容紧密联系市民关注的问题，像《心脏病突发不要乱移动》《切忌摇晃中风病人》《煤气中毒要立即开门窗通风》《鱼刺卡喉勿强咽饭菜》等新闻标题简洁精练，有效地帮助市民在生活中做好日常的保健工作。

### 四、变化标题句式，注重口语化

在健康新闻的标题中，把陈述句变为假设句、疑问句或感叹句等变换标题的句式，使其具有强烈的感情色彩。口语直接进入健康新闻标题，吸引读者阅读兴趣。新入行编辑普遍担心自己制作的标题不严肃、不规范。其实，报纸作为大众媒体，主要面对大众，生动活泼，让读者喜闻乐见是很重要的，否则，报纸就吸引不了读者，当然也就起不到传播的作用。

比如，2018年5月25日《健康时报》的一则标题《血管难扎？一针见血的黑科技了解一下》，先是使用疑问句，引发读者的好奇心，接着使用口语"了解一下",显得生动活泼,迎合了大众的口味,也吸引了读者的兴趣。

### 五、适当使用修辞,避免平铺直叙

近年来,随着新媒体的发展,健康资讯铺天盖地,健康新闻的标题更要适当使用修辞,推陈出新,以新亮点来吸引读者,不能简单地平铺直叙。在标题中把原因、意义、价值判断等体现出来,看了题目,就能对新闻有一个大致的了解。

例如,2010年10月6日,诺贝尔医学奖宣布获奖消息,《济南时报》以《"试管婴儿之父"捧走诺贝尔医学奖》为题做了报道,题目生动形象,用"捧走"一词,显然要比"获得"更吸引人。

## 第十八节 广告软文标题制作技巧

面对传播方式的巨大转变,新媒体时代下的广告更倾向于通过图片、视频等视觉化的展示。但不可否认,广告文章尤其是广告软文依然是一种非常有效的宣传形式,而且广告软文不只是单纯意义上的文字展示,更有与图片、视频等视觉元素的结合,并且这种形式在现如今的传播潮流中越来越流行。

单就软文的文章主体而言,巧妙通过文章引出产品介绍是基础,通过文章的表述宣传产品或品牌诉求,则是广告投放的最终目的。

在纷繁复杂的网络信息中,受众有了更多自主选择,广告宣传面临的挑战更加困难,而标题是一把钥匙,它能消除受众对广告的抵触情绪。

### 一、广告软文标题制作技巧

在庞杂的信息流中,要想让一篇广告文章脱颖而出,十分不易。提炼出一个独特、简单明了且符合产品诉求的广告文章标题,不但需要考虑新媒体传播的特点,而且要对传统广告的标题制作技巧加以改进。

在《一个广告人的自白》中，大卫·奥格威针对标题制作这样写道：

标题是大多数平面广告最重要的部分，它是决定读者是不是读正文的关键。读标题的人平均为读正文的人的5倍。换句话说，标题代表着为一则广告所花费用的80%。如果你没有在标题里写点什么有推销力的东西，你就浪费了你的客户所花费用的80%。在我们行业中最大的错误莫过于推出一则没有标题的广告。这种无头奇案眼下还可见到。若有什么撰稿人递交给我一份这样的奇物，我是不敢恭维的。

广告换一换标题，十有八九会产生不同的销售结果。我每次为一则广告写的标题都不下16个，而且我写标题是遵循一定原则的：

1. 标题好比商品价码标签。用它来向你的潜在买主打招呼。如果你卖的是治疗膀胱麻痹的药物，你就要在标题里写上"膀胱麻痹"的字样，这样就能抓住每一个被这种病困扰的人的目光。若是你想要做母亲的人读你的广告，那在你的标题里就要有"母亲"这个字眼。以此类推。反之，不要在你的标题里说那种会排斥你的潜在顾客的话。也就是说，如果你是为一种男女皆宜的产品做广告，你就不要把标题写得单是倾向妇女，那样会把男士赶跑。

2. 每个标题都应带出产品给潜在买主自身利益（self-interest）的承诺。它应该像我为海伦娜·鲁宾斯坦的荷尔蒙霜所写的标题"35岁以上的妇女如何能显得更年轻"那样，承诺某种好处。

3. 始终注意在标题中加进新的讯息（news），因为消费者总是在寻找新产品或者老产品的新用法，或者老产品的新改进。在标题中你可以使用的最有分量的两个词是"免费"和"新"。使用"免费"的机会不多，但"新"总是可以用上的。

4. 其他会产生良好效果的字眼是：如何、突然、当今、宣布、引进、就在此地、最新到货、重大发展、改进、惊人、轰动一时、了不起、划时代、令人叹为观止、奇迹、魔力、奉献、快捷、简易、需求、挑战、奉劝、实情、比较、廉价、从速、最后机会等。不要对这些字眼嗤之以鼻。它们也许是老生常谈，但是在广告上却很起作用。正是这个原因，你经常能在邮购广告和其他可以衡量自己绩效的广告的标题中看到这些字眼。标题里加进一些充满感情的字就可以起到加强的作用，比如，亲爱的、爱、怕、引以为傲、朋友、宝贝等。我们公司做过的最能挑起感情的一则广告是这样的：画面上一位妇女一边在浴盆里沐浴，一边与她的爱人通电话。标题是：亲爱的，我现在体验的是最不寻常的感受……我全身都沉浸在"多芬"里。

5. 读广告标题的人是读广告正文的人的5倍，因此，至少应该告诉这些浏览者，广告宣传的是什么品牌。标题中应该写进品牌名称的原因就在这里。

6. 在标题中写进你的销售承诺。这样的标题就要长一些。根据纽约大学零售研究院与一家大百货公司合作举办的标题测试活动，10个字或10个字以上带有新讯息的标题比短的更能推销商品。6到12个字的标题召回的订单比短标题召回的要多，而读12个字标题的读者和读3个字标题的读者的数量差不多。我写过的最好的标题有26个字：在时速60英里时，这款新的劳斯莱斯汽车上最大的噪声来自电子钟。

7. 标题若能引起读者的好奇心，他们很可能就会去读广告的正文。因此，在标题结尾前，你应该写点诱人继续往下读的东西进去。

8. 有些撰稿人常写一些故意卖弄的标题——双关语、引经据典或者别的晦涩的词句，在一般的报纸上，你的标题要和另外350个标题争夺读者的注意力，调查告诉我们，读者是以很高的速度穿越广告丛林的，读者绝不会停下来去解扑朔迷离的标题里的谜的。你的标题必须以电报式文体讲清你要讲的东西，文字要简洁、直截了当。不要和读者捉迷藏。

1960年，《泰晤士报文学增刊》(Times Literary Supplement)攻击了英国广告的怪诞文体，说它"自我放纵——中产阶级不能登大雅之堂的玩笑，很明显是为取悦广告主和他的客户而编造出来的"。只有上帝知道！

9. 调查表明，在标题中写否定词是很危险的。例如，如果你写"我们的盐里不含砷"，许多读者会忽略否定词"不"，而产生一种你是在说"我们的盐里含砷"的印象。

10. 避免使用有字无实的标题，就是那种读者不读后面的正文就不明其意的标题，而大多数人在遇到这种标题时是不会去读后面的正文的。

针对大卫·奥格威的阐述，厦门大学出版社出版的《广告文案写作教程》(第二版)提炼出了相应的解读：

1. 投目标受众所好，并切实地使之受益
2. 尽量把新内容引入标题
3. 标题尽可能写上商标名称
4. 使用能够引起人们好奇心的词语
5. 长度适中
6. 避免使用笼统或泛泛的词语
7. 切忌用晦涩难懂的词
8. 避免使用否定词
9. 将卖点体现在标题中
10. 时时提醒自己注意几个问题：文字的表达简洁清楚吗？有没有以词害意？有没有套用别人的老话，是否缺少创造性？有没有使用人性化的语言？有趣味吗？标题准确吗？

同样，书中也给出了相应的标题制作建议：

1. 利用人们对新闻的注意及阅读新闻的习惯
2. 承诺能给消费者带来的利益
3. 诚恳地为消费者出点子、提建议
4. 慎用与同类商品或服务的比较
5. 使用夸耀的语句来赞誉企业所获得的成就或商品的优点
6. 用比喻增强形象性
7. 在广告标题中布下悬念
8. 运用联想手法诱发消费者显在的或潜在的心理需求
9. 借助情感的力量打动人心
10. 用优美的诗句引起受众对商品的美好联想
11. 巧妙借名以突出自己
12. 在标题中包含一点寓意

可以肯定，这些建议在进行广告标题制作过程中能够起到较好的启发与参考。但面对新媒体时代的传播现状，运用这些技巧时需要相应的转变与提炼。尤其是写作一篇广告软文时，为了更好地融入新媒体时代的传播环境，其文章标题的表达更需要考虑到产品或品牌诉求，以及受众阅读心理和行为的改变。

新媒体时代的软文标题，其所具有的职能和特点已经与传统意义上的广告标题有很大不同，其中最为突出的是：更加强调吸引读者目光，并促使其产生阅读行为与传播行为，实现点击率与转发率的最大化，甚至在一定程度上减弱了标题与产品或品牌的关联。

软文标题的制作，大致有以下一些技巧：

### （一）标题制作安排

标题在一篇网络文章中意义非凡，甚至可能直接决定它在传播过程的生死，必须重视标题的重要作用。

文章确立之前，需要草拟一份标题，辅助文章创作，并且表明重点，进行初期调查。

### （二）符合产品或品牌特色

标题虽小，但同样需要考虑到所要宣扬的产品或品牌特色，始终如一地打造特色才能塑造长远的形象。

之前出现过争相模仿杜蕾斯式文案的风潮。杜蕾斯品牌写出符合品牌调性的文案时，大众基本能够欣然接受。然而，当某些公众号打情色擦边球而写出类似的文案时，却引来了巨大争议，弄巧成拙。好的创作是从模仿开始的，但照搬别人的套路并不会长久。

### （三）仔细思考目标受众，有的放矢

考虑到面向受众的不同，标题的适当调整自然必不可少。根据受众的职业、性别、年龄以及理解能力等，采用不同的语言风格以及表现形式是必须考虑的。切忌目标受众范围过大，针对目标受众制作标题，才能达到最佳效果。

## （四）参照投放平台，区别对待

新媒体时代下文章的投放，必然不止于单一平台，而面对不同平台的受众，应该区别制作标题。

对比自媒体"二更"在微信公众号和今日头条号上的文章投放，我们不难发现两者在标题制作方面的区别。

### （五）保证标题与内容的统一性

脱离事实制作标题，过度夸张，过度套路，即使能够在一定程度上增加曝光度，但过分割裂文章主体与标题，很有可能使读者产生厌恶，严重影响传播效果。其中最为令人不齿的当属"UC震惊体"，此类标题常常出现"震惊""曝光"等词汇，标题与正文落差极大，其泛滥使用常常让人无可奈何。但这种标题作为一种调侃形式，适当使用，有时也会有妙用！

### （六）巧妙利用读者心理

根据读者的阅读心理以及行为习惯，我们可以采用以下一些技巧进行标题制作：

**1. 简单易懂，提供消息**

该类标题常见于新闻式文章，直接提供消息，简洁直接。

例：《ofo确认押金上涨至199元，建设信用体系需要》

**2. 运用悬念，激发好奇**

使用问句。考虑读者需求，使读者对问题产生共鸣。

例：《为什么现在男性普遍不再追求女性了？》

《女生年纪大了就不好嫁人了吗？》

标题留下悬念，吸引读者阅读正文寻求解答。

例：《这美女司机油门当刹车，然后……》

《苹果洗了个热水澡，居然会"流血"，奥秘竟然是……》

**3. 给出建议，发出命令**

针对读者需求，给出相应建议。

例：《20岁应该学什么本事，才能避免40岁失业》

《年度最佳10大公众号案例、新媒体达人必备9大神器》

带有强烈情绪化的命令式标题，利用坚定的语气以及指引词汇，使读者注意力更加集中。

例：《千万别跟学医的人谈恋爱！》

《请远离那些不断消耗你的人》

**4. 利用数字**

数据使标题更加直观，在增加辨识度的同时，又具有权威性和专业性，也可加快读者对标题的理解，抢先吸引注意力。

例：《日本 $8m^2$ 奇葩户型，重新刷新了胶囊房的定义》

《冬大衣免洗清洁法，5 招告别顽固污渍》

但同时必须注意安排适当的数据量。

如"回访了 3000 个用户，我们得到了 7 条市场规律"当中的"7 条"，如果换成"700 条"，很明显，这样是无法达到目的的。

同样，注意数字在标题中所占比例不要太大。比例失调，不仅丢失了辨识度，同样会降低读者的注意力，使读者反感。例如，《0~12 岁可用的虎贝尔安全座椅＋提篮 & 0~3 岁数学启蒙玩具书 & 3 岁以上奇趣数理化启蒙》就用了过多的数字。

**5. 标明符号**

符号一般是名词，可以是人、物和事件（经典或时下热门），利用符号的影响力，不仅可以吸引眼球，也可增加读者的信任感。例如，标题《多年写作经验、职场老手市场总监亲传：广告文案写作技巧》，可以改成标签明显突出的新标题《奥美总监亲传：广告文案写作技巧》。

通过采用鲜明的符号，原本普通平淡的标题，分量立即突显，并且简洁富有冲击力。

符号还可以是特定标签。例如，大学生、失眠、焦虑、丧、朋克、单身狗、乐天派、少女心等。《一颗懒蛋蛋，解救你的冬日焦虑症》《憋了一个冬天，老夫的少女心被这口小甜水唤醒了》等标题就使用了这样的标签。

**6. 提炼利益点，加强痛点**

许以好处，读者的目光自然汇聚，提炼出与读者利益密切相关的表述，将使标题的吸引力再度加强。

例：《真正宠你的男人，会这样对你》

《男人会不会出轨，看这两点》

《三个月薪水翻三倍,想知道我是怎么做到的吗?》

《点击领取××优惠券,先到先得,数量有限!》

尝试将词汇替换成为更有力的表述,让标题更具"杀伤力"。

### 7. 适当使用情感词汇及标点

情绪化的词汇更容易让人接受,也容易引发共鸣。

例:《吃过这枚凤梨酥,其他的都是将就!》

《它甜过世界上99%的水果,慕斯般口感好迷人》

《我都这么拼了,老板怎么还不重视!!!》

### 8. 使读者产生代入感,引发共鸣

具象名词营造画面感,细节描写更有共鸣。

例:《怎样一口吃掉9朵玫瑰和15朵茉莉》

《薄如蝉翼的金华火腿,每一口都是时间的味道》

《1.5斤新鲜甘蔗浓缩成一颗糖:它懂你不能说的》

营造相应情境,激发共鸣。

例:《全力以赴的你,今天坐好一点》

《你有好好培养孩子的情商吗(附最简单准确测试)》

贴近读者生活,平视读者,增强认同感。

例:《我如何熬过那段拼了命的日子》

《如何评判产品经理:那些好的与差的》

### 9. 利用对比、争议、否定,制造矛盾冲突

运用适当的冲突,或颠覆常识,抓住眼球,引发读者思考,汇聚读者注意力。

例:《前阿里高管解密:打车软件火拼,最终受害者是出租车司机……》

《中国人毁了非洲孩子的未来》

《小米凭什么敢叫板三星》

《月薪3000与月薪10000的小编到底差在哪里?》

### 10. 制造故事性

小小的标题同样可以讲述一个精彩的故事,同样吸睛。

例:《她是民国四大美女,17岁成影后,25岁自杀,30万人为她送行》

## 11. 对答式

简单直接，让读者产生共鸣。

例：《"孩子小，你不能让着点吗？""不能"》

《"你有钱了不起啊？""了不起"》

## 12. 双标题

前问后答，简单明了，虚实结合。

例：

双标题的特点是两个标题都可以独立存在，但要想发挥双标题的最大作用，最好使前后两个标题产生对比，站在对立面，可使读者更加充分理解，也更有表现力。

## 13. 前后缀

前后缀虽是补充，但合理使用，同样可使标题画龙点睛，不仅可再次强调主体，也可增加亮点。

例：《未来商业发展趋势究竟是怎样的？（马云、王健林这么说……）》

《PS学习思路精细梳理（内含200G学习资源）》

### （七）合理借鉴成功案例，适当模仿

好标题不一定依靠灵感得来，在实际制作过程中，时间成本以及制作效益等都是必须考虑在内的。因此，合理借鉴，适当模仿，也不失为一个好方法。

## 第十九节　社区新闻标题制作技巧

随着新媒体行业的发展，传统媒体的板块内容越来越精细化。社区新闻的出现，就是媒体行业精细化发展的表现。

社区新闻目前在国内还没有一个明确的定义，美国学者卡罗尔·里奇认为："那些让读者关心社区事务的新闻被称为'公共新闻'或者'社区新闻'。"社区新闻大多出现在都市报上，随着都市报的竞争加剧，都市报呈现内容越来越多地延伸到地方新闻的报道，甚至精确到了街头巷尾、每家每户。近年来，随着党和国家对民生的重视，社区建设成为民生建设的重要内容，社区管理、社区工作、社区生活、社区变化越来越多地被报道。

社区新闻是以社区建设、社区服务、社区活动、社区生活、社区人物等为主要内容，新近在社区内发生或与社区相关联而发生的新闻。因此，社区新闻的标题制作就要相应地贴近生活、贴近实际、贴近人民群众。具体而言，社区新闻标题的制作，有以下一些技巧。

### 一、严肃、严谨又不失活泼

标题是一篇新闻的眼睛，在通篇新闻中起到画龙点睛的作用，好的新闻标题能够正确地引导受众。新闻要本着严肃严谨的态度去对待和创作，标题制作也必须遵守真实客观的基本原则，在保持新闻严肃、严谨的基础上力求活泼多样地表达。

### （一）在尊重事实基础上进行口语化表达

事实是新闻的本源，新闻要用事实说话，西方新闻学形容"用事实说话"为"记者的舌头是缩在后头的"，新闻写作的基本方法又被称为"藏舌头的艺术"。同理，社区新闻标题的制作也必须在尊重客观事实的基础上再添枝加叶，巧用技巧。加之社区新闻所报道的事实接近基层人民生活，大多较为平常，为了吸引受众目光，更易造成在标题制作上越过事实的警戒线，脱离客观实际。

新闻的接近性为标题制作提供了既不违背事实又可以吸引受众目光的好计策，即加上地方性的口语化表达。口语化表达具有通俗易懂、平易近人、便于传播等特点，更加契合百姓生活，赢得受众关注。例如，《好玄！车轱辘飞了——民警魏连友及时制止一场车祸》《新郎接新娘 乐坏丈母娘》《忽悠！这是裹了锅底灰的火腿肠》，这其中，"好玄""丈母娘""忽悠"都用了接近百姓的口语化表达，令标题更加轻松活泼，夺人眼球，同时符合事实本身，不会过度夸张失度。《春节我在岗 初心不打烊》《瞧瞧老物件 想想旧时光——记乡情村史陈列室》《且看村域如何"七十二变"》，这些报道的新闻本身是严肃的，而朗朗上口又富有情趣的标题，点燃了读者的阅读欲望。

### （二）巧用动词增加灵动性

巧用动词是增加社区新闻标题灵动性，使其跃然纸上的又一技巧。在尊重标题符合客观实际的基础上，可以妙用动词，字斟句酌，从而使标题生动而不呆板，与社区生活相互呼应，吸引社区受众兴趣。例如，《中国最新版"百家姓"排行榜发布（引题） 百"姓"逐位 胜者为"王"（主题）》《知了知了，冷气开了，饮料卖火了 29.1摄氏度 杭城热如初夏》《见面笑一笑 遇事让一让 有难帮一帮 "邻里一家亲"开张了》，其中，"逐""开""卖""笑""帮"等字眼，都通过动词，让人眼前一亮，令事件跳跃眼前，可读而有趣。《调解千家事 细谱和谐曲》《一张车票温暖回家路》《以人为本 带着村民一起发展》《歌赞劳动者 舞动新时代》，动词"细谱""温暖""带着""歌赞、舞动",不是板着脸去表达严肃的新闻主题,而是在标题中用蕴含浓浓感情色彩的、灵动的动词带入,让新闻充满了温度和热度。

## 二、犀利诙谐又不失关怀

好的新闻标题能够在或犀利或诙谐的文笔下展现充沛而亲切的人文关怀。犀利而诙谐地表达观点,其背后是对民生问题的思考与重视,对社区百姓生活的密切关注与关爱。

### (一)巧用设问体现人文关怀

巧用设问,一针见血地指出社区发展中的问题,或者看似诙谐地调侃,其实目的是尊重社区百姓的知情权,引起社区百姓情感上的共鸣和进一步的思考。例如,《民工兄弟,工钱拿到手了吗?》《豆芽为什么这么"肥"?激素催的!》《哨子、旗子不如一条绳子?(主题)新乡交通协管员拉绳子治理闯红灯,行人感羞愧(副题)》。这些标题,通过一系列发问,既反映了社会现实、民生动态,又能够引发社区百姓对身边事实的反思和关注。一个个问号,直接叩问百姓心灵,让社区新闻报道犀利而鲜活。

### (二)巧用对比手法强化情感表达

对比可以分为异性对比、同性对比。异性对比就是强调反差,突出表达主题;同性对比就是通过相类似的情感对仗表达,提升表达力。对比不是为了用犀利或诙谐的表达来造成伤害,引发负面情绪,而是为了更有力度地传播正能量。《亲人不在身边 生日照旧温暖》《春未暖 花先开在眼前》《劝君莫惜金缕衣 劝君珍惜眼前人》《厉害了,我的国!燃爆了,我的青春!》这些标题,有的是异性对比,前半句调子低沉,后半句峰回路转,让人感到意外惊喜;有的是同性对比,使得情感表达更加浓郁,让人既生激情又发思考。

### 三、形象有趣又不失真

社区新闻标题迎合社区人民的趣味生活，应该鲜活起来，可以形象生动、情趣盎然，但不能失去本真。

#### （一）俗中带雅的适度修辞

新闻具有趣味性，社区新闻比较贴近基层群众生活，社区生活丰富多彩，因此标题的制作可以适度添加一些修辞手法，使标题形象鲜明中带有情调，显示文化效果，也与社区百姓的文化生活相照应，丰富文化生活。具体的修辞手法有比喻、拟人、对偶、重复、仿用和双关等。

**比喻** 即用打比方的方法来描述事物。社区新闻标题采用这种修辞格，可以把事物说得更具体、更形象且容易理解。例如，《路也好 桥也罢 都是肥肉 几千元 上百万 照单全收》，这其中隐晦而又形象地指出在民生工程上的贪污问题；《安个"地眼"破解地球之谜（主题）"亚洲第一深井"即将在江苏东海县开钻（副题）》，这个标题将深井比作地眼，体现工程的浩大。

**拟人** 即将没有感觉的客观事物，当作有感觉的人类来写，或者把有感觉的人类当作没有思想、没有感情的物类进行描述。这样可以加深受众印象，增强表达效果。例如，《童装何时"长大"》，将童装拟人化，表现童装业发展的不成熟；《"菜篮子"喊菜太贵，"菜园子"说没多收》通过将菜篮子和菜园子拟人化，进行人性化对话，表现菜价的不合理。

**对偶** 即用结构相似甚至完全相同的短语或句子做成一对的句式类型，进而增加标题感染力。例如，《昨日：飞雪 雁归 今明：晴好 天冷》《人前打私 人后谋私》《情断一念间 亲生子送与他人家 时隔半世纪 五旬儿难认八旬爹》。

**重复** 为了加深读者印象，加强情感表达，将一些字眼重复，以达到突出事件、强调的作用。例如，《垃圾山，垃圾山，害得居民苦不堪，不知几时撤？臭水流，臭水流，流到大街小巷头，行人个个愁！》，通过重复来表示居民环境问题急需治理的迫切性。

还有仿用,即模仿古诗词,像《赞助请柬何时了 捐款知多少》。双关,即一语双关,像《别让化肥"肥"干部》等一些修辞手法的使用会增加标题的表达效果,从而博得社区居民的青睐。但是,对修辞手法的使用要适度,切忌过度夸张成为标题党。

### (二)勾勒出典型画面

形象地勾勒出一个典型画面,让社区百姓在阅读中由此及彼,触景生情,就能提高渲染力、影响力。要达到这种效果,标题所描述传达的画面须是社区百姓熟悉的,太过阳春白雪的画面,只会疏离读者。

例如,《种地种出来的劳模》《车位属于共有 岂可画地为牢——城管部门拆除私装地锁、地桩40余个》《撸起的是袖子 献出的是爱心》,这些标题就有画面感,读者只看标题不看正文,鲜明典型的画面自会浮现在脑中。

## 四、简洁明了又不失规范

身在社区的百姓,生活相对简单,因此过于抽象、冗杂烦琐的标题,对受众来说不易理解。社区新闻标题的制作,要紧密联系社区百姓生活习惯、认知习惯及行为习惯。简洁明了而不失准确和凝练的社区新闻标题,显得直接明快,也通俗易懂,一目了然,易于接受和记忆。比较规范简洁的社区新闻标题,像《北京昨遇入冬首场大雾 高速封了 航班晚了 火车火了》《春运了,上路吧,回家啰》《武汉有多少种鸟?343种》等,类似这种一语中的的标题,更能满足社区百姓的直观感受。

标题的主要作用是概括新闻、评点新闻、吸引读者以及美化版面(网页),肩负这些使命的社区新闻的标题,一般字数要少于11个字,所以若想使标题做到简洁明了,需具备较强的概括总结能力。比如,社区开展120急救和狂犬病的预防及事后处置专题讲座,这样的活动如何拟写标题?《练练手 居民模拟"救"技术》这一标题,既解决了标题字数太长的问题,又使表达更有感染力。又如,社区卫生服务中心开设肾透析中心,极大地方便了肾病患者,标题《不出社区 搞定肾透析》既包含新闻事实,又把作用意义点清，不失为一个简洁明了又有双重作用的好标题。

但是，要求标题简洁明了，不能忽略新闻标题制作的基本规范，要用精练的语句概括新闻事实和表述中心。像文不符题，脱离新闻内容，随意想象；标题过于简单以至于描述不完整，表述含混；标题制作主谓宾结构不完整；标题出现不雅字符等，都不可取。

## 五、有理有情又不失个性

新闻标题要么有理，要么有情，从标题中传达出事理，或释放出情感。社区报标题要在有理或有情基础上，做到有个性、不雷同。不少社区报标题在表达上普遍存在一个问题——雷同、缺少鲜明的个性。标题是对整篇新闻稿件的高度概括和浓缩，平庸的标题如一扇没有特点的门，让人扫兴止步，导致精彩的内容被读者忽略遗弃。有的社区报几乎不存在制题环节，开了什么会、搞了什么活动，如实放上去，所以扫一眼标题感觉就把整张报纸阅读完毕，怎么能调动读者阅读欲望？

相同社区的活动，《绽放女性魅力 "瑜"悦身心健康》《社区居民齐参与 "棋"乐融融迎新年》《"庙"不可言 "会"味无穷》，瑜伽、棋牌、庙会活动，因为这些个性化标题而散发光彩。一个消防培训，《避免春天里的一把火》《灾字下面一把火 责任连着你我他》，因为个性化标题而引人阅读。《后勤管家的"表情包"养成记》《社保所：嘴角要上扬 不然会掉"粉儿"》，如此来描述人的标题，读者怎会抗拒不看？所以，社区新闻标题也要讲究有思想、有悬念、有新词、有新意，讲究个性，整体形成自己的风格。

富于个性的标题拟定，引用潮流语言是一种好方法。一些流行词语像"打 Call""点赞""撸起袖子加油干"等，将这类流行话语符号加入新闻标题，会让标题更加生动活泼且充满正能量，进而吸引社区受众目光，活跃社区文化氛围，营造良好的舆论环境。例如，《为"中国制造"打 CALL》《今天该如何给孩子"点赞"》《撸起袖子加油干 乘势而上谱新篇》等，让人看后耳目一新，神清气爽。但同时注意，流行语的运用要适度，要契合主题，不能滥用，避免造成标题同质化的现象。

总而言之，优秀的社区新闻对当下良好舆论环境的建设以及文化主旋律的弘扬具有积极的意义，对国计民生建设也会产生积极的影响，需要重点强调的是优秀社区新闻的制作离不开优秀的社区新闻标题。关于优秀社区新闻标题制作的创新，也有待新闻工作者进一步探究。

## 第二十节　教育新闻标题制作技巧

"题好一半文"。标题是新闻的眼睛。一篇好的新闻，配上一个准确、鲜明、生动的标题，不仅可以使文章更加增色生辉，而且可以深入人心，给读者以经久不忘的印象。

教育新闻就是和教育相关的新闻，包括党和国家的教育方针、政策及工作部署，教育改革与发展的信息和教学经验等。《中国教育报》是教育部主管、中国教育报刊社主办的，以教育新闻为主的全国性日报，是中国最具权威和影响力的国家级教育新闻媒体，笔者通过分析其发表的教育新闻标题，总结教育新闻标题的制作技巧，为此类标题制作提供一些借鉴。

### 一、善用修辞，文采斐然

#### （一）比喻

比喻是一种常用的修辞手法，用跟甲事物有相似点的乙事物来描写或说明甲事物，是修辞学的辞格之一。比喻是新闻标题使用频率最高的修辞方式，运用比喻能够把某些抽象、生疏的事理通俗易懂地描写出来，使表达更为清晰、形象、生动，更容易调动受众的兴趣，也使道理更加明了、更易理解。比喻可以使新闻标题形象化，让标题准确生动地传递信息，变平淡为生动、化抽象为具体，能够引起人们的联想，增强标题的感染力和说服力。

例1:《青年应继承调查研究这个"传家宝"》

标题把"调查研究"比作"传家宝"，使人感觉调查研究的重要性，需要青年好好传承下去。

例2：《高校应当好科研诚信教育的"守门人"》

该标题把"高校"比作"守门人"，说明高校对做好科研诚信教育至关重要。

例3：《心衰患者装上"中国心"》

标题中的"中国心"指的是陈琛团队研发的"全磁悬浮人工心脏"产品，它可用机械办法暂时或永久地代替心脏完成泵血功能，推动血液循环。

## （二）对偶

对偶是古典文学作品中极为常见的修辞方式。由于对偶的文艺性、趣味性，同时齐整和谐的视觉美感能够满足版面排版的需要，因此，对偶在新闻标题中的使用非常广泛。这一修辞方法在新闻标题中的应用不仅符合标题概括文意、言简义丰的基本要求，而且看上去形式整齐划一，读起来朗朗上口，能增强语言的整齐美，在表意上，能把意思表现得凝练、集中，有很强的艺术表现力。

例1：《识中药　赛技能》

标题采用正对的手法，即上下两句从两个角度、两个侧面，说明同一件事，在意思上是相近或相似的。全国职业院校技能大赛"东阿阿胶杯"中药传统技能赛项在山东中医药高等专科学校举行，来自27个省份69所院校的115名选手参赛，比赛考察参赛者在中药鉴定操作、中药调剂操作、中药炮制操作等方面的职业能力。

例2：《培育小梦想　迎接大未来》

标题采用串对的手法，上下两句着眼于相关联的事物，在意思上具有承接的关系。幼儿教育启蒙阶段关乎一个人未来的发展，因此，受到社会的重视，从小培养兴趣，未来才能有所建树。

例3：《信息多走路　农民少跑路》

标题采取反对的手法，上下两句从矛盾对立的两方面着眼，"多"和"少"在意思上是相反或相对的。为了解决农村由于信息不对称而导致产品质优却难销售的现象，重庆邮电大学"互联网+智慧小镇"团队以云技术为支撑，打造集电子政务、电子商务于一体的云服务平台"来镇里"，连接政府和村民，让信息多走路，农民少跑路。

## （三）反问

反问就是用疑问的语气表示确定的内容，即无疑而问，不需要回答，答案包含于问句之中。运用反问不仅能够引起受众的注意，更能起到强调新闻内容的效果，启发读者思考。正是由于这样的功能，反问在新闻标题中被经常应用。

## 二、借助流行语引起读者共鸣

流行语是一定时间内、一定群体内，被人们广泛接受并使用的话语形式。流行语因其新鲜形象而给人耳目一新的感觉，且大多数流行语表意精辟生动，风格幽默风趣，是人们创新意识的体现。流行语的传播体现了人们对语言的一个选择过程，大部分流行语的出现都是因其所指代或是描绘的社会现象成为某一时期社会关注的焦点。特别是网络流行语标新立异，汉英夹杂，颠覆传统的语言模式，具有鲜明的时代特征，能够引起读者共鸣。在新闻标题的写作中，适当地运用流行语可以令人印象深刻。

例1：《西湖大学创办是新时代的产物》

2017年10月18日党的十九大召开，习近平总书记代表第十八届中央委员会做了题为《决胜全面建成小康社会夺取新时代中国特色社会主义伟大胜利》的报告，指出"中国特色社会主义进入了新时代"。2017年12月，"新时代"入选"2017年度中国媒体十大流行语""汉语盘点2017"活动年度候选字词五大候选国内词。

例2：《莫被"爆款"牵着鼻子走》

"爆款"是指在商品销售中供不应求、销售量很高的商品，通常应用于网店和实物店铺。如今，这个词还运用于游戏、文艺节目等。

例3：《"组团式"教育援藏助力决胜扶贫攻坚》

"组团"这个词最早运用于旅游业，意思是组成一个团参加旅游，游客在某个地点集中出行，一般由始发地的旅行社即组团社组织，而今被广泛应用于建筑、教育等其他领域。

## 三、口语化使人感到亲切自然

新闻标题的口语化现象是新闻语言发展的必然趋势，标题口语化的出现从一定程度上反映了人们生活方式、价值观念的转变。报纸不仅要为读者提供权威、及时、准确的信息，还要减少读者获取这些信息的时间成本。在新闻标题中适当运用口语，不仅可以使读者直接迅速地了解新闻事实，还可以让读者准确地感知新闻标题蕴含的深层含义。

例1：《我"触电"啦！》

内蒙古赤峰实验小学举办了"科技校园"活动，一名学生在触摸"雷电闪光板"，与闪电亲密接触，这名学生惊叹道："我触电啦！"直接以学生说的话为题，给人一种亲切感。

例2：《凉山教育的精气神起来了》

中国教育报刊社召开的"大学习大调研大讨论"聚焦凉山教育扶贫座谈会上，凉山州十六县一市20余名教育局局长、校长代表和送教行团队一起，交流了凉山教育现状，探讨教育发展新变化，提振了凉山教育的精神。

例3：《涂鸦的孩子长大了》

清华大学美术学院、清华大学深圳研究生院2018届夏季毕业硕士研究生毕业作品展现场，毕业生何鑫在自己制作的推广册封底介绍自己："小学时代起沉迷涂鸦，中学时代开始接触绘画，大学时代沉迷雕塑，争取成为艺术从业者。"看到现场一件件充满青春气息的艺术作品以及旁边的留言册，记者感慨道：涂鸦的孩子长大了。以这种口语化的句子为题，使人感到亲近自然。

在标题中适当地运用"啦""了"等语气助词，令受众感觉亲切、自然，同时增强了语言的气势，使用日常用语，平铺直叙，给人一种娓娓道来之感。口语化的特点是亲切、通俗、易于理解，增加了标题被读者选择的机会，且在后续传播中有很大的优势。如果新闻标题的语言晦涩难懂，自身理解有限，何谈传播给别人？口语化的新闻标题使得传播者可以简单轻松地进行下一级传播，确保真实准确。

## 四、引用人物语言传递情感

这种技巧一般是在撰写人物新闻时使用，直接转引人物语言做标题，可使读者感到真实且富于情感，容易打动读者。直接引用人物说的话，增强了可信度，使其更好地突出人物特点，揭示人物的精神面貌，使人物形象更加丰满。

例1：《"这辈子再也离不开职教"》

车辆中专校长袁成峰毕业后在父亲的动员下来到这里工作，从最初的干着看，到全身心投入，再到"这辈子再也离不开职教"，一直干了25年，这句话作为标题，让人感受到其中的感情力度，让读者深受触动而读下去。

例2：《胡彬彬："我的宿命是保护传统古村落"》

直接以中南大学中国村落文化研究中心主任胡彬彬说的话为题，使人充分感受到其责任心和使命感，不禁让读者好奇其事迹。

例3：《"让孩子们幸福成长，这是我们的责任"》

这句话是"六一"儿童节那天，内蒙古、湖南、黑龙江多地党委、政府负责人走进中小学、幼儿园，看望慰问少年儿童时，发出的节日祝福。以这句话为标题，更能传达出国家对儿童的重视。

## 五、制造悬念吸引眼球

悬念就是我们通常说的"卖关子"，说书者在故事发展到紧要关头时，往往戛然而止，"欲知后事如何，且听下回分解"，让人意犹未尽，这就是留下悬念。悬念式新闻标题是要引起人们的阅读兴趣，关心事件的真相如何。新闻标题首先要做到抢眼，但光抢眼还不够，还必须简洁、鲜明、生动、准确。这是新闻文体对标题制作的最起码的要求，也是悬念式新闻标题的底线。悬念式新闻标题可以用很多种方式来表达，在笔者看来，主要有五种方式：一是利用"互相矛盾"的现象制造标题的悬念；二是运用新奇有趣的事件或字眼制造悬念；三是利用对比、双关等修辞手法制造悬念；四是巧用标点符号制造悬念；五是凭借问句制造悬念。

例1:《"天使"怎么变成了"恶魔"》

"天使"与"恶魔"是两个相互矛盾的字眼,为何美好的"天使"会变成丑陋的"恶魔",这样的标题不禁让人好奇。

例2:《学生更愿喊她"妈妈"》

老师就是老师,为啥学生更愿喊她"妈妈"?利用不一般的字眼"妈妈"二字引起读者的好奇心。一名乡村学校的普通教师由于对待教学工作一丝不苟,十年如一日地默默付出,从坐姿、阅读、家务等小细节入手培养孩子的好习惯,获得家长和同事的一致好评,因此她的学生更愿意喊她"妈妈"。

例3:《练习与异性交往恰逢其时》

与异性交往还分时间?标题中的"恰逢其时"四字勾起读者满满的好奇心,足够吊起读者胃口。这篇文章说的是十一二岁的男孩女孩之间的交往让父母担心是不是成熟太早。文章认为,花季少男少女之间的交往是必须的也是应该提倡的,并说出了几大好处。

例4:《"冷餐"变"热饭" 健康又暖心》

"冷餐"与"热饭"形成鲜明的对比,"冷餐"为何会变成"热饭"?2018年3月,青河县将原来为学生们提供的营养餐由冷餐改为热餐。"冷餐"是第二节下课后的水果、糕点、牛奶等,而"热餐"为午饭。虽然增加了人力和成本,但深受同学好评。

例5:《推倒校园"围墙" 高校立地生根》

此标题采用双关的修辞方法,"围墙"二字并不单单指校园围墙,更是指束缚发展的机制体制障碍。推倒陈规的"围墙",将改革铺向教学科研全过程。

例6:《我们班没有"看客"》

"看客"二字带着双引号格外引人注意,为什么会提到"看客"二字,发生了什么事?写这篇文章的是黑龙江省泰来县四里五中心幼儿园的一位教师,去年六一,他们班里有几个孩子因为不会展示自己而成了"看客",看到孩子因为羡慕别人表演而不开心的样子,教师难过不已。于是,2018年的儿童节,这位教师想出办法让这几个孩子也能参加表演,使他们不再是"看客"。

例7:《集体教学活动为何不可或缺》

"为何"二字带有疑问的语气,让读者看后也不禁带着疑惑的心情去思考,集体教学活动怎么就不可或缺了?

悬念式新闻标题要注意以下两点:一是要新奇但不要故弄玄虚,不可片面追求"悬";二是"悬念"要与新闻正文的内容具有相同的观点,即在留有悬念的同时要保证新闻的准确性。新闻悬念不同于文学悬念,新闻悬念是植根于社会生活中发生的真人真事的基础上的,只不过在写作的时候采取了艺术技巧的处理,所以悬念式的新闻标题必须服从于内容表达的需要,不可以乱用、滥用。

# 第二章
# 不同媒介新闻标题制作技巧

## 第一节　微信新闻标题制作技巧

微信传播与微博传播并不完全一样。微博通常是陌生人之间的社交，我们可以随心所欲地转发自己喜欢的东西；而微信一般是熟人之间的社交，我们转发的多数是想要与自己的好友分享的东西，朋友圈因此变成了用户塑造自我形象的平台。我们在朋友圈转发的内容常常是基于自己对某件事的看法，没有高水平的标题、没有思想的内容，大多不会引起转发的欲望。

据相关研究称，在朋友圈中，用户留在一个文章标题的时间最长是两秒。所以，要想成为一篇爆款文章，必须要在两秒之内留住用户的眼球，引发他们点开的欲望。微信文章标题自然决定了用户是否会点开文章进一步阅读内容，若标题没有吸引力，纵使文章内容异常精彩，都不会广泛传播。因此，把握微信标题制作技巧相当重要。

### 一、标题紧跟"热点"，观点切入恰当

在当今这个被鱼龙混杂的信息所充斥的社会，大家的注意力通常都聚焦在热点事件上，而且热点话题的生命力只有一两天，最长或许达到一周。

在"热搜事件"达到高潮时,及时推送一篇相关的文章,更有望成为微信公众号中的一个爆款。

平时的一篇关于婚礼的文章,即使文采飞扬、干货满满,阅读量最多也只是 1 万以下。但是,在一个特定的热点时期,如黄晓明和 Angelababy 婚期或者周杰伦、昆凌婚期前推送,效果必定不同凡响,阅读量很容易达到 10 万+。

在传播过程中,微信文章的标题相当于一个把关的作用,可以聚集用户的关注度。在娱乐至死的年代,全民参与网络狂欢,紧跟热点的文章特别容易引起关注。如 2016 年的"上海女逃离江西农村"事件,引起大家热烈讨论,"凤凰男"、城乡差距等议题被推到风口浪尖。

不过,蹭热点必须注意一个问题:热点事件是否出现反转?前述的"上海女逃离江西农村"后来证明是假新闻,倘若信以为真,借题发挥就可能成为笑柄。

## 二、标题与"我"相关,紧抓眼球

互联网时代的写作,一般是互动式的写作。从标题开始就要吸引读者,紧抓读者关心的核心问题,从而引起思想上的共鸣。在互联网海量的信息面前,读者更倾向于筛选出与自身利益相关的文章,获取自己不了解的信息。标题中附带"我""你"等字眼,更是快速拉近了与读者之间的距离。

如微信公众号"人民日报"2017 年 7 月 26 日推送了一篇文章《美国刚刚曝光了一个震惊世界的惊天大案!跟我们每个人都有关……》,短短十分钟,阅读量就突破 10 万,点赞量突破 7000。且不管文章内容是关于哪方面,从标题而言,若仅仅以"美国刚刚曝光了一个震惊世界的惊天大案"命名文章,一定不会引起较大的关注。因为这类标题的文章给人第一感觉就是一项很大的国际性事件,并不会关系到我们的切身利益。然而,在标题中增加一句"跟我们每个人都有关……",就会加深我们的好奇心,特别想要了解这么重要、跟我们自身息息相关的事情是什么。

浏览"人民日报"的微信公众号中,几乎每一篇与"我"有关的文章都会短时间内引起读者的关注。如《你想过没,2020年的医院会是什么样子?快来看这个刚出的文件》《20多岁的我们,在急什么?》等都是从读者的心理角度研究,紧抓他们的好奇心。

### 三、标题贴标签,突出重点

所谓标题贴标签,就是在所需推送的文章标题前加关键字,给文章分类,使读者对新闻的分类更加明确,帮助读者快速找到自己感兴趣的文章。如微信公众号"人民日报"通常在微信标题前设置"夜读""关注""健康""荐读""提醒""实用"等关键字作为标签,读者仅用一秒钟即可通过标签判断出该条微信是否符合自己的需求。

微信公众号"人民日报"所推送的微信中,虽然部分微信标题并没有华丽的辞藻,但是以简明扼要的标签赢得读者的关注。如《【健康】1/6癌症由炎症引起!炎症是这样一步步"吞噬"健康的》《【实用】教你1秒拧干衣服,比用洗衣机甩还干得透》《【提醒】微信转错账怎么办?你一定想不到可以这样"处理"》等,这些微信的关键词标签将所要推送的内容进行归类,可以瞬间吸引读者的眼球,勾起读者的阅读欲望。

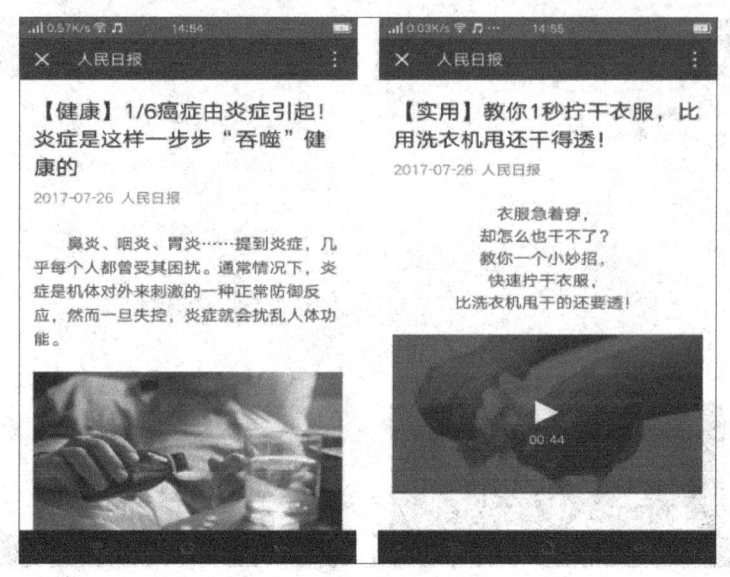

## 四、引用悬疑句式，渲染吸引力

新闻标题讲究用简短的一句话概括出新闻事件的"5W"，虽看似简洁凝练，实则缺乏趣味性，易引起读者的乏味心理。微信文章的标题中若恰当地引用悬疑句式进行概括达意，并运用一些问号、省略号等标点符号对文章内容进行"点到为止"的描述，可以营造出一丝"犹抱琵琶半遮面"的神秘感。

"占豪"作为微信排行榜上时评类第一的公众号，微信公众号的类型决定其无法引用过多网络流行语吸引眼球。但是它另辟蹊径，在关键的信息处使用省略号、问号等标点符号，给人一种意犹未尽的感觉，激发人们的好奇。如《爽！英国人民看着崭新的中国战舰驶过家门，心态崩了……》《暴跌！腾讯市值突然蒸发 1099 亿，到底发生啥事？》等微信标题，运用标点符号吊足了读者胃口，从而增加点击率。

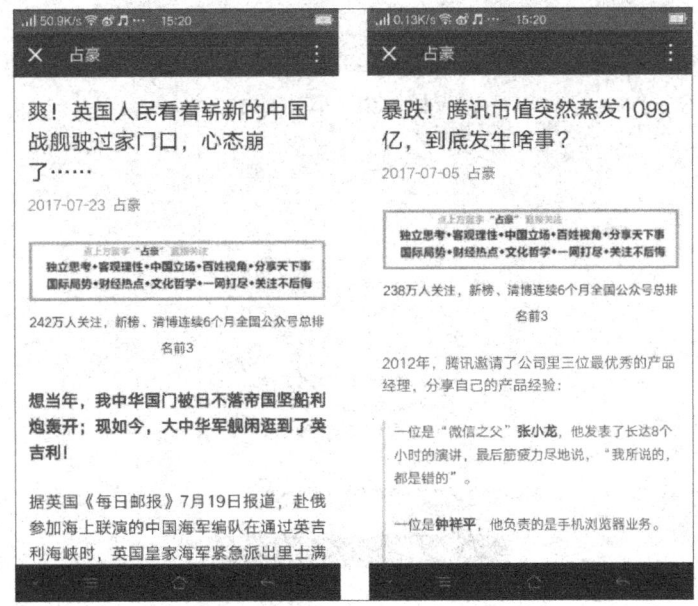

## 五、借用网络热词，标题娱乐化

当今社会，快餐式的阅读习惯成为读者的新宠。文绉绉的语言已被通俗易懂、娱乐化的网络热词所替代，读者们更倾向于在短时间内获得信息的最大化。互联网时代，是一个全民娱乐化的时代。只有紧跟社会的潮流，通过网络热词与流行句式来转变文风，才能获得读者的青睐。

网络热词虽简单粗暴，却可以与读者达成共鸣。"人民日报"的一篇《【荐读】小姐姐，你勤奋的样子真好看！》，"小姐姐"三个字是网络热词，简单的前缀瞬间拉近了与读者之间的距离，让人眼前一亮。

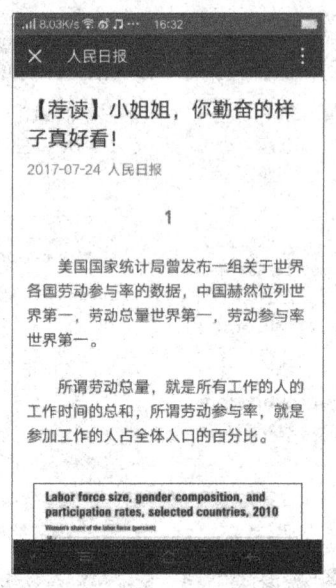

## 第二节　手机报新闻标题制作技巧

标题就好比一篇文章的脸面，文章能否在受众的第一眼就抓住其目光，在于标题是否亮眼、值得一看。好的标题吸引受众去了解内容，差的标题却可能让一篇好内容被错过。手机报的标题由于界面限制，字数有限，标题的制作就更需要精心锤炼。那么，如何在有限的字数内，制作一个好的手机报标题呢？

### 一、找出亮点，要真实

新闻标题在制作时往往需要找出最有价值的信息内容。所以，手机报标题的写作，第一步就是要找亮点。比如，2017年6月21日广西手机报关于刷单入刑的新闻，讲述了事件详情以及判刑结果。嫌疑人被判有期徒刑5年6个月，处罚金90万元，都未成为标题。因为在这篇新闻中，"全国首例刷单入刑"最为亮眼，所以标题最终为《杭州宣判全国首例"刷单入刑"案》。

亮点怎么选？亮点是指一篇新闻中，最重要、最吸引眼球的，在内容必须删减成一句话时，最不舍得删除的内容。它是重点、痒点、痛点。一篇新闻，从传播者与受众两个角度，能找出截然不同的亮点。但是，新闻的接收者是受众，除非宣传必要，所有标题都应站在受众角度寻找亮点。特别是当一篇新闻有价值的内容较多而版面有限时，知道受众最想了解什么就尤为重要了。

比如，2017年6月24日四川茂县突发山体高位垮塌，广西手机报6月25日在"今日导读"中做了一个系列报道，标题为《国务院工作组赴灾区指导工作》《茂县山体垮塌：120余人被掩埋》《山体滑坡体积达1800万立方米》《武警部队千余名官兵全力救援》《茂县灾区142名游客全部撤离》。江西手机报则因版面布局，于6月24日、25日分别出了一个内容，标题为《四川发生山体垮塌百人被埋》《四川茂县山体垮塌118人失联》。灾情面前，受众最想知道的是灾民情况，江西手机报的标题便找到了受众需求。

但是，寻找亮点并非题无出处、以偏概全、故弄玄虚，有亮点的标题与"标题党"有着本质区别。在制作手机报标题时，应当真实，不让受众产生误解。比如，2017年6月21日广西手机报推出《柳州县级医院将停止门诊输液》，单看标题，很容易让受众产生柳州县级医院将全面停止门诊输液的印象，但是细读内容，则发现柳州县级医院仍保留儿科和急诊科静脉输液。

## 二、提炼内容，要简练

在制作手机报标题时一定要有清晰的认知：手机屏幕有多宽。无论是新媒体还是报纸，很少有媒体在标题目录中让标题转行。手机报由于屏幕尺寸限制，视觉更为集中，对标题的简练度要求更高。比如，2017年6月15日，江西手机报报道关于南昌市委办公厅印发《南昌市推进领导干部能上能下实施细则（试行）》的新闻，标题由19字的公文标题，提炼为12字的《南昌试行领导干部能上能下》。标题更简练，也更符合手机报界面限制要求。

亮点的提炼是有规律可循的，总结起来不外乎三个步骤：第一步，提取关键词；第二步，组成句子；第三步，精练内容。比如，2017年7月18日，广西手机报报道了一篇关于广西互联网交通安全综合服务平台系统故障，导致多项车管业务无法办理的新闻。该篇新闻的亮点在于告知受众平台出现故障这个情况，提取关键词"平台系统故障"，组成句子"广西互联网交通安全综合服务平台系统发生故障"，精简字数后，标题便成了《广西互联网交安服务平台"卡壳"》。

其实，提炼内容的三个环节中，最难把握的便是如何精练内容。内容的精练并非随意删减，而是寻找大众能理解的、众所周知的词语进行替代。这些词语包括：简称、网言网语、俗语、专业术语等。

比如，2017年6月27日广西手机报的标题《柳州市曝光一批欠费"老赖"》，"老赖"便是简称，特指欠人钱财却赖着拒不履行法院判决生效的债务人；2017年6月21日广西手机报的标题《南宁一江景别墅群"烂尾"十年》，"烂尾"便是网络词，指事物或事件中途夭折或草草收尾；2017年7月13日四川手机报的标题《这条乡村公路，热爆了！》，"热爆了"是俗语，更形象地介绍了公路到底有多热；2017年6月21日四川手机报的标题《熊出没！纽约油价4个月跌了20%》，"熊出没"借用了专用术语"熊市"，特指股市行情前景看跌。

## 三、善用手法，要合理

受众在新媒体时代下，对娱乐性质的阅读偏好非常明显：猎奇。这里的猎奇泛指有趣的、不可思议的、让人好奇的标题，与新闻价值中的趣味性殊途同归。手机报的标题制作可以在真实的基础上，无限靠近受众的阅读偏好。比如，2017年6月25日，广西手机报的标题《吃完荔枝喝糖水 血糖"爆表"昏迷》；2017年6月27日，四川手机报的封面标题《小伙儿吃了顿烤肉 买房首付款没了！怎么回事？》；2017年7月18日，广西手机报的标题《北海现天价菜单：6个菜花2023元》。

浏览那些好标题可以发现，它们多使用不同形式的写作手法。恰当的写作手法，能增强标题的可读性和感染力。比如，2017年7月13日，四川手机报一篇关于南极冰山从南极冰架断裂，面积达5800平方公里的新闻。其亮点在于冰山断裂面积大小，但是"面积达5800平方公里"有多大？就需要寻找更形象的表达方式，所以，最终标题为《南极地图要重画！没了个上海》。

常用的写作手法分为表现手法和修辞手法。表现手法包括：联想、类比、象征、对比、修辞、用典等；修辞手法包括：比喻、反问、拟人、比拟、拟物、夸张等。比如，2017年6月21日，四川手机报的标题《雷！女子街头踩风火轮溜婴儿车》，使用"风火轮"形容两轮平衡；2017年7月19日，四川手机报的标题《安全：俩娃翻出11楼飞檐走壁》，使用夸张手法描述两个孩子在窗外攀爬的情景；2017年6月21日，广西手机报的标题《花季少女"凋零"引人深思》，使用拟物手法，讲述女孩和母亲争吵坠楼的悲剧。

除此之外，有趣的标题还可以通过趣味性的语气体现出来。比如，2017年7月7日，四川手机报的标题《油价：幅度不够，今天不调价了》，带有一种任性、无奈之感，让人忍俊不禁；2017年6月21日，广西手机报的标题《柳州："这座城，每处都值得我骄傲。"》，借用采访者的话，让受众想知道柳州到底哪里让采访者骄傲。

## 四、关注字数，要一致

手机报都有一个特殊的板块——"今日导读"或"热点导读"。导读板块基本由五个及以上新闻标题组成，位于手机报封面图片的下方，在手机打开手机报后第二页的位置。由于大众潜意识追求整齐与错落有致，而该区域字数又较少、位置较前，一旦产生不整齐、不干净的页面效果，非常容易让受众察觉，从而带来不好的阅读体验。所以，手机报在导读中，五个及以上标题多使用相同的字数、长短、形式。

比如，2017年7月3日，四川手机报的导读内容五个标题长短、形式都一样：

《成都：暴雨突至冰雹马上来》

《防灾：5日至7日四川有强降雨》

《出行：西攀丽攀高速已管制》

《防骗：警惕巴铁类理财陷阱》

《财经：贾跃亭12亿资产冻结》

  当然，有些标题实在不能删减字数，又必须出现在导读中，就只能让它乱了"队伍"。比如，2017年7月7日广西手机报，在一众14字的标题中，出现一个20字的标题。

| 【热点导读】<br><br>◆成都：暴雨突至冰雹马上来<br><br>◆防灾：5日至7日四川有强降雨<br><br>◆出行：西攀丽攀高速已管制<br><br>◆防骗：警惕巴铁类理财陷阱<br><br>◆财经：贾跃亭12亿资产冻结 | —今日导读—<br>【聚焦广西】<br>▲彭清华：奋力书写21世纪海上丝绸之路新篇章<br>▲我区农业系统推进灾后恢复生产<br>▲网记品"天下梧茶"与梧州文化<br>▲武警徒步挺进深山为灾民送口粮<br>▲南钦二级路南宁段整修将大变脸<br>▲女子冒充高官私生女骗66.5万元<br>【生活实用】<br>▲小暑节气：小心桑拿天和雷阵雨<br>▲"共享雨伞"首次现身南宁街头<br>▲柳州9所新建中小学新学期启用<br>▲本科提前批今天开始征集志愿 |
| --- | --- |
| （四川手机报7月3日下午） | （广西手机报7月7日上午） |

  不过，统计江西手机报、四川手机报、广西手机报近一个月的导读标题字数，发现这三家手机报每日的标题字数，基本上都保持标题队列的整齐。并且，统计时发现，江西手机报的标题字数基本在10至13字区间，多使用11字标题；四川手机报的标题字数基本在11至14字区间，多使用13字标题；广西手机报的标题字数基本在13至15字区间，多使用14字标题。

  相较于导读中的标题，在手机报正文中，不强求多个新闻的标题字数一致。至于一篇新闻中的多个小标题，虽不强求字数一致，但保持结构、逻辑思路的对仗却能更加美观。如，2017年7月8日广西手机报《三伏天将至：今年"中伏"20天》中的小标题："冬病夏治好时机　疗法多样""虚寒体质的人宜贴三伏贴""提示：哪些人不能贴三伏贴"。

## 第三节 都市报头版标题制作技巧

一个好的新闻标题往往能抓住读者的吸引力，增强读者对新闻报道的阅读欲望。媒体标题制作得越有特色就越容易抓住读者眼球。本节以江西发行量最大的纸媒、中国报业 30 强——《江南都市报》2017 年 4 月至 9 月的头版部分标题为例，简要分析都市报头版标题制作技巧。

### 一、使用网言网语，拉近传受距离

随着科技的发展，互联网已深入人们的生活中，网络语言也逐渐被大家接受与使用。许多流行的网络用语还成为一种语言时尚。网言网语给都市报新闻标题提供了丰富的素材。

例如，2017 年 4 月 8 日《江南都市报》头版中的一则标题《抑郁症缠上"小鲜肉"》，就借用了时下流行的网络用语——"小鲜肉"。一方面指出了抑郁症患者年轻化这一特点；另一方面也拉近了与读者的距离。再如，《爸比，我们暑假去哪里呀？宝贝，当然是夏令营呀！》，就化用"爸爸去哪里"这一网络用语。《吃货们还要努力啊》《有钱：存款三万亿　任性：花了四千亿》《这感觉　倍儿爽》《亮出新气质》《汽运抱团俩铁哥们　岂不快哉》……这些标题无一例外地借用网言网语。"吃货""有钱就是任性"等网言网语都是大家耳熟能详的，在新闻标题中直接引用或化用它们，能为新闻标题增加趣味性。

为什么媒体标题要适当地借用网言网语呢？主要有两个原因：网络热词赢得了读者的喜爱与认可，人民群众使用网言网语的频率提高了；报纸新闻在拟定标题时巧妙地借助网言网语，既能够适应新媒体下读者的口味需求，还可以帮助报纸新闻提高可读性。

### 二、结合热词热点，贴近时代潮流

热词热点可以很好地反映时效性与时代性，不仅可以反映社会生活各个方面的发展变化，还可以突出百姓关注的焦点话题。近年来，都市报的新闻标题对热词热点的选用也更加频繁。

作为都市报，《江南都市报》关注民生，选用的热词热点往往是得到了社会广泛认可的。"一带一路""人民的名义""电商扶贫""舌尖上的安全""无人机"等都是人们关注的热词热点。《山村靠电商e扫贫困》就结合"电商扶贫"这一热点，同时用字母"e"不仅代表互联网，还与"一"谐音，可谓一箭双雕。《"一带一路"带赣茶上路》结合"一带一路"热点，有机地将江西省与热点"一带一路"相结合，在时代背景下联系自身。《安全的名义 37人终身禁驾》化用热词"人民的名义"取名为"安全的名义"，联系安全驾驶这一热点，标题具有一定的时代性。《无人机不得胡作"飞"为》这一标题让人一目了然，既体现了"无人机"这一热点，还突出了无人机对航空管制的不良影响，巧用谐音，使得标题具有一定的趣味性。《小吃要领证 舌尖更安全》紧扣热点食品安全，并化用热门纪录片《舌尖上的中国》标题，贴近读者生活，突出人们关注的"舌尖上的安全"问题。

热词使用得好，不仅能够丰富和完善新闻标题的语言、提高新闻的表现力、增强时代感，使新闻标题更容易吸引读者，而且使媒体本身更加贴近读者。

### 三、巧用各种修辞，展现语言魅力

修辞格运用在文学作品中能提高作品的文学性，运用在新闻标题中同样能提高标题的文采。在新闻标题中常见的修辞格有：对偶、拟人、双关、谐音等。

对偶使得标题工整优美。《鲜花祭先烈 成就慰英灵》《禽市解冻 吃货解馋》这两则标题使用了对偶的修辞手法，不仅使标题具有一种形式美，还能够很好地传达新闻主题，容易快速抓住读者的眼球。

巧用拟人增强画面感。新闻报道不仅报道人，还报道物。如果拟人手法运用得当，会带来不错的效果。《国产大飞机65%"肌肉江西锻造"》就是典型的例子。飞机怎么会有肌肉呢？编辑巧用拟人这一修辞手法，赋予飞机生命，将飞机上的零件比作肌肉，很有新意。《天气易翻脸 躲着点》

形象地体现了天气的变化无常，容易"翻脸"，需要我们注意。《幸福水库"清污美容"更幸福》也是一个很好的拟人标题。

运用谐音、双关提高趣味性。汉语自身特有的属性有时会出现同谐音、双关等现象。《大飞机今首飞　江西"机"动》《共享单车共享德　才能两全"骑"美》《"军"临英雄城》《万水千山"粽"是情》这些标题就运用谐音、双关等修辞手法，不仅生动，还完整地传达了新闻事件。《引资40亿美元好戏连"台"》这个标题中的"台"字谐音双关，既用了"台"字象征台湾省，同时又表达了赣鄱大地与台湾的合作，谐音双关的妙用让标题变得诙谐有趣。《生命践行使命　"扶摇"不曾动摇》，就化用因抗洪救灾而牺牲的年轻大学生村官程扶摇的名字中的后两个字，体现了他为人民服务毫不动摇的决心。

### 四、突出相同主题，打造标题集群

在《江南都市报》的头版中，我们总是能够见到具有相同的句式或形式的标题。好几个类似的标题都展示在头版中，无形中强化了主题。我们不妨将其称为："标题集群"。即具有相同句式、形式的新闻标题的集合称为"标题集群"。《新的一周到来　这些新闻"气"度不凡》就可以算是一个标题集群的"群主"了。它以"气"为中心，有四个带有"气"字的标题紧跟其后，分别是：

《底气　2020年实现"气化江西"》

《勇气　三燃气维修员智围窃贼》

《正气　穿上法袍　院长亲自审案》

《霸气　宜丰或现亚洲最早"鲁班坊"》

（详见2017年6月19日《江南都市报》头版）

再如《昨日风景变幻　有欢喜　有失落　有坚守　也有激情》中的三个标题，就以第一道风景线、第二道风景线、第三道风景线为标题集群的组成部分。

标题集群运用恰当的话，更能突出报刊媒体一期的主题。制作标题集群需要编辑独具匠心，抓住其中的共性，并借用相同的语言句式，才能制造出一个绝妙的标题集群。

　　标题作为新闻内容的重要组成部分,其作用不容小觑。可以借用网言网语,恰当地结合热词热点,同时可以运用合适的修辞手法来为标题润色。此外,可以打造一个主题鲜明的标题集群。

# 第三章
# "10万+"新闻标题的秘密

## 第一节 "10万+"新闻标题制作技巧

我们正处在一个"信息微缩"的时代,在信息爆炸式增长的大环境下,用户接收信息的方式从"沉浸式"到"碎片化"。人们很难像以前那样,把一份报纸杂志从头看到尾,大多只会从海量信息中点开自己感兴趣的内容。

而在以客户端、微博、微信朋友圈、微信公众号等为主要传播渠道的移动互联网时代,"链接式"的传播方式使得标题成为最先展示在用户面前的内容。标题是否具有吸引力直接关系用户点击与否,一则亮眼的标题成为提高点击率的重要因素。

标题吸引不到用户点击,就意味着你做出来的内容无论多么优质都很难得到传播,你的努力得不到应有的回报。

写标题的能力已经成为衡量广告文案、新媒体运营者实力的重要指标。

笔者收集了近200则"10万+"新闻标题,并总结特点如下:

### 一、引人震惊式

在新闻标题中展现一种反常规现象、事件,让用户感觉十分震惊,特别想去了解一下详细情况。引人震惊式的效果在于当读者感觉到震惊了，自然忍不住点开文章。

在日常交流中，震惊的事情往往能成为一种社交货币，成为茶余饭后很好的谈资。这也是为什么引人震惊的新闻标题能获得"10万+"的点击量。

例：《又出事了！特斯拉开着开着竟然着火了》

在我们的常识里，特斯拉是汽车界的佼佼者，它代表的是价高质好的汽车形象，这样的车也会开着开着着火，引人震惊。

## 二、巧用数字式

### （一）数字反差式

数字往往比文字的传播效果更好。简单明了的数字能凸显出新闻的亮点所在，尤其是在一则新闻标题中存在数字对比，这种对比带给读者强烈的反差感，从而想要点击进去一探究竟。

例：《拿3000工资与拿30000工资的区别！3张聊天记录告诉你》

《印度12亿人，36年获1枚金牌：印度人这么说》

《0成本获得25000粉丝，我是怎么做到的》

"3000"和"30000"工资的反差直观地体现了文章的价值，工资是大多数用户主要的经济来源，与他们的切身利益息息相关，所以对用户而言吸引力很大。

"12亿人""36年""1枚金牌"，前两个数字背景与后面1枚金牌形成对比，引发好奇。

"0成本"和"25000"粉丝之间形成强烈对比，积累粉丝对媒体人来讲是一件不容易的事情。0成本就能获得25000的粉丝，对用户来说具有很大的吸引力。

### （二）数字具体式

在标题中用具体的数字表达信息，这样的方式使标题更具直观性和感染力。

例:《神奇的牛轧糖葱香米饼,一口咬下54层》

《他的大片,看碎了2480万人的心》

### 三、制造悬念式

通过前置条件的铺垫,顺势抛出一个问题,让用户产生疑惑。而文章的内容恰好可以解决这个疑惑,完美迎合人性中天然的好奇、猎奇心理。另外,通过设置悬念还能对读者造成一种利益诱惑,当然你也要巧妙地在标题中设置利益点,让用户渴望看完文章并希望从中得到相关信息。

例:《长相中等的姑娘如何进阶到"美"》

《未来五年,什么样的公司最赚钱》

第一个标题,"如何进阶到'美'"这个悬念对任何爱美的女生而言,诱惑力都是很大的,大家都想变美或者更美。这个标题给人的第一印象是文章里有好的方法,牢牢抓住女性受众心理,提高点击率。

第二个标题,用户看到标题渴望从中获得未来趋势的信息,巧妙地在标题中设置了利益点。

### 四、信息冲突式

在标题里制造两种信息的冲突,形成强烈的对比,以此来引发用户的兴趣。在做到内容符合事实的基础上,尽可能地制造反转。

例:《两次破产,坐过牢,竟创立190亿方便面帝国,靠这招》

《他44岁欠债200万,离婚离职拖家带口,如今他的公司市值千亿》

两次破产、坐过牢和创立190亿方便面帝国,这两个信息之间形成冲突;44岁离婚欠巨款和现在公司市值千万,这究竟是怎么做到的呢?

### 五、依傍名人式

借助名人效应,利用大众所知、热点、辨识度较高的名人、名企、名物的势能来彰显文章的价值。

例：《大S、王菲都在用的减肥方法，你还不来学？》

大S和王菲都是明星，众所周知她们身材都很好，在标题中她们的效应使得文章内容更具看点。

## 六、蹭热点式

利用某一阶段内社会上的热点话题，借助话题的关注度，增加新闻标题的传播力。

例：《看王宝强离婚，不如看这个视频》

《周鸿祎：学习郎平好榜样》

《夏洛特烦恼：男人为什么总想着自己的初恋？》

王宝强离婚案很长时间内一直霸占着新闻头条，将王宝强离婚这个热点话题体现在标题中，是典型的蹭热点式的新闻标题；女排夺冠后，周鸿祎通过老周开讲公众号第一时间发布一条学习郎平好榜样的文章，他把郎平一生只专注于排球和360专注于安全完美地整合在一起，阅读量超过10万。

## 七、故事感人式

将文章内容所讲述的故事概括、精准地提炼到新闻标题中，感人至深。

例：《19年的等待，一份让她泪流满面的礼物》

## 八、声东击西式

在标题中涉及特殊字眼，实际上只是虚晃一枪，文章内容是另一种景象。

例：《每天早晚，只想让它在嘴里撒欢》

## 九、犹抱琵琶半遮面式

犹抱琵琶半遮面式就是在标题中只说一半，剩下的需要读者点开文章获取。

例：《如果芈月那个时代有微信》

《亚洲首富王健林对王思聪接班问题表态了》

如果芈月那个时代有微信，会是什么样呢？亚洲首富王健林对王思聪接班问题表态了，表态内容是什么？这两者都是在标题中抛出了一半，剩下的一半内容需要读者点开文章获取。

### 十、夸张式

用夸张的手法，在标题中适当夸大某个观点或者某个事实，甚至是在标题中展现过激的看法，来吸引读者的关注度。

例：《200万人的健康和这个观点有关》

《30岁的人60岁的心脏》

第一个标题是某健康品软文的标题，第二个是某保健品的宣传软文标题，都采取了夸张的手法，来吸引用户的关注。

### 十一、抓住痛点式

抓住当下大众日常生活中遇到的痛点，针对这种痛点，在标题中暗示用户文中有实用的解决措施，引发用户点击。

例：《月薪一万在上海怎么活》

《如何优雅地查出微信里谁删了你》

在上海拼搏的人群中，月薪一万并不高，但却是他们当中大多数人的真实工资水平，如何在上海这样的一线城市中生存，是很多在上海打拼的人的痛点。这个文章标题很好地抓住了这一痛点，同时采用抛出疑问式的技巧，获得高点击量。

我们在使用微信的过程中存在一个弊病，就是不知道哪些好友已经删了我们，这是大多数微信用户的痛点。文章标题抓住这一痛点，暗示读者文中有好的办法可以查出，吸引受众点击全文。

### 十二、引入情绪式

在文章标题中，直抒对某人或者某事不满、愤怒、厌恶等情绪。

例：《我借钱给你，我有错吗？》

此类标题通过引入情绪，或为引发冲突、或为引发共鸣、或为博得关注……

### 十三、自我提升式

此类标题主要以给用户提供自我提升的机会为亮点，给用户的印象就是能通过文章内容获取某一方面的改进。

例：《100份高质量的PPT模板，让你从此不再加班》

《教你如何一分钟写出一个好标题》

### 十四、抓住目标人群式

此类标题意在抓住某一特定人群的眼球，将与他们切身利益相关的点放在标题中。

例：《女人挽回老公心的10个绝招》

《异地恋怎么才能成功？》

第一个标题的目标受众就是广大已婚女士，针对她们婚姻中容易出现的问题拟定标题；第二个标题的目标受众是广大异地恋受众，也是在标题中直击异地恋成功问题。

### 十五、用户本位式

用户本位式是"10万+"新闻标题中新出来的一种模式，完全站在用户的角度，说出他们心里想说的话，多采用对话模式。

例：《"你愿意和我一起吃苦吗？""不愿意！"》

《"大姨妈来了？""多喝水。""呵！"》

此类标题字数较少，语法简单。用户第一眼看到标题时，心中都会出现一些想@的人，而这种心理对点击率尤其是转发率非常有利。

### 十六、巧用流行词

借用当下流行的网络热词，巧妙地加在标题中，引人入胜。

例：《DUANG，房价真的降了》

### 十七、走过路过不要错过式

通过设定时间限期来制造用户的紧迫感，促使用户在当下做出选择，当用户感觉到错过这个村就没有这个店的时候，点开的可能性会大大提高。常用"×小时后删除""优惠最后×小时……"等标题形式。

例:《央视主持人直播失误集锦，全程高能（删前速看）》

《五折优惠最后12小时，错过再等10年》

### 十八、精华梳理式

系统地梳理出垂直领域的知识、看点，方便用户集中看到所有想看的。

例:《赴日旅游最值得去的十大景点》

《史上最全最优质的PPT模板》

### 十九、引发好奇式

好奇心首先是一种驱动力，这种驱动力永远都向着未知事物的方向前进，并且是不可逆的。在文章的标题中采用设问、反问、"原来如此""真相在这里""你不知道的事儿"等各种方式引发用户的好奇。

例:《关于故宫博物院你所不知道的那些事儿》

### 二十、巧用对比式

巧用对比法拟定标题，往往能起到意想不到的效果。有时候作者为了突出某一主旨，利用强烈的对比，让读者清晰地看到正反、好坏，从而达到一种反差效果，简单明了又切中要害，立马能让读者了解文章要表达的意图。如果读者发现立场相似，会不自觉地转发分享，反差效果通常能够带来很大的流量。

例:《受青睐的简历和让人没耐心看下去的简历》

《看看人家的食堂，你吃的简直是……》

## 第二节 "10万+"新闻标题案例

1.《百万级大号的第一批粉丝是如何获得的？》(引发好奇式)

2.《煤炭司原副司长：家中搜出2亿现金，烧坏4台点钞机……》(数字具体式)

3.《〈疯狂动物城〉各种动物的英文怎么说？竟然都是托福必备词汇……》(蹭热点式)

4.《价值30万的创意文案超过100万人收藏》(夸张式)

5.《北京电影节最全看片指南——50部推荐片单和具体排片时间》(内容集锦式)

6.《一万人参加的考试，9000多人只拿了60分，她却考了100分，秘密都在这里》(数字反差式+抛出悬念式)

7.《从年级倒数第10名到考上清华，他只用了半年，你知道他是如何做到的吗？》(抛出悬念式)

8.《让你Word操作效率提升10倍的实用技巧》(自我提升式)

9.《连大S都在使用的减肥技巧》(傍名人式)

10.《Steve Jobs揭秘：苹果革命性的产品iPhone背后设计工艺》(傍名人式)

11.《一分钟写好1个不可抗拒的标题的秘诀（透露3个绝招）》(自我提升式)

12.《赵雅芝年轻20岁的秘密》(傍名人式)

13.《半个月瘦身10斤，秘密首次公开》(引发好奇式+数字反差式)

14.《那些年，我走过的弯路》(故事感人式)

15.《太多的选择，其实是陷阱》(信息冲突式)

16.《首富王健林说：先定一个小目标，比如挣它一个亿，我的目标竟是这样的》(傍名人式)

17.《毕业两年薪资年入百万秘诀》(引发好奇式)

18.《年度盘点，2015年微信公众号有哪些更新》(精华梳理式)

19.《不用洗洁精，一张神奇的纸就能擦去一切油污！》(引发好奇式)

20.《苏宁杀入众筹蓝海：提供何种附加值的众筹平台能够存活？》(傍名人式)

21.《废话师开课：三分钟学会如何制作扁平化PPT》(自我提升式)

22.《米其林大厨都做不出的美味：一老农花20年研发出草药炖鸡》(引人震惊式)

23.《5个原则+18个方法，教你写出阅读量10万+的文章标题》(数字具体式)

24.《配一对内涵的袖口，让你在人群中闪闪发亮！》(自我提升式)

25.《老友记friends剧本，word格式，397页！（转载）》(内容集锦式)

26.《毕业2年，从事广告行业，从月薪2000到年薪25万》(数字反差式)

27.《天猫双12攻势强烈，获益最大的竟然是他们……》(抛出悬念式)

28.《敬那些正在默默减肥的人》(抓住目标人群式)

29.《喜欢喝黑咖啡的人注意了……》(抓住目标人群式)

30.《99%的人都猜错了这支广告》(数字具体式)

31.《草根创业秘诀：如何在3月内单月出货10万元》(数字反差式+抛出悬念式)

32.《恋爱时，男人最烦女人这8种行为》(数字具体式)

33.《连续做出10万+爆文后，他总结出这3条写作经验》(数字具体式)

34.《生理期用这10件小物，比红糖水管用100倍》(巧用对比式)

35.《会败家的女人更幸福》(信息冲突式)

36.《7×7≠49？》(引发好奇式)

37.《每次点上这道菜，那个坚持减肥的女同事也忍不住动了筷子》(引发好奇式)

38.《为什么你铺天盖地地打广告，顾客却无动于衷？》(巧用对比式+引发好奇式)

39.《我的意中人是个神经病》(信息冲突式)

40.《倒霉的女孩,运气都不会太差》(信息冲突式)

41.《吃过这枚凤梨酥,其他的都是将就》(巧用对比式+引发好奇式)

42.《受青睐的简历和让人没耐心看下去的简历》(巧用对比式)

43.《远离小程序:60%用户回归APP,70%开发者欲放弃开发》(数字具体式)

44.《草根创业秘诀:如何在3月内单月出货10万元》(数字具体式)

45.《YY的海外故事:1年3000万月活、估值4亿美元的直播平台,能有怎样的想象》(数字具体式)

46.《要考四六级的小伙伴看过来了》(抓住目标人群式)

47.《家里有不吃青菜的小朋友的家长看过来》(抓住目标人群式)

48.《男人会不会出轨,看这两点》(抛出悬念式+抓住目标群体式)

49.《逆天神技能,印度人民又开挂了!》(引发好奇式)

50.《据说这个视频,连马云看了都震惊》(傍名人式)

51.《李克强教你20个新词汇,不懂你就OUT了》(傍名人式+巧用流行语)

52.《石榴婆报告篇篇10w+是怎么练就的?》(引发好奇式)

53.《健身7个月花了2万元,她却算了一笔你想不到的账》(数字具体式)

54.《考上清华有100个方法,可这个方法秒杀剩下的99种》(夸张式)

55.《震惊!著名LOL玩家和DOTA玩家互斥对方不算男人,现场数万人围观!》(引人震惊式)

56.《缺1颗牙,可能少活10年!》(引人震惊式+数字反差式)

57.《别让新房变成"毒气房"!》(信息冲突式+巧用对比式)

58.《是男人就下100层!》(抓住目标人群式)

59.《种牙直减2000元,错过再等1年》(走过路过不要错过式)

60.《小心被宰!低价做网站的惊天秘密!》(抛出悬念式)

61.《是什么让他的爱车走向了不归路?》(引发好奇式)

62.《神六采用爱国者U盘 能重复擦写百亿次》(蹭热点式)

63.《说实话,我不喜欢穷游,我喜欢富游》(用户本位式)

64.《为什么你过得这么难》(抓住痛点式)

65.《周杰伦只用了90秒,就让其他明星暗淡无光》(傍名人式+巧用对比式)

66.《这些广告人的职业病你有吗?》(抓住目标人群式)

67.《姜茶茶:social 时代,广告狗如何变身段子手?》(巧用流行语+抓住目标人群式+傍名人式)

68.《营销人,如何在40岁前获得财务自由?》(抓住目标人群式)

69.《网红的战斗力,在鹿晗等小鲜肉面前就是个渣!》(巧用对比式)

70.《60秒一句Slogan的高产文案,与3周不出稿的低效文案,差在哪?》(巧用对比式)

71.《这一百个地方,我只去过三个,你呢?》(引发好奇式)

72.《你没有想过日本人其实蛮喜欢中国的——你不知道的日本》(引发好奇式)

73.《我有7招写标题的秘籍,价值300万,但今天免费》(自我提升式+走过路过不要错过式)

74.《这10篇文章只改了下标题阅读量 就从1万+涨到10万+》(数字反差式)

75.《女人真是不好做》(抓住目标人群式)

76.《我一个人活得好好的,为什么要结婚?》(用户本位式)

77.《LinkedIn 中国:从0到100万粉丝,他们只用了8步》(数字反差式)

78.《真正宠你的男人,会这样对你……》(抛出悬念式)

79.《给被莫名其妙地被小孩喊[阿姨]的你》(抓住目标人群式)

80.《策划小白,2年,从月薪2000到年薪50万》(数字反差式)

81.《为什么少女们都迷这个糟老头》(引发好奇式)

82.《男生一说这10句话,我就想报警》(引发好奇式)

83.《探秘苹果手机CEO乔布斯的前世今生 你知道吗?苹果乔布斯生下来就被送人了?》(引发好奇式)

84.《领导,请尊重我的专业!》(用户本位式)

85.《油价暴跌,特斯拉CEO怒了》(傍名人式)

86.《洪秀全是如何逆袭成为一代天王的?》(抛出悬念式)

87.《"孩子小,你不能让着点吗?""不能"》(用户本位式)

88.《别逼婚了,我觉得没人配得上我!》(用户本位式)

89.《白羊座有哪些难以启齿的小怪癖?》(抓住目标人群式)

90.《和张蓝心被拍,尹正暴露真实身高了!忍不住以尹正为圆心研究了一圈男星身高》(傍名人式)

91.《商家绝对不会告诉你的事实:我们用3个月测评了15款扫地机器人后发现……》(抛出悬念式)

92.《除了"来都来了",还有一句魔咒,会令你狂买一堆垃圾》(抛出悬念式)

93.《跟风买这些口红,你只会越来越丑》(信息冲突式+引发好奇式)

94.《故宫出了条开运红绳,姚晨、景甜、吴奇隆都在戴》(傍名人式)

95.《从硅谷火到中国,每三秒就卖一个,用过这款榨汁机,你不想碰其他的》(数字具体式)

96.《它甜过世界上99%的水果,慕斯般口感好迷人》(巧用比较式)

97.《拜访拥有5亿粉丝的21位自媒体大佬后,我得出22条结论》(数字具体式+自我提升式)

98.《旅行社内部绝密,请速收藏(24小时后删除!)》(走过路过不要错过式)

99.《揭秘一家融资4亿的游戏出海平台,马云、马化腾、史玉柱等大佬都在投资》(傍名人式)

100.《惨啦!上海女人都得了一种病,80%已到晚期……》(夸张式+引发好奇式)

101.《黄晓明:我要让整个上海的人知道你是我的女人》(夸张式)

102.《何炅本想给涵哥下套,没想到杨乐乐是这样回答的……》(抛出悬念式+傍大款式)

103.《颜值低的人如何找对象》(抓住目标人群式)

104.《全世界都在看婚礼,我在看展览》(信息冲突式)

105.《北京秋天最美的33个景点(值得收藏)》(精华集锦式)

106.《买车必看,享受购置税减半的合资SUV》(抓住目标人群式)

107.《全球 100 大品牌，中国仅入围两个，你猜是谁》（巧用对比式 + 引发好奇式）

108.《水瓶座最拽的地方》（抓住目标人群式）

109.《技术型营销人必看：Airbnb 早期是如何用 GrowthHack 获得更多用户的？》（抓住目标人群式）

110.《【盘点】重磅推荐！来自 Adweek2014 年度 Digital，Television，Magazine 榜单》（精华集锦式）

111.《如何发邮件请求帮助，并获得超高回复率？》（抓住目标人群式 + 引发好奇式）

112.《那些年，被客户虐过的银行柜员》（抓住目标人群式）

113.《你是不是一个自断经脉的打工族（强烈推荐这七个故事）》（抓住目标人群式 + 故事感人式）

114.《你一定不知道，滴滴、美团、陌陌是如何积累种子用户的？》（引发好奇式）

115.《三天不大便，等于吸包烟》（夸张式）

116.《让 1 亿人流泪的视频》（夸张式）

117.《赶紧收藏，据说明天就要被禁了》（走过路过不要错过式）

118.《一场演唱会，唱死好多人》（夸张式 + 引发好奇式）

119.《如果你的简历石沉大海，看看这 8 个秘籍》（抓住目标人群式）

120.《关于故宫博物院你所不知道的那些事儿》（引发好奇式）

121.《学会这些英文单词，你就可以在广告圈混了！》（夸张式 + 抓住目标群体式）

122.《最好最新的案例库都在这里了 |Hunt BySocialBeta》（精华梳理式）

123.《当〈权力的游戏〉遭遇"蠢蠢的死法"，连最悲催的"领便当"也变得萌萌哒》（蹭热点式 + 巧用流行词）

124.《马云告诉年轻人的一些话》（傍名人式）

125.《90 后，过完童年，就是中年了》（抓住目标人群式 + 夸张式）

126.《这个女人如果是男的，可以抢掉 1000 万男人的饭碗》（夸张式）

127.《日本妹子亲测：女神和女神经病就差个正确刘海》（巧用对比式）

128.《那些外貌平平的男生是怎么把自己穿成男神的》(抓住目标人群式＋引发好奇式)

129.《什么气质的女人能嫁给成功男人》(抓住目标人群式＋巧用流行词)

130.《姚刚落马之谜？合谋境外做空中国股市》(抛出悬念式)

131.《中国校服为什么这么丑》(用户本位式＋引发好奇式＋抓住目标人群式)

132.《为什么鸡可以天天下蛋，而别的鸟不行》(引发好奇式＋巧用对比式)

133.《为何我们不珍惜好人？》(抓住痛点式)

134.《"翠花"张馨予竟然也能变成红毯女神》(巧用对比式＋引发好奇式)

135.《大三学生黄金周放假回家却死于纠纷，行凶者持刀相向的原因是……》(引发好奇式＋引人震惊式)

136.《男子突然中毒危及生命 竟是因为在路边吃了它》(引人好奇式＋引人震惊式)

137.《为什么明明男人多3000万，身边的剩女还越来越多》(巧用对比式＋引人好奇式)

138.《亿万富翁为何退役就破产》(信息冲突式＋引发好奇式)

139.《创业当学何以琛：虽然忙成狗，女友也没走》(蹭热点式＋巧用对比式)

140.《万科总裁郁亮：企业不再需要职业经理人了》(引人震惊式＋引发好奇式)

141.《我们狠杀一对美国老夫妇的房子售价，当我们去收房时……》(巧用对比式＋抛出悬念式)

142.《可怕的德国人！只因简单的两个字，便可怕到天下无敌》(抛出悬念式＋巧用对比式)

143.《六小龄童：只要春晚叫我，我随叫随到》(蹭热点式＋傍名人式)

144.《神奇的牛轧糖葱香米饼，一口咬下54层》(数字具体式)

145.《这就是传说中得了2016年红点奖的那个：猫厕所》(傍名人式＋

146.《230斤胖妞从小被嘲笑,逆袭成美妆达人,一手化妆绝技爆红网络》(巧用对比式)

147.《72岁老太太用铁画画,惊艳无比却后继无人》(引发好奇式)

148.《把这本百年不遇的商业好书读透了,你MBA就毕业了》(抓住目标人群式+引发好奇式)

149.《比张家界还美的地方竟然在这里》(巧用对比式+引发好奇式)

150.《月薪3000和月薪30000的文案的区别》(数字反差式+巧用对比式)

151.《如何表达"你对我很重要"?看完还是学不会!》(抓住痛点式)

152.《必买的10款原创品牌包包推荐》(精华集锦式)

153.《中纪委的"双十一"》(蹭热点式)

154.《未来什么最赚钱?首富力荐这个行业》(傍名人式+抓住目标人群式)

155.《杨幂唐嫣不和?真相是这个》(引发好奇式+蹭热点式)

156.《穿了这么多年的衬衫,原来我穿错了》(抓住目标人群式+引发好奇式)

157.《天啊,千万不要在日本久留》(引人震惊式)

158.《陆琪:怎么样的爱情才是好的?》(抓住目标人群式+傍名人式)

159.《和颐酒店事件:不会武功的女生已经不配出门了吗?》(蹭热点式)

160.《罗永浩:好产品就要卖情怀》(傍名人式)

161.《宋仲基的撩妹技能,原来是这样炼成的》(傍名人式+引发好奇式)

162.《"张继科,你要几分甜?""我要景甜"》(蹭热点式)

163.《一夜之间,北京的井盖全消失了》(引人震惊式+引发好奇式)

164.《〈欢乐颂2〉女神安迪告诉你,装修是要这样子的》(蹭热点式)

165.《那天我没多喝酒,却在这条路上醉成狗》(巧用对比式+引发好奇式)

# 第四章
# 不同题材标题案例点评

## 第一节　时政新闻标题

1.《沈阳：整治软环境先割自身瘤》

主题突出，运用比喻的修辞手法，将其自身存在的问题比喻为"瘤"，既生动形象，也体现出对此现状的批判，沈阳市软环境整治，首先从政府失信入手"动真格"，割掉政府自己身上的"肿瘤"。

2.《重庆市设立300多家法律服务点下沉一线——"法律诊所"开到家门口》

标题指出重庆市设立300多家法律服务点下沉一线，运用数据，简洁明确；"法律诊所"生动形象，同时，也表达出将为广大群众提供更为便利的法律服务这一核心内容信息。

3.《共同开创金砖合作第二个"金色十年"——在金砖国家工商论坛开幕式上的讲话》

采用比喻的修辞手法，将金砖合作第二个十年比喻为"金色十年"，前后呼应，恰如其分，富有意趣，令人印象深刻。

4.《监管制度缺失就是"牛栏里关猫"》

生动形象，易于理解，监管制度缺失，就是所谓"牛栏里关猫"，没有完善的监管制度，必然会引发严重的风险。

5.《落实"重点词"谋求"新作为"》

以对偶的手法使新闻标题具有形式美、音韵美；"重点词"作为关键词概括了新闻的核心内容，主题也表达出从落实"重点词"到谋求"新作为"的要求与期盼。

6.《"我们的幸福感自豪感越来越强"——全球华侨华人热切期待十九大召开》

引用当事人原话抓住了事件的中心，恰当地传达出华侨华人热切期待的情感。

7.《不再以"烟"代"毒气"某工程防化旅实战标准抓训练》

不再以"烟"代"毒气"，突出了新闻核心内容，体现出工程防化训练的新变化，以及用实战标准抓训练的严格与决心。

8.《中国经济列车加足马力"爬坡过坎"》

运用比喻的修辞，同时，动词"爬坡过坎"的使用赋予了新闻标题生动的色彩，中国经济进入新常态，需要爬坡过坎"啃最硬的骨头"，使标题更形象，也更加吸引读者。

9.《让共青团走近你发现你点亮你》

通过递进渲染出强烈的情感，容易引发读者的共鸣。

10.《两会零距离 政治关心你》

以对偶的手法使新闻标题具有形式美，同时，通过"零距离""关心你"，拉近了老百姓与两会的距离，更吸引读者阅读。

11.《起来，起来，起来！》

"起来，起来，起来！"这种饱含感情且具有号召性的词语令人印象深刻，使整个标题在人们的脑海中产生了强烈的情感共鸣。

12.《中国，要"美美地"步入现代化》

语言生动形象，具有新意。既表现出对"美"的追求，又蕴含了每个阶段对"美"的追求存在差异。

13.《民航局局长谈飞机晚点："我也不满意"》

引用原话抓住了事件的中心，"我也不满意"引发了读者的好奇心，吸引读者进一步阅读新闻主体。

14.《十部门发文规范共享单车》

概括并提示了新闻重要的核心内容,十部门发文范围较大,突出了新闻的亮点。

15.《云南曲靖市沾益区推行督办APP,事事追问结果,层层传导压力——干事像摆工夫茶?当心被查!》

采用一问一答的形式,突出了新闻的核心内容,具有感叹语气的回答,立场鲜明,语气强烈,容易引发读者共鸣。

16.《昔日采石场 今朝百鸟园》

对偶的句式让标题具有形式美与意境美;昔日"采石场",今朝"百鸟园"两相对比,反差明显,让人印象深刻。

17.《从7.2%到75%——西宁坚持植绿高原改善生态的实践》

从7.2%到75%,通过数据对比,突出了坚持植绿高原改善生态的成效,给读者留下深刻印象。

18.《跑不了!武汉自然资源资产审计20多名干部被追责》

感叹句式的使用让标题蕴含的感情更饱满、更浓烈,立场、观点鲜明。

19.《中国造出"地表最强"两栖战车 多项性能居世界第一》

"地表最强"语言亲切幽默,贴近生活,令人印象深刻,同时,"多项性能居世界第一",较好地概括出新闻内容的核心。

20.《五个字勾勒中国经济新气象:稳、进、新、优、好》

五个字勾勒中国经济新气象,言简意赅,观点鲜明,主题突出。

21.《我是"歪果仁",我为十九大打call!》

语言生动幽默,把当下最流行的话语、句式运用到标题中,既亲切又新鲜。

22.《官方重磅发声!炒房客可以醒醒了!》

在标题中使用感叹句式,具有感染力,标题呈现的观点、立场鲜明,同时也起到了新闻报道引导舆论的作用。

23.《乡镇纪委成办案主力军 遏制"苍蝇"每天扑面》

运用比喻的手法,将违法乱纪分子比喻为"苍蝇",立场、观点鲜明,表达了强烈的批判态度。

24.《敲黑板！"信息公开"不是"隐私公开"！》

"信息公开""隐私公开"两者的对比，启发读者对两者差异的进一步思考，感叹句式表达出对非法"隐私公开"行为的强烈谴责。

25.《再打虎！辽宁省副省长刘强落马》

使用感叹语气，明确表达了作者的态度，这种强有力的表述读来铿锵有力，也能发挥警示和震慑的作用。

26.《十九大代表名单公布后为啥拿掉7人？外企为啥要建党组织？权威回应》

标题通过两次提问，突出深化主题。巧设问句一方面引起读者的好奇心，吸引读者进一步阅读新闻主体，寻求答案；另一方面用来引出下文，自然顺畅。

27.《驾考新规真的来了，太！难！了！还没学车的要努力了！》

"太！难！了！"以感叹的语气，渲染气氛，语气强烈，夺人眼球。

28.《超霸气！沙场阅兵武器装备透视！40%新型装备第一次公开亮相！》

在标题中使用感叹句式，表达出对新装备亮相的期待与肯定，语气强烈，并以此感染和吸引读者。

29.《大消息！关于"租购同权"住建部和专家是这么说的！居者有其屋，你买还是租？》

标题巧设问句，引发读者的思考，吸引读者进一步阅读新闻主体。

30.《习总书记第3次访问这个国家，他和该国总统是见过16次面的"老朋友"》

"第3次访问""见过16次面"与"老朋友"前后呼应，运用数据增强了新闻标题的说服力，突出了主题。

### 参考标题

1.《包庇王林持枪案公安局副局长获刑》

2.《1.56亿人受益新一轮农网改造》

3.《实事求是　求真务实　善始善终　善作善成》

4.《党的十九大举行预备会议和主席团第一次会议》

5.《领航中国号巨轮破浪前行》

6.《再论红船初心——新一届党中央领导集体瞻仰上海中共一大会址和浙江嘉兴南湖红船启示录》

7.《部长通道：政府打造的"透明窗口"》

8.《书写伟大复兴的时代画卷——以习近平同志为核心的党中央领航中国纪实》

9.《站在新的历史起点上——党的十九大热点前瞻》

10.《港珠澳大桥如何收费　省发改委将开听证会》

11.《构建健康的政商关系"永远在路上"》

12.《政协民主监督要"鼓励敢讲话、讲真话"》

13.《十九大报告的七大"新表述"》

14.《从严治党不能松口气歇歇脚》

15.《养老保险有了国资后盾》

16.《梦想，从这里启航——记习近平总书记带领中共中央政治局常委赴上海瞻仰中共一大会址、赴浙江嘉兴瞻仰南湖红船》

17.《庆祝中国人民解放军建军90周年大会在京隆重举行》

18.《七千万，垄断电价吃罚单》

19.《内蒙古大美生态做文章》

20.《为人民福祉护航　为世界和平出征——海外热议习主席在庆祝中国人民解放军建军90周年大会上的讲话》

21.《美好梦想，奔驰在辽阔草原（守望相助七十载壮美亮丽内蒙古）——以习近平同志为核心的党中央关心内蒙古发展纪实》

22.《争分夺秒》

23.《中国经济展现强劲韧性》

24.《年中经济数据引发国际权威人士如潮好评——中国经济，为何再次"超预期"》

25.《九寨沟震后救援第四天，记者走进漳扎镇荷叶社区　安置点饭菜热信心足》

26.《人民陪审员更接地气了》

27.《"以铭记和缅怀,向抗日英雄致敬"——建军九十周年主题展览8月15日见闻》

28.《美丽乡村有颜值更有产值》

29.《去年过半高校毕业生省内就业,比例创三年新高 黑龙江"孔雀"不再东南飞》

30.《这么大的病,在县里看好了》

31.《农村"三块地"改出获得感》

32.《国企国有股权10%划转社保》

33.《国家放大招!亿万百姓养老的难题"迎刃而解"》

34.《总理在菲律宾忙了啥?我们帮你"秒拍"了!》

35.《北京密云水库蓄水量首超20亿立方米 水是怎么来的?》

36.《这项工程创下多项"之最" 被业内誉为"中国第一顶"》

37.《中央调剂制度明年实行:养老金全国统筹迈出破冰一步》

38.《习近平用这5句话给世界政要们介绍中国的"新时代"》

39.《特色鲜明!廊坊将建成"京津冀城市群重要节点"》

40.《中国与世界共享发展机遇》

41.《推动京津冀协同发展》

42.《C919完成首次远距离转场飞行》

43.《"一带一路"为世界经济添动力》

44.《安徽:推进监察体制改革试点 明年2月底前完成转隶!》

45.《习近平十九大后首次出访三大看点 展示新时代中国外交丰富内涵》

46.《如何更有效释放消费潜能,总理这样说》

47.《让中俄人民的心灵沟通驶入"快车道"》

48.《"白酒?多少度?价格怎么样?"——习近平与三位基层党代表的亲切互动》

49.《八项规定带来的"双节"图景:清风朗月上门来》

50.《财政部回应标普调降中国评级:老生常谈!是误读》

51.《"一带一路"擘画宏伟蓝图 河西走廊续写繁荣传奇》

52.《补齐规划"短板" 推进规划实施问责——聚焦城市发展"失衡"怪象破解之道》

53.《省委办公厅印发〈关于防止干部"带病提拔"的实施意见〉执行廉政意见双签字制度》

54.《新时代新征程科技工作者怎么做？》

55.《穿越千年看雄安新区的"前世今生"》

56.《文博会遇上"一带一路"碰撞出哪些火花》

57.《源头治理、追溯流向、有奖举报……地沟油治理这次动真格了！》

58.《猛戳！"医联体"的建立关乎你的切身利益！》

59.《旅游公共服务规划出炉！这些利好你要知道！》

60.《看政府工作报告如何打响"蓝天保卫战"》

61.《看！这里有习近平对全国家庭的殷切希望！》

62.《各地政府工作报告接地气 "滚石上山"等热词频出》

63.《划重点：这份中芬联合声明你读懂了吗？》

64.《政府高校泄露个人信息曝光后：信息公开与隐私保护平衡点待寻》

65.《新疆一官员党校学习时让人送钱到宿舍，用贿款一次买两套豪宅》

66.《环保部副部长：环保设施开放能有效化解和防范"邻避问题"》

67.《环保部：秸秆禁烧形势总体严峻，吉林省焚烧火点增加783%》

68.《军科院政委：强军使命体现军事服从政治、战略服从政略的原理》

69.《新疆12月起实行15年免费教育：将惠及85.72万名学生》

70.《湖北武汉：122名"狮子型"干部被提拔重用到发展第一线》

71.《官方出大招！避免养老金缺口转移给下一代人》

72.《毛泽东"希望寄托在你们身上"讲话60周年纪念活动在俄举行》

73.《安徽新版环境保护条例将施行：中高考期间噪声污染最高罚5万》

74.《山西改革省政府驻外办事机构：撤销9个、整合1个、保留5个》

75.《关于美台军事联系和售台武器，外交部强硬表态》

76.《新政府组阁谈判失败：德国或重新大选，默克尔能否四连任生疑》

77.《中央财政安排环保专项资金497亿 围绕大气污染防治等》

78.《12部门发文治理佛教道教商业化：严禁商业资本介入》

79.《昆明自来水公司通报"四口人两月用水七百吨":搁置争议水费》

80.《两部委发文:医疗器械临床试验机构将实行备案管理》

81.《陶明伦任安徽省委常委,此前担任河南省委常委、统战部部长》

82.《全国政务大厅普查结果 县级以上超九成设有政务大厅》

83.《"史上最严奶粉监管政策"将近 进口婴儿奶粉获3年宽限期?》

84.《河北晒出脱贫"成绩单" 四年来每年减少100万贫困人口》

85.《中国在南极筹建第五个科考站 将迈向极地考察强国》

86.《我国"一箭三星"成功发射吉林一号视频04、05、06星》

87.《图解新时代新思想新名词:"中国梦"提出5周年 协和万邦连世界梦》

88.《食药监总局:对重大突发事件最迟5小时内发布权威信息》

89.《16部委联合发文 三大电信运营商又摊上事儿了》

90.《王毅:反恐、对话、重建是新阶段解决叙利亚问题的三个着力点》

91.《甲骨文通过联合国教科文组织评审入选〈世界记忆名录〉》

92.《53对村企结对 共同支持老区脱贫攻坚》

93.《翱翔之翼促进"一带一路"国家交流 优质服务赢得世界赞誉》

94.《从石塘村"三变"看广西产业扶贫:牵住"牛鼻"破难题》

95.《京张高铁首条隧道全线贯通 计划2019年实现通车》

96.《环境保护部6个区域督查中心更名为督察局》

97.《国办首次公布政务服务平台检查结果 多项办事"痛点"有望改善》

98.《"中国奇迹"背后的必然逻辑》

99.《五年七步走 中国这项重大税改令世界瞩目》

100.《嫁女婚宴受贿 韶关政协原副主席邓建华(副厅级)被查》

101.《一个中部地级市的"人才回流"实验》

102.《扶贫资金为何"睡觉":不好花、不敢花、难消化》

103.《李克强将访比利时 "欧洲心脏"澎湃中国动力》

104.《部分地方现治污"一刀切" 环保部回应称反对"滥作为"》

105.《期待!习近平将出席一次重要会议,并访问两个国家》

106.《重磅!习近平新时代中国特色社会主义思想写入党章》

107.《赣州通报 5 起违反八项规定问题  3 名正处级干部被通报》

108.《江西领导干部看过来！这几条红线千万不能踩，否则"饭碗"不保！》

109.《刚刚发布！江西医改大动作取消公立医院药品加成！》

110.《今日，安徽一落马正厅级官员受审，被控受贿 500 余万元》

111.《安徽 15 个市 PM10 浓度不降反升，环保厅做出这项决定》

112.《公安部大消息！今天起，"绿色车牌"来了！长啥样？怎么领？》

113.《重磅！国务院刚刚发布的这项政策，与你的养老金息息相关！》

114.《租房族的大喜讯！一大批房子即将拔地而起，只租！不卖！》

115.《习近平 APEC 演讲掌声不断，讲到这句时，掌声最热烈！》

116.《不止 2535 亿美元大单！"习特会"还谈成了这些大事》

117.《"习特会"现场视频来了！听听中美两国元首会谈时都说了啥？》

118.《重磅！这些钱，以后不能作为买房首付了！》

119.《60 岁以上必看！养老保险制度明年有调整，关乎你的养老！》

120.《重磅！实施 60 多年的营业税正式废止！》

121.《来了！这些新规 11 月起将实施！第一条就很期待》

122.《@所有人，五部委送出的这些民生大礼包请查收！》

123.《必看！收入、住房、医疗、教育……这些你最关心的问题未来将会怎样？答案都在这里》

124.《划重点！习近平报告，这四个新概念很重要》

125.《习近平总书记给一支文艺队回信，这是支什么队伍？》

126.《定了！十九大后，中央要干这些大事》

127.《刚刚，特朗普结束对中国访问！"习特会"有哪些亮点？》

128.《习总书记定了一个奋斗目标！福利多到爆，13 多亿人一个都不能少！》

129.《北京、深圳之后，上海也出手了……今后买房还是租房？》

130.《主席同志，中国人民解放军驻港部队请您检阅！》

131.《转给爸妈看！国务院定了，老年人以后能享受这 20 项福利》

132.《今天，中国台湾省代表在人民大会堂的一席话获爆赞：三观正！》

133.《新时代！刚刚，习近平给出一个重大判断》

134.《快看！北海舰队首批空中女战勤加入战斗序列！》

135.《信息量极大！十八届中央纪委工作报告全文公开》

136.《干部在岗，群众过节，国庆当天蔡奇陈吉宁去了哪儿？》

137.《这份 7000 多字的中央文件，被冠以"史上首次"之名》

138.《区委书记向蔡奇汇报的"一页纸"，有啥看点？》

139.《公积金提取手续大瘦身！下月起买房、租房怎么提一图看懂……》

140.《安徽省政府办公厅发文要求全省排查这一问题！》

141.《安徽省司法厅原副厅长程瀚被公诉！10 年涉嫌受贿 1800 多万！》

142.《@安徽农民朋友，耕地承包期届满后再延长 30 年！农村土地承包法修正草案已到货，请查收》

143.《安徽今年供给侧改革"成绩单"闪亮！"去降补"做了这些工作……》

144.《对照学习！党章做了哪些修改？这篇文章细致到标点符号》

145.《超燃视频，300 秒速览十九大报告！江西省代表团讨论党的十九大报告，他们说……》

146.《江西一名厅级干部履新　方艳茹任省委讲师团团长》

147.《江西一批领导干部职务变动，有你认识的吗？》

148.《重磅！江西又一地撤县设区！下一个是……》

149.《确保一个不落！养老、疾病、失业……浙江都有兜底政策》

150.《浙江省直公积金牛了！无须带纸质资料、资金当天到账……多项新举措"逆天"了！》

## 第二节　慈善新闻标题

1.《大爱，他一生节俭，过世前捐出毕生积蓄 24.3 万元和房产，用于助学和资助福利中心老人》

标题运用对比手法，当事人"一生节俭"，但是捐出了"毕生积蓄 24.3

万元和房产"形成鲜明对比，将他的大爱进行了具体的诠释，抓住了新闻的亮点。

2.《万企帮万村·光彩凉山行举行》

使用颇具中国风色彩的词语、句式，使整个标题形式优美，给读者留下深刻印象。

3.《泰山学院学子：冬天了我们想为环卫工人煮水饺》

语言亲切平实，情真意切，贴近生活，更易使读者产生共鸣。

4.《小佳豪：我想抬起头来看妈妈》

直接引用新闻人物的原话，人们仿佛听到了孩子内心的呼唤，使标题具有感情色彩，更易引起读者的兴趣和共鸣。

5.《救急难：急救华师学子马永贵》

反复陈述同一词语"急"，借以突出内容，加强语气，表现出情况的紧急。

6.《中国政府向厄瓜多尔政府提供6000万元人民币紧急人道主义物资援助》

运用数据突出主题，"提供6000万元人民币紧急人道主义物资援助"，数值巨大，抓住了新闻内容的核心，吸引读者关注。

7.《全国首家"共享医院"落户杭州》

标题言简意赅，"全国首家"准确把握了新闻的亮点；概括出其最大的特点是"共享"，令读者印象深刻。

8.《92岁老奶奶自掏腰包免费供食，喂饱一座城市的流浪汉》

把两种看似不合常情，而实际上具有联系的内容做成标题，突出了新闻的亮点，可以引发读者的好奇心，激发读者的探究欲。

9.《亿万富豪一分钱也不留给孩子 巨额财产去向何处》

"亿万""一分"两相对比，差异巨大，吸引读者眼球；通过设问引发读者好奇心，同时为引出下文做铺垫，自然顺畅。

10.《王丽坤：做公益让我学会感恩所有》

直接引用新闻人物的原话，亲切质朴，使标题更具感情，更易引起读者的兴趣和共鸣。

11.《加拿大"当代白求恩"来中国慈善义诊》

以借代的修辞手法增加标题的生动性和故事性，让人耳目一新，同时也引起读者的联想。

12.《广西大苗山　308户贫困户迁居新房》

运用数据突出主题，抓住了新闻内容的核心，吸引读者继续阅读。

13.《一座"慈善屋"　温暖特困户》

对偶的句式让标题具有形式美，同时概括了新闻的核心内容，给读者留下深刻印象。

14.《八闽大爱唤"心"声　人间真情慰"心"灵》

对偶的句式让标题具有形式美与意境美，"心"声与"心"灵，相互呼应，"唤""慰"巧用动词，使标题感情饱满，更具表现力。

15.《"13个爸爸妈妈"轮流接送失亲女童》

"13个爸爸妈妈"运用数据点明了该新闻的不同寻常之处，把握住了新闻的亮点，吸引读者眼球。

16.《怒放的"铿锵玫瑰"——记四川省金堂县国家税务局优秀干部陈梅》

运用比喻的修辞手法，将优秀干部陈梅比喻为"铿锵玫瑰"，生动形象，又因为喻体的固有色彩，表达了编写者对新闻人物的肯定与赞扬，给读者留下深刻印象。

17.《16天80余万捐款救治6岁烧伤男孩》

"16天""80余万""6岁"运用数据深化主题，抓住了新闻内容的关键要素。

18.《八旬老教师助学64年捐115万：扎根大山43年》

"64年""115万""43年"，运用数据突出主题，令读者印象深刻。

19.《单腿教师上课19年：装上假肢后将教师之路走下去》

运用数据突出主题，"单腿教师上课19年"，实属不易，令人敬佩，编写者抓住了新闻内容的核心，吸引读者关注。

20.《代课28年月薪从60块涨到800块》

运用数据突出主题，代课28年月薪才从60块涨到800块，通过数据差异形成对比，引发读者的思考，激发读者的探究欲。

21.《海东：将慈善救助工作落到实处》

直接引用新闻人物的原话，富有感染力，更易引起读者的兴趣和共鸣。

22.《深圳慈善定向赛助力青少年茁壮成长》

标题中强调慈善针对的具体诉求，概括和提示了新闻的核心内容，吸引读者注意。

23.《张柏芝做慈善被骗，真想说这家公司你的良心被狗吃了吗？》

主题运用反问的修辞，答案明显，使得编写者立场、观点鲜明；语气强烈，感情色彩浓厚。

24.《重庆市慈善总会预计今年募集款物将达5亿元以上》

"5亿元以上"数额巨大，抓住亮眼数字，运用数据突出主题，吸引读者进一步阅读新闻主体内容。

25.《国际慈善机构报告：印度7.32亿人无厕所可用，系世界之最》

"7.32亿"运用数据突出主题，"世界之最"抓住了新闻内容亮点，吸引读者注意。

26.《假慈善VS真公益，易烊千玺的粉丝团做公益真是满满的正能量！》

"假慈善""真公益"两者对比，反差巨大，启发读者思考，同时，感叹句式的运用，语气强烈，感情色彩浓厚，编写者的观点、立场鲜明。

27.《深圳慈善会和腾讯共同奖励了27家筹款机构，排名第一的是它！》

"排名第一"抓住了新闻内容的亮点，感叹语气渲染气氛，吸引读者注意。

28.《慈利爱心十帮一　慈善会为贫困农家送防寒物品》

标题简洁明了，言简意赅，在标题中突出弱势人群的慈善诉求，人们容易被弱势群体的处境触动，自然会投以更多关注。

29.《做好事就这报应？慈善组织被盗贼光顾陷入瘫痪》

采用一问一答的形式，包含了新闻的核心内容，与众不同，在众多标题中脱颖而出，让人眼前一亮。

30.《杨受成：富不忘慈，慈善是终其一生的事业》

直接引用新闻人物原话，亲切质朴，富有感情，更显真实，更易引起读者的兴趣和共鸣。

## 参考标题

1.《女子开宾馆负债　提供免费食宿撑起爱心驿站》
2.《48 岁乡村医生因病去世　连续 15 年每年匿名捐款 2 万元》
3.《柬埔寨数百人情人节捐血献爱心》
4.《李晨出席联合国环境大会　宣布启动"跑蓝环保公益计划"》
5.《"翰墨情"2016 年京津书画家公益捐助活动举行》
6.《加拿大慈善团体开展针对华裔筹款活动》
7.《周口师范学院"跑出彩，跑出色"为公益助力》
8.《做了近二十年慈善工作的陈海英：捐赠主体越来越平民化》
9.《"医带医路"精准扶贫　医疗专家伊通义诊》
10.《神秘慈善人士 18 年来在宁波累计捐款达 955 万元》
11.《2017 年上海市安利纽崔莱健康慈善慢跑今天开跑》
12.《我国具有公募资格的慈善组织已近 700 家》
13.《李海峰出席"世界公益慈善论坛"第二届论坛开幕式》
14.《宋玲华慈善工作室和慈善公益基金授牌仪式新闻发布会召开》
15.《关爱青少年　唐铭向中华慈善总会捐赠 800 万元善款》
16.《"有你才有家"春晖博爱慈善晚宴在京举行》
17.《摩能国际助力亚洲明星高尔夫慈善赛　绿色呼吸牛蒡茶备受关注》
18.《腾讯基金会捐款 1000 万元，救援九寨沟县地震》
19.《腾讯基金会向中学捐 1500 万共建开放式图书馆》
20.《亚洲明星高尔夫慈善赛　李小双尤勇获团队季军》
21.《让每个困难百姓都过好"年关"——中华慈善总会联合各地启动"慈善情暖万家"活动》
22.《南京溧水启动慈善一日捐　用于元旦春节救助》
23.《法国慈善活动"爱心食堂"开幕　马克龙出席揭幕式》
24.《"中国梦·我的公益梦——寻找最美公益人"》
25.《芝麻公益：运用互联网凝聚力量创造收益分享爱　访芝麻金融高级 PR 经理兼芝麻公益项目负责人景妍》

26.《环保部开展"一张纸献爱心行动"》

27.《小纸张也有大能量——"一张纸献爱心"行动纪实》

28.《江津:开展关爱女性健康大型公益活动》

29.《市慈善总会向白血病患儿发放20万元救助金》

30.《市慈善总会去年募集款物8.32亿 今年将试点精准扶贫》

31.《利群阳光助学金在渝发放 133位贫困生获资助5000元》

32.《重庆慈善总会帮扶18个贫困区县 首期安排650万元资金》

33.《关爱重庆困境儿童 迈高乳业捐赠价值1000万元奶粉》

34.《中华慈善日"文明慈善环保行"》

35.《宁陕县首个慈善老年大学揭牌成立》

36.《渭南市慈善协会用行动让爱心传递十七载温暖85万人》

37.《中华慈善总会心和平爱心基金启动》

38.《中华慈善总会颐达养老爱心基金在北京启动》

39.《第二届"世界公益慈善论坛"在北京举行》

40.《潼南:启动2017年度"慈善双日捐"活动》

41.《NBA传奇球星艾弗森重返中国 传递篮球正能量》

42.《中方向加蓬"中加示范小学"捐赠教学用品》

43.《捐一天收入献一片爱心,南京"慈善一日捐"期待你加入》

44.《上海市公益社会组织带动"环保热"》

45.《"星星点灯"携歌手王晰为山区孩子送去科普课堂》

46.《"'一带一路'·民心相通"中蒙情学生手拉手活动在乌兰巴托正式启动》

47.《蚂蚁森林宣布将投入2亿元用于"一带一路"地区防治荒漠化》

48.《梅赛德斯—奔驰星愿基金世界遗产地可持续生计项目探生态脱贫新路》

49.《"网红县委书记"陈行甲弃官从善:做一个公益领域的探索者比当官发挥的作用更大》

50.《真爱梦想与安踏发布"茁壮成长公益计划"》

51.《中华儿慈会"微笑行动"慈善晚宴落幕》

52.《"温暖 1145 号"》

53.《员工千岛湖连救 4 人　阿里巴巴将第 10 次颁出"感动阿里奖"》

54.《花季少女身染重病养母不离不弃，救她虽然面临 40 多万元治疗费缺口，但养母唐保成仍四处筹借，一个疗程一个疗程硬扛着》

55.《政府上门接单　永嘉"最多跑一次"跑到百姓家门口》

56.《BAZAAR 明星慈善夜 15 周年，慈善联盟温情聚首》

57.《莆田市慈善总会组织爱心企业捐赠医疗设备》

58.《浙江海盐双工联动情暖"三属"》

59.《众人拾柴点旺冬日里的慈善热火》

60.《四川向全省受灾困难群众发送 2000 万元御寒物资》

61.《愿"兰小草"无声的爱在这个时代回响》

62.《让贫困群众共享信息化服务》

63.《惜惜敬老心　浓浓重阳情——陕西铜川市慈善暨扶贫协会向 2000 名贫困老人送保险》

64.《贵州——让唇腭裂孩子的笑容更灿烂》

65.《6 岁男孩掀起"指甲油风暴"》

66.《快餐背后的麦当劳》

67.《从单亲女性到微笑的"地瓜妈妈"》

68.《另眼看伦敦：英国流浪者的华丽转身》

69.《麦考斯基：我们不解决贫困，我们贩卖价值观》

70.《看公益如何搭车世界杯》

71.《曼德拉：将未竟事业交托给慈善》

72.《山西运城启动"慈善情暖万家"活动》

73.《从性感女神到"诚实"商人》

74.《助人为乐播撒爱的种子　坚持不懈传递社会正能量　一个地税干部的情怀》

75.《用爱践行使命的税务"好人"》

76.《倾情服务纳税人——追记长丰县国税局纳税服务科科长陈道玉》

77.《大爱为民　高洁如莲——记福建省福州市鼓楼区国税局局长郭爱莲》

78.《危难时刻显身手　最是本色出情怀——记"中国好税官"崔义胜》

79.《江苏常州福彩传递公益爱心：万元援助困境母女》

80.《林志颖获颁爱心大使　携冰球小子"猎手队"助力公益》

81.《公益慈善信托助力精准扶贫：陕西样本》

82.《中国企业慈善公益500强入围名单出炉》

83.《常德"精准扶贫点燃希望"慈善助学公益活动新闻发布会召开》

84.《做起慈善公益来娱乐圈的大牌明星们竟不如一个未成年的小星？！王源得到国际认可却引得所有人心疼……》

85.《慈善的名义，不容假借》

86.《"隐形资助"实乃真正的慈善大爱》

87.《慈善，贵在沉默》

88.《梦想不止步，温暖更加倍》

89.《传递温暖，用爱奔跑》

90.《六一丨和你谈谈我眼中的公益和山区孩子》

91.《公益的本质，是为了唤醒人的善心》

92.《公益脸蛋儿丨雷闯：用"雷人"的方式呼吁平等》

93.《燕郊白血病人用血之困》

94.《给孕妇让座"橙心行动"唤醒诚心关爱》

95.《对话欧洲王子：公益创投是一种更精妙的慈善方式》

96.《重庆唯一道德模范夫妻卖包子为身故儿子还债》

97.《大学生患白血病　家徒四壁仍计划病愈考研》

98.《慈善已是国际跑赛的DNA，中国公益跑步该如何落地生根》

99.《腾讯发布2015年至2016年企业社会责任报告》

100.《四川资阳23岁小伙打工遇车祸脑死亡，父母捐其器官可救3人》

101.《眼角膜急寻"新主人"　网友接力黄金移植期找到受体》

102.《"这一跳，他们义无反顾"》

103.《北大女生患渐冻症留下遗愿捐献器官》

104.《慈善募捐新生态正在逐步形成》

105.《对话陈一丹丨当下，中国公益进入黄金时代》

106.《贵州大学生国庆假期为村民免费拍摄全家福》

107.《全球慈善界最高奖颁奖，翟美卿女士成为内地首位卡内基慈善奖得主》

108.《"小朋友的画"刷屏，这次公益和以往"大不同"》

109.《壹基金携手中国科技馆发现"孩子的潜力"》

110.《宋玲华慈善工作室和慈善公益基金授牌仪式新闻发布会召开》

111.《恤孤会昨举办慈善拍卖　42件义拍品筹得善款127.9万元》

112.《积极热心慈善　KAI为义卖会捐赠私家珍藏的球鞋和签名CD》

113.《慈善是要坚持才重要　宋仲基慈善新闻韩网获好评》

114.《心系8岁脑瘤男孩　慈善义演筹万元善款为其加油》

115.《英国两女子热衷慈善　将双层巴士改造成流浪者收容所》

116.《中华慈善总会"餐桌上的爱"正式启动》

117.《内地首位卡内基慈善奖得主翟美卿：做慈善人生可以更有意义》

118.《天使妈妈助"一带一路"慈善公益希腊落地开花》

119.《爱与音乐同行　乐斯少儿多元文化艺术慈善盛典隆重召开》

120.《2017年度大本钟奖慈善公益颁奖典礼伦敦闭幕》

121.《低调行善　小北慈善基金会持续捐助婆孙两年多》

122.《慈善篮球赛》

123.《思源生态公益慈善基金启动　关爱留守儿童和老人》

124.《公益慈善加全民健身　千人参与深圳慈善定向赛》

125.《2017年健康慈善跑举行　5000跑友"体验最美路线"》

126.《湛江雷州爱心慈善会捐赠身残志坚女强人钟号代步车》

127.《郎朗用实际行动做慈善　国内基金会即将成立》

128.《芝加哥公牛队携手中企举办慈善晚餐活动》

129.《2017年中国慈善马拉松赛开跑，逾万人奔跑在周口》

130.《交口县：扶贫济困暖人心　慈善助老显真情》

131.《威少妻子发布夫妻二人参加慈善活动的照片》

132.《秀峰慈善会寒冬送暖　认养家扶100份"幸福礼物"》

133.《贵州省慈善总会第三届会员代表大会在贵阳举行》

134.《"美丽童行"公益行动用慈善点亮爱》

135.《保障健康慈善跑　浦东51路明天上午临时改道》

136.《"红人慈善夜"创新公益活动在京举行》

137.《加拿大胡子大叔化身美人鱼　为慈善募款拍性感日历画风妖娆》

138.《古天乐：一个低调的慈善艺人》

139.《为了孩子的明天　重庆爱心市民送书给山区儿童》

140.《市慈善总会去年支出善款超2亿元　看看用到哪儿了》

## 第三节　气象新闻标题

1.《"小笼包"开蒸》

标题短短五个字，运用了比喻和夸张两种修辞手法，将高温天气比作蒸笼，而在这高温天气下的人们就是一个个小笼包。当然，实际温度肯定高不过蒸笼里的温度，但这里运用夸张的修辞手法，将高温天气用一种诙谐幽默的方式表达出来，形象且生动，令人捧腹。

2.《等快递的日子先防寒》

语言生动活泼，风趣调侃，贴近生活，拉近了与读者的距离，既亲切又新鲜。

3.《风力渐小　外出撒欢》

巧用动词增加新闻标题灵动性，"撒欢"使标题生动而不呆板，采用口语化的表述，贴近生活，使读者既有亲切感又有新鲜感。

4.《坚持住！雨来了！》

"坚持住！雨来了！"，短短六个字，用了两个感叹号，可见语气之强烈、感情之充沛。那几天北京连续烈日当头，市民极其渴望雨水。这个标题不仅表达出市民对雨水的渴望，而且像是一位好友，给正在高温炙烤下苦苦等雨的读者加油助威，并告诉他们一个好消息——雨水即将来临。

5.《昨日立冬今日寒》

遣词造句具有古风韵味，使新闻标题具有文化底蕴，富有文采。

6.《晴空相伴赏红叶去》

标题运用文学语言与形式，既显得生动，又十分明确，以文采吸引读者。

7.《夏天余额不足》

"夏天余额不足"，引用网络热词，语言生动活泼，富有趣味，摆脱标题枯燥单调的一般形式。

8.《白天阳光任性　夜晚雨水偷袭》

运用拟人的修辞，"任性""偷袭"动词的使用赋予了新闻标题一种动感，使标题更加生动形象，也更吸引读者。

9.《红霞京艳》

利用谐音，"京艳"与"惊艳"一语双关，使标题具有趣味与生动性，增加吸引力，言简意赅，富有文采。

10.《早晚温差十几度，穿啥衣服好纠结哦　未来两天南京无降雨，空气干燥请多补水》

"穿啥衣服好纠结哦"，口语化的表述，拉近了与读者的距离，巧用数据，通过早晚温差对比突出主题。

11.《未来几天"小晴歌"单曲循环　但受冷空气影响最低气温接近冰点》

把当下最流行的歌曲《小晴歌》巧妙套用到标题中，"单曲循环"使静态的新闻报道富有动感，突破标题一般形式，令读者感到既熟悉又亲切。

12.《今天迎"小雪"节气，南京入冬"进度条"已完成60%　今天有弱冷空气来"探营"，周末还有较强冷空气扑来》

"进度条""探营"的运用，使语言生动形象，富有意趣，巧用动词，增强标题灵动性；"已完成60%"运用数据突出主题，给读者留下深刻印象。

13.《下半年首个大范围寒潮明天"到货"　17—19日全省气温下降10℃，部分地区或将"入冬"》

"到货"语言生动活泼，新鲜有趣，"17—19日全省气温下降10℃"，运用数据突出主题，概括并提示新闻的核心内容，给读者留下深刻印象。

14.《周末别再"任性"，不穿棉衣会"冻哭"，明起有雨气温微升，"寒潮"级别的冷空气后天杀到江苏》

"冻哭""任性"语言生动活泼,具有幽默感,摆脱标题枯燥单调的一般形式,既有亲切感又有新鲜感。

15.《昨天热?今儿更热》

标题中运用一个问号,准确表达出北京前一天很热、第二天更热的天气状况。而且,整个标题看起来就像是市民对这高温天气的无力吐槽,让读者感受到新闻始终和自己站在同一"阵脚",无论从地域上还是从心理感受上,都增加了新闻的接近性。

16.《这个周末又要"泡"在雨里了》

语言生动形象,具有新意,"泡"字的使用生动传神,使标题富有动感,令读者印象深刻。

17.《小雨降 天阴冷》

标题运用文学语言与形式,既让标题具有文采与生动性,又让标题明确,直接点明新闻内容。

18.《天气虽晴好,冷空气仍来"打酱油" 今晨淮北地区最低零下3℃,周末会有阴雨天气》

把当下流行语"打酱油"运用到标题中,贴近生活,接地气,容易引发读者的共鸣,"最低零下3℃",运用数据突出主题,概括并提示新闻的核心内容,吸引读者注意。

19.《明天下雨!后天下雨!下周还下雨!别把"海马"不当马,这个台风发起脾气来不得了,害得沿江苏南明天有大到暴雨》

感情层层递进,意义逐步加深,感情饱满浓烈,"别把'海马'不当马","这个台风发起脾气来不得了",语言富有幽默感,使用接近读者的口语化表达,令标题更契合大众生活,吸引读者眼球。

20.《今天雨雨雨 明天白露别贪凉》

"雨"字重复使用,起到强调、突出的作用。

21.《阳光露脸气温小幅回升 好天气持续到28日》

运用拟人手法,生动形象,富有意趣,令人印象深刻。

22.《多云伴假日》

运用文学语言,既让标题富有文采,又简洁明了,直接点明新闻内容。

23.《早晚多添衣》

语言亲切质朴，言简意赅，贴近生活，体现出对读者的关心。

24.《春日渐行渐远》

标题运用文学语言，形象生动，直接点明新闻内容。

25.《弱降水 难解渴》

运用文学语言与对仗形式，生动有趣，言简意赅。

26.《零下5℃！鸡年首雪后南京要冻3天 好在这张"交警当人力座椅图"挺温暖》

感叹句式的使用让标题蕴含的感情更饱满、更浓烈，更易引起读者的共鸣，运用数据突出主题，概括并提示新闻的核心内容，给读者留下深刻印象。

27.《大风起兮沙飞扬》

主题仿拟《大风歌》里面的一句歌词"大风起兮云飞扬"，因为当天北京风沙严重，编写者巧妙地将诗词里的"云"改为"沙"，精确而又贴切，在描述大气运动现象的同时，让读者感受到强烈动感与画面感。

28.《冷空气全线阵亡！25℃和雨水一起光临，连晴终结》

"冷空气全线阵亡！"，运用拟人修辞手法，生动形象，使标题具有一种动感；感叹句式的使用让标题蕴含的感情更饱满、更浓烈、更易引起读者的共鸣；运用数据突出主题，概括并提示新闻的核心内容。

29.《料峭雨寒春不知》

在标题中熟练而巧妙地引用古典诗词，不仅体现出编写者的文化素养，而且在传达天气信息的同时表达出某种意境，给读者留下深刻印象。

30.《冷冷冷！下半年以来最强冷空气将袭来》

"冷"字重复使用，起到强调突出的作用，感叹句式的使用渲染气氛，语气强烈，令人印象深刻。

31.《乍暖还寒需保暖》

"乍暖还寒"出自李清照词《声声慢》，形容冬末春初，天气忽冷忽热，气温不定，标题巧用名句，一来可以让读者直接了解标题的含义，其中意思自然明了，不需要再解释；二来赋予标题人文色彩，让标题不仅具有新闻性，同时具有文学性与欣赏性。

32.《冻哭你！最低气温6℃，浙江一夜入冬！秋裤封印已经大面积解除，今天起请穿秋裤！》

运用夸张的修辞，感叹句式增强标题感染力，引用网络语言，拉近与读者的距离，更易引起读者共鸣，运用数据突出主题。语言亲切，传送关怀，给读者留下深刻印象。

33.《what！雨水和降温又来了！福建将开启"湿冷"模式！未来一周天气是……》

"what"是大家耳熟能详的网络用语，在标题中直接引用或化用，增加趣味性，既亲切又新鲜。

34.《雨添凉意　早晚添衣》

标题除了向读者传达出伴随着降雨天气气温会有所下降，且昼夜温差大的天气状况外，还提醒广大读者早晚要注意添衣保暖，语气温和亲切，能让读者感受到关怀和温暖。

35.《晴天有暖意　别急脱寒衣》

前半句以"意"结尾，后半句用"衣"结束，"意"和"衣"读音相近，且前者是四声调，即去声，为仄。后者是一声调，即阴平，为平，遵循中国传统对联中"上联收于仄声，下联收于平声"的规则，读起来朗朗上口。

### 参考标题

1.《跌破10℃！广东人都穿上秋裤了，不过短袖先别收……》

2.《干燥！拉萨空气相对湿度最低3%》

3.《24号台风"海葵"昨夜生成！冷空气今晚发货广东，大到暴雨下周包邮》

4.《-40.7℃！大兴安岭今冬首次迎极寒　强冷空气再来袭局地降温16℃！》

5.《台风卡努已升级为强台风！广东一夜入秋局部跌破19℃，长袖外套快翻出来！》

6.《"孪生"冷空气正在派发浙江……雨水降温大风一个都不少》

7.《注意,广东气温即将"崩盘"!下半年最强冷空气来袭!》

8.《"秋老虎"再见!江西真的要降温啦!最低16℃!》

9.《-30℃!内蒙古海拉尔市民严寒中训练爱犬》

10.《"破五"有晴空》

11.《晴冷继续》

12.《守得云开见日出》

13.《霾,望风而逃》

14.《预计今起4天重污染 京津冀橙色预警》

15.《一枝春雪冻梅花》

16.《"晴歌"继续唱》

17.《北风送清新》

18.《小雨零星 早晨有雾》

19.《阳光重新上岗》

20.《小雨也来串门》

21.《添了秋凉 美了时光》

22.《世间清景是微凉》

23.《热"晴"暴晒 周六高达35℃》

24.《今儿闷热 明晚小雨"退烧"》

25.《黄沙"绝尘去" 京城渐入夏》

26.《断崖降温 寒潮预警》

27.《第三轮入春冲刺今天启动》

28.《昨日这场雨,挟裹着典型"黄梅味"》

29.《降水趋止 降温继续》

30.《强冷空气周末来袭 广州最低温或达13℃》

31.《冷涡暴雨降临华北 气象专家详解成因》

32.《今日游玩别去山区》

33.《今日主题:紫外线》

34.《今日成都还要小心雾扰》

35.《冷空气可能比"双11"的快递先到!本周有两波来等你"签收"》

17 日较强冷空气南下，江苏多地将初尝冬天滋味》

36.《九月开场：暑渐消，风微凉南京今天最低气温只有 20℃》

37.《冷空气赠送的清凉礼包余额不足　南京明天气温重回 3 字头，未来一周我省大部仍多阴雨天气》

38.《今天"蒸笼模式"，明天有雷阵雨，周六大风大雨又来"兴风作浪"，周日雨止天气凉爽》

39.《"雨水君"来拜访，出门别忘带把伞　淮河以南今明有雷阵雨，苏南高温缓解，苏北依旧热情似火》

40.《天气太好，也有烦恼，气温一路升升升，南京却要"飘雪"了　晴暖天气风力不强，飞絮易爆发，请注意防护》

41.《今日春分，寒意未消难入春　未来一周江苏在多云和雨水间切换》

42.《"暴雪线"止步于苏北，今雨雪渐止　今天仍有大风体感"湿冷"，明起再迎来晴好天气》

43.《春节长假两股冷空气来"拜年"　初二全省有雨雪，返程路上还有一波》

44.《元旦晴暖如"小阳春"但全省会出现中到重度霾》

45.《我省本月第三次启动重污染天气蓝色预警　为何一进 12 月，雾霾如此频繁？外部输送＋本地累积让多市陷"霾伏"》

46.《早来的初雪，让南京"一夜白头"　昨天全省大雪狂舞，今早淮北地区最低 –5℃，南京最低 –3℃》

47.《明早全省气温将跌至"个位数"，两股冷空气先后带来大风降温，今天南京最高气温只有 13℃》

48.《本周雷阵雨出没　高温乏力体感闷热》

49.《北风依旧温柔许多》

50.《户外走起》

51.《夏天在路上》

52.《气温不打烊》

53.《风继续吹》

54.《宜出行　勤补水》

55.《忒热了》

56.《热力无限》

57.《"热情"高涨到顶点》

58.《久旱逢甘霖》

59.《气温再奔三》

60.《气温重回 30℃阵营》

61.《气温蹿升　雷雨偶来》

62.《北风温柔　天蓝似水》

63.《气温又升　补水润燥》

64.《气温即将"跌"回冬季》

65.《疑是寒冬来》

66.《气温慢悠悠地升》

67.《蓝天褪色　污染来袭》

68.《冷空气又要来了！这一轮两天内到达南海》

69.《全国多地气温"跳崖式"下跌　你所在城市现在多少度？》

70.《台风"天鸽"入境　云南强度削弱　云南仍有较强降雨》

71.《强冷空气横扫长三角　气温"大跳水"开启入秋进程》

72.《又一波冷空气来袭　明天起又要下雨大降温》

73.《降水、降温和大风　江西 11 月在寒风冷雨中"终结"》

74.《冷空气发威　山西大同降温超 10℃　晋城等多地或迎初雪》

75.《南宁暂别阴雨天气　蓝天白云再"露脸"》

76.《北京雨后现双彩虹　美图刷屏朋友圈》

77.《北风连刮三天气温不断下跌　津城"冻感"十足》

78.《新一轮冷空气来袭！这些地方需做好抗寒准备》

79.《气温重攀 20℃ +　"变天"开启倒计时》

80.《回暖戛然而止　明（29 日）冷空气来袭》

81.《晴好倒计时　洗晒要抓紧》

82.《煦阳当空照　秋日暖如"春"》

83.《双休登场　阳光收敛》

84.《守得云开见"日"明　早晚温低需保暖》

85.《"小雪"无雪　阳光总在风雨后》

86.《冷空气跑得有多快？》

87.《未来三天阴雨"抢镜"》

88.《发射8枚火箭弹"请雨神"　玉环昨日普降大到暴雨》

89.《"立冬"雨相随　气温总相宜》

90.《碧云天　黄叶地　秋意浓》

91.《天气开启复制粘贴模式》

92.《你要的秋高气爽还有多久才来？》

93.《一半是"秋天"一半是"夏天"》

94.《雨雪小江南　"五花山"又添"一色"》

95.《冷雨霏霏　气温跳水》

96.《谁能烘干这潮湿天气？答案是……》

97.《大数据告诉你：浙江哪里最招台风？》

98.《天高云淡，"晴"意无限》

99.《雨水"牵手"处暑，再见夏天》

100.《身在"伏"中不知"伏"》

101.《全国秋裤预警地图出炉　你要不要来一条？》

102.《"高温君"高调回归，大安重启高温模式》

103.《有一种幸福叫"大暑天不暑"》

104.《周末中东部被"速冻"　苏皖等将有初霜冻》

105.《最北不一定最冷　根河与漠河的"中国冷极"之争》

106.《内蒙古迎强降温　一夜入冬不是梦》

107.《庆阳浓雾笼罩　城市若隐若现》

108.《济南"秋老虎"热情依旧　最高温保持30℃左右》

109.《敦煌进入持续高温"烧炕模式"》

110.《是雾是霾还是雨？详解济南近日"朦胧"之"谜"》

111.《"桑拿天"很难熬　莱芜本周两场雷雨"消炎"》

112.《范围广＋短时降水强：这一轮六月的水，影响近80小时》

113.《秋裤之魂觉醒！低温+大风+霜冻！安徽人今天出门将被冻哭！》

114.《安徽今起大降温！直降9℃+7级大风！冷到你想哭……》

115.《再熬3天，太阳公公就要上岗啦！》

116.《今晨北京有降雪！气象局和网友"吵"起来了……》

117.《注意！雾霾驾到》

118.《近期多雨，伞常伴》

119.《"天鸽"袭广东！这次台风到底多猛？隔着手机都能感受到它的威力……》

120.《"断崖式"降温！降雨、降雪、大风，三件套打包来袭！这些地区需注意——》

121.《热！热！热！小伙伴你家热成啥颜色了？》

122.《特大暴雨、极大狂风、强烈雷电？别信！且听气象局专家权威解释》

123.《气象局首次发布全国"秋裤预警地图"！今天，你穿了吗？》

124.《注意！强降雨、局地暴雨真的来了！地质灾害黄色预警！外面这雨哗哗的，注意安全啊》

125.《明起北京进入"雷雨周"！出门伞不离身，遇冰雹这样做》

126.《@安徽小伙伴  冷空气已打包寄出，预计17日清晨送到，最低温度将跌破0℃！》

127.《大风+降温！冷空气明天来搞事，还有短时中度到重度污染》

128.《赶紧回家穿秋裤！下半年最强冷空气来袭，大风、雨雪都在路上了》

129.《"卡努"来了！"秋台风"就像秋天的蚊子会更威猛》

130.《注意！"天鸽"刚走，14号台风要来了！这次又是直扑广东？！》

131.《台风"玛娃"来袭！这娃把各地气象局搞"疯"了……》

132.《气温变变变！冷空气继续影响北方地区  南方地区降雨减弱》

133.《今天，你被冻住了吗？》

134.《降温重心南移  身处南方的你感受到寒冷了吗？》

135.《台风"卡努"登陆广东后"兰恩"又来了……》

136.《冷空气在南方继续作祟　江南华南局地降温超过10℃？！》

137.《降温！雨雪！冷空气携雨雪强势入侵，局地降温达12℃》

138.《冷空气开启入秋进程　这下你妈不用喊你穿秋裤你自己也会穿了！》

139.《冷空气放大招！你可以着手倒腾秋装了！》

140.《台风玩个"1314"，降雨也来搅局，浪漫七夕难道要在雨中过？》

141.《台风帕卡原来是条"鱼"？它会掀起多大的风浪？》

142.《一只"鸽子"的威力有多强？不到一天连"飞"两级　"天鸽"成今年以来登陆我国最强台风》

143.《行走的空调"纳沙"来了！终于，中东部大范围高温将退烧》

144.《天哪！高温预警连续第11天打卡！未来10天，大范围高温仍将主宰我国》

145.《温度回落就要凉快了？ NO，高温将继续对你放大招！》

146.《高温天气并非我国"一枝独秀"，全球多地开启烧烤模式》

147.《"热门"消息！全国高温天气还将持续10天，然而火焰山地温已达88℃》

148.《强降雨＋高温＝2017年下半年开始了》

149.《暴雨点名苏皖湘，强对流暴雨预警持续双发》

150.《人间三月天　莫负好春光》

## 第四节　娱乐新闻标题

1.《曾因罹患脑垂体瘤淡出歌坛，以一曲〈爱死了昨天〉复出红遍大江南北，如今登上"蒙面唱将"的舞台——"我是李慧珍，我回来唱歌了。"》

标题概括并提示新闻核心，读者对主要内容一目了然；引用新闻人物原话，更显真情实感、新闻真实性强，吸引读者注意。

2.《靳东、王凯回归"自由身"早有预兆？》

标题通过设问的方式，一方面引起读者的好奇心，吸引读者进一步阅读新闻；另一方面引出主要内容，自然而然。

3.《千人里选出5个萌娃搭档罗志祥》

千人选五的数据对比，可见难度之大，5个萌娃能获得机会与罗志祥搭档实属不易。抓住亮眼数字，突出新闻主题，给读者留下深刻印象。

4.《乔杉：曾经兜里只剩100块，还请客呢》

引用新闻人物的原话，增强标题感情色彩，更易引起读者的兴趣和共鸣。

5.《俞灏明〈那年花开〉是转折点 我靠本事说话》

直接引用新闻人物的原话，并借用其影视剧作品的影响力，吸引读者的兴趣与关注。

6.《蒋欣版"顾曼桢"赵丽颖版"依萍"你还满意吗？》

标题巧设问句，引发读者进一步阅读新闻的兴趣。

7.《加里·奥德曼扮演的丘吉尔几乎以假乱真，神了！》

感叹句式的使用让标题蕴含的感情更具感染力，令读者印象深刻。

8.《暗含玄机！蒋欣晒素颜自拍被镜片倒映美食抢镜》

使用感叹句吸引读者眼球，吊起读者胃口。

9.《赵丽颖：宇文玥冷燕洵热，中和才最好》

直接引用新闻人物的原话，使标题具有亲和力，更易引起读者的兴趣和共鸣。

10.《看！这是周迅版如懿》

感叹句式的使用让标题蕴含的感情更强烈，给人以视觉冲击。

11.《好面子！贾静雯曝咘咘跌倒也不哭只会小声"啊"》

将采访对象所说的关键句、重要信息摘引出来放到标题中，吸引读者注意。

12.《全球模特收入排行第八！刘雯成唯一亚洲代表》

"排行第八""唯一亚洲代表"，更加凸显了新闻价值，令人印象深刻。

13.《感觉萌萌哒！35岁王丽坤戴猫耳发卡少女感十足》

使用新词热语，贴近读者；运用数字突出主题，通过比较形成反差，吸引读者关注。

14.《她曾是"亚洲第一美",如今想做"打女"》

对新闻人物设置悬念,"亚洲第一美""打女"形成鲜明对比,引发读者阅读的欲望。

15.《孙俪超节俭!一块布料闲置多年未扔　给小花做成睡衣》

"孙俪超节俭!"语气强烈,富有感染力,更易吸引读者眼球。

16.《啥情况?何洁竟手举价牌天桥下卖唱　五块一首十块三首》

采用一问一答的形式,突出新闻的核心内容,打破了千篇一律的标题形式,具有新意。

17.《李小鹏携妻女出镜　网友:弟弟只有一只耳吗?》

提出疑问,引发读者好奇心,吸引读者继续阅读新闻。

18.《回忆杀!明道王少伟领衔183club合体　亲密搂肩自拍》

感叹句式及网络词汇的运用,给受众带来视觉冲击,凸显了新闻价值,语气强烈,有感染力,更易引起读者的共鸣。

19.《马景涛昔日情史被扒　曾最爱的女人如今53岁仍单身》

运用数字突出新闻亮点,吸引读者注意。

20.《64岁的身体里住着一个20岁的少女,谁不想像张艾嘉这样活够本》

"64岁的身体里住着一个20岁的少女",运用数据对比突出新闻人物特点;运用反问的修辞手法,表达出编写者的赞赏之情。

21.《迎合观众口味的〈雷神3〉口碑真值这么高?》

巧设问句,引发读者思考,吸引读者进一步阅读新闻。

22.《朴叙俊是否会和女性朋友变女朋友?他这样说》

标题通过提问的方式,设置悬念一方面引起读者的好奇心,另一方面引出主要内容。

23.《小花妹妹正面照首次曝光秒变表情包,邓超"家暴"日常惨遭起底》

"家暴"在这里是反语,标题以一种诙谐幽默的方式将两人的互动表达出来,形象生动,令人捧腹。

24.《夜华素素重逢　结果他们……》

以"夜华""素素"来借代曾饰演过该角色的演员,让人耳目一新,增加了标题的生动性,同时引起读者的联想。

25.《有演技却火不了！李沁为何错过小龙女、陆雪琪两个女一角色？》

符号是一种无声的语言，是情感表达的载体。标题中感叹号与问号的使用渲染气氛，具有感染力。同时，标题巧设问句，引发读者的思考，吸引读者进一步阅读新闻主体。

26.《娱乐圈最铁闺密！相亲相爱22年的她们是怎样过成一家人的？》

运用数字突出主题，"相亲相爱22年"实属不易，编写者巧设问句，引发读者好奇，吸引读者进一步阅读新闻。

27.《潘粤明脑洞大开：高糊朝服图像不像付款二维码？》

标题使用网络流行用语，拉近与读者距离，巧设问句，引发读者联想。

28.《李宇春为〈流行〉打CALL》

"打CALL"是网络语言，贴近读者，同时利用明星光环，吸引读者关注。

29.《张敏深夜表白周慧敏？〈偶像来了〉秒上热搜？你到底错过了啥》

标题通过连续追问，引发读者强烈的好奇心。

30.《周星驰白发苍苍为何不染头？知道原因后大家纷纷心疼朱茵！》

通过提问的方式，一方面强化主题；另一方面引起读者的好奇心。

### 参考标题

1.《啥？女艺人要结婚，被粉丝告了？？？》

2.《从井柏然到陈晓，越来越多男星玩长发雅痞范，你站谁？》

3.《古天乐从白古到黑古究竟经历了什么？他是烂片之王？他穷到用一部1200元的滑盖手机？……》

4.《〈演员的诞生〉迎来〈我爱我家〉重聚》

5.《爱奇艺西昌执行"吴亦凡非凡计划"》

6.《他是绿巨人，他曾试镜800场全被拒》

7.《〈解忧杂货店〉山田凉介放下偶像包袱》

8.《综艺节目里的"幸运"素人怎么选出？》

9.《直白！林宥嘉曝在努力造人还说有力气就要做爸爸》

10.《陈奕迅：我也曾在夜里望月光》

11.《蒋雯丽为了父亲接演〈花儿与远方〉》

12.《"琉森"又来了,新掌门夏伊执棒》

13.《汤姆·佩蒂去世,伤人心合唱团失了魂》

14.《假期荧屏看什么?周杰伦劝大家"多吃"》

15.《汤唯、张柏芝等电影咖"回流"电视荧屏》

16.《"非典型"周笔畅"任性"改黄伟文歌词》

17.《王力宏与机器人恋爱,邀李开复客串》

18.《伍迪·哈里森他爸爸是杀手,他靠演警察拿奖》

19.《〈中国有嘻哈〉诞生双冠军:一切是天意》

20.《吴尊颜值是把双刃剑,我就是个"上班族"》

21.《"玩票"跨界不如回归专业》

22.《挖掘鹿子霖的可爱之处》

23.《"小城"大丰收　收获金棕榈》

24.《"分心"的男一号想做得更好》

25.《奥斯卡,小本归去来兮》

26.《"金扫帚"终于有人敢领了》

27.《众"型男"玩攀石反击战》

28.《余文乐:我比你帅不止这么点!张晋:我比你能打辣……么多!》

29.《2017年影帝首度同框　变身两位探长》

30.《加油,你是最胖的》

31.《刘畊宏老婆晒一家人合照　一个细节却招来吐槽》

32.《这就是嫁给爱情的样子》

33.《一眨眼她11岁,她12岁能陪妈妈走红毯了》

34.《"石头姐"又恋爱了》

35.《"他是我心里最柔软的地方"》

36.《周迅生日,陈坤准点道贺》

37.《"霸屏"蒋欣不怕被定型》

38.《〈九州·海上牧云记〉开播　女主角徐璐:我还不够沉得住,有时会接不住前辈的招儿》

39.《"宝贝"遇上了"虎爷"和"猫爷"》

40.《在〈宝贝的新朋友〉里变身温柔爷爷　谢贤说起亲孙子湿了眼眶》

41.《林永健：不油腻，没危机》

42.《这么深情寡言的陈奕迅，你见过吗？》

43.《今年的中华小姐一水儿都是90后》

44.《11月"暴雪将至"　影帝段奕宏"引爆"大荧幕》

45.《维密秀首到中国　昨日上海开秀　张靓颖"救火"担任表演嘉宾》

46.《刘畊宏曝小泡芙被周杰伦认证"团宠"》

47.《担心自己孕傻？谢娜挺孕肚公开亮相却对何炅说……》

48.《81岁谢贤发飙怒踢7岁小孩，网友却说揍得好》

49.《何炅竟然戴耳环？这些明星的神错位你能笑到明年！》

50.《我有一个假爸爸！黑人陈建州看整蛊儿子视频哈哈大笑》

51.《6岁就登春晚的他因劳累去世，如今妹妹又被当摇钱树》

52.《奚梦瑶维密摔跤不是唯一，以前也有超模掉鞋崴脚》

53.《Jasper喊饿陈小春嫌他太懒　应采儿喊话：跟你一样》

54.《谢楠曝儿子只给自己打4分　原因竟让吴京意外躺枪》

55.《嗯哼双眼皮全靠揉，才4岁就用近千元的眼霜》

56.《谁说明星都奢侈？孙俪一双袜子穿了20年》

57.《比爸妈朋友圈更凶残的，是他们的装修品位……》

58.《"海王"不理会差评：二刷后我觉得更好看了》

59.《42岁刘恺威全黑look　潮范十足少年力不输小鲜肉》

60.《林心如新戏中被扇巴掌女星：我后面戏份还有吗？》

61.《刘畊宏罕见凶小泡芙　转头走人哭也没用》

62.《王源17岁幻想：游遍全球各地　尝试翱翔蓝天》

63.《赛琳娜复合比伯后　"前闺密"贝拉主动示好》

64.《黄晓明户外锻炼上肢力量：岁数再大点就去拍大树》

65.《孙燕姿自曝童年齐刘海烛照　粉丝：刚演完蚌壳精？》

66.《"关关"乔欣生日杨紫送祝福：我会一直陪着你》

67.《嘻哈演唱会首用黑科技　GAI舞台分身"伸手触天"》

68.《兄弟为狗争宠！〈三个院子〉林更新"狗缘"满分》

69.《那英深夜录歌照曝光　生日当天发布"一眼千年"》

70.《炎亚纶被问地震原因幽默回应：跟你太肥跌倒有关》

71.《刘亦菲变粉嫩"小狐妖"　霸气走秀又攻又萌》

72.《〈宝贝的新朋友〉即将来袭！谢贤刘丹带孙上节目？》

73.《甄子丹台前幕后呕心沥血获赞　再创里程碑式角色》

74.《华谊兄弟电影世界聚焦95后　寻找明星脸》

75.《朱茵新电影〈二次初恋〉　插曲〈解忧杂货店〉成点睛之笔》

76.《综艺圈粉三宝：晒萌娃秀团宠斗嘴秀恩爱拼演技》

77.《看到郝蕾、辛芷蕾的演技　观众的记忆被唤醒》

78.《80后冠军"对决"90后佳丽》

79.《林宥嘉走红毯被冻成一米三　实力诠释北京有多冷》

80.《为何嫁汪峰？芭莎夜为何脱衣服？章子怡全回应了》

81.《大跌眼镜！盘点娱乐圈中最穷的五位明星》

82.《和男票约会，闺密逛街怎么穿？何穗初春5个造型方法全被偷来了！》

83.《黄晓明睡相曝光　天哪！竟和baby一模一样》

84.《金贤重酒驾绿灯前昏睡，23辆车经过没醒》

85.《胡三岁！唐嫣自曝曾被胡歌苦苦骗了两年》

86.《"爷孙恋"男主否认女方怀孕：大姨妈刚走两天》

87.《听！老公在唱歌　王思聪KTV与美女飙歌唱功遭喷》

88.《话题女星复出参加歌唱节目，唱得太烂连累后期连夜修音！》

89.《王凯语音聊天曝光！叶璇换新男友了？今天跟别的男人牵手出去玩了！》

90.《普天同庆！萧敬腾30岁生日全国大范围降雨》

91.《这些路人因为长得好看成为明星，最后一位堪称是人生赢家》

92.《〈我，堂吉诃德〉销售火爆　观众："翻译优秀不尴尬"》

93.《复旦川大校草颜值PK　快男校草到底哪个更帅？》

94.《袁泉素颜架黑超气质好到爆表　舒适穿搭充满高级感》

95.《继携程后北京幼儿园再曝虐童事件　章子怡愤怒发声》

96.《行走的少女心收割机　张博涵时尚街拍来啦》

97.《苍井优：你才不是一个没有故事的女同学……》

98.《讲真，维密真该好好感谢奚梦瑶摔一跤》

99.《嘻哈火了，他们从吃黄焖鸡到坐私人飞机》

100.《小鲜肉雇水军互黑　一夜刷掉几十万》

101.《当初林心如公开与霍建华恋情竟为了撮合他们俩？真相闪了腰！》

102.《加油站撞上 90 万豪车，没想到车主竟是吴京，钱都不用赔了！》

103.《影坛一姐！曾插手宋慧乔的恋情，撞脸张根硕，现远嫁韩国成这样！》

104.《45 岁宁静穿成这样尴尬全场，网友：都掉地上了！看了心都不宁静》

105.《感冒撤光所有宣传活动有内幕！孙燕姿被传怀二胎》

106.《她终于红了，喜闻乐见》

107.《你们说，冯小刚如果去跳广场舞，会不会跟年轻人抢篮球场？》

108.《张艺兴缺席 EXO 回归又被说要解约了，但他到底解不解约？》

109.《三生三世，十里笑话》

110.《〈请回答 1988〉最大彩蛋！德善和狗焕在现实中相爱了》

111.《搞事情！芭莎慈善夜所有未修图的明星照片，都在这里了！》

112.《颤抖吧人类！王俊凯的生日应援出动了热气球、无人机和人造卫星……》

113.《〈王子变青蛙〉〈爱情魔发师〉，羞耻又魔性的童年回忆神剧，背后还有故事……》

114.《冷门港剧美女：她们没有大红过，但你一定认得出》

115.《超温柔的 Jasper 和人形弹幕机应采儿，是如何改造陈小春的？》

116.《洗完脸就出镜的女明星，谁的颜值能经得住考验呢？》

117.《这不光是嫁给爱情的样子，还是美貌、财富、贤惠……所有指标都强强联合啊！》

118.《萧亚轩新男友的颜值请感受一下，我还为你们整理了萧亚轩恋

爱秘籍》

119.《有钱了有钱了！〈中国有嘻哈〉结束后 rapper 们的生活》

120.《古天乐郭采洁恋情疑曝光？汪峰的头条又没了》

121.《郑爽一天四次热搜，都是为了它》

122.《神错位！何炅戴耳环穿裙子长细腿，白敬亭围观携秋裤再上热搜》

123.《换长发竟撞脸半个娱乐圈，王子文尬卖"老公"人设》

124.《做天王女人七年，最终却落得只是双不合脚的鞋？》

125.《这些明星和父母简直是 Ctrl C+Ctrl V 出来的，真不能更像了》

126.《不敢相信！这两个丑男"整容"后的颜值，轰动了整个娱乐圈》

127.《妥了！王俊凯 438 分北电无忧，至少不像周冬雨当年那样尴尬》

128.《6 岁出道，扮演最美哪吒，隐身 10 年重回娱乐圈的宋祖儿变化很大》

129.《孙艺洲多年隐瞒女儿还是曝光了！原来你是这样的"吕子乔"》

130.《厉害了我的姐！跟叶一茜谢娜学用什么拴住老公田亮张杰？》

131.《王诗龄一月生活费 15 万，林心如女儿身价 4 亿，富豪与土豪区别太大》

132.《林丽莹拯救了银河系才可以嫁给吴尊？吴尊：那我拯救了整个宇宙……》

133.《熊黛林曝三个月身孕晒幸福："谢郭富城当年不娶之恩。"》

134.《王思聪公开表白赵丽颖，林更新：宝宝心里苦！》

135.《周杰伦演唱会被取消怪罪足协？网友："体育场不是踢球用的，是拿来开演唱会的"》

136.《同为成龙的孩子，一个养尊处优开豪车，一个穿破洞衫牵手 30 岁女友》

137.《明星聘礼多少钱？李嘉诚给 1 个亿，黄晓明给 3000 万，我只服郭富城！》

138.《双宋婚礼为什么会邀请她？曾经为了实力怼回李安，章子怡忍了 6 年……》

139.《百万富翁裸骑、身上绑满6个塑料袋,火遍全世界后,他却发现……》

140.《刚帮丈夫还清4个亿,又赔6000万,再强大的刘涛也不够被伤害》

## 第五节 国际新闻标题

1.《奥地利31岁"小鲜肉"冲击总理职位》

运用数字强化主题,概括并提示新闻的核心内容,给读者留下深刻印象。将当下流行网络语"小鲜肉"运用到标题中,既贴切形象,又亲切自然。

2.《美国撂挑子退出〈巴黎协定〉》

"撂挑子",京津一带方言,常用于比喻因为闹情绪而丢下应该负责的工作不管。标题巧用方言,打破了国际新闻报道千篇一律的严肃形式,生动形象,自然而然地贴近读者。

3.《全球45亿人"如厕难" 21亿人无干净饮用水》

"45亿人""21亿人",数量巨大,突显形势严峻,抓住新闻亮点,吸引读者眼球。

4.《手慢无!顺丰在淘宝上拍走两架波音747 我们的网购能力让CNN惊呆了》

"手慢无",网络语的巧妙运用,既拉近了与受众的距离,又使标题富有新意,感叹句式让标题更具感染力。

5.《地球聚齐13位"大表哥" 你考虑星际移民了吗?》

运用引号突出"大表哥"不同寻常的含义,引发读者好奇心;巧设问句,引发读者思考,吸引读者进一步阅读新闻内容。

6.《"日本制造"走下"神坛"?》

通过提问的方式,一方面引起读者的好奇心,吸引读者进一步阅读新闻;另一方面自然引出主要内容。

7.《火了！这首写给普京的歌蹿红俄罗斯》

巧用流行热词"火了！"，给受众带来视觉冲击，凸显了新闻的价值。

8.《美国人黑五买买买能花多少钱？专家预测：200亿美元！》

采用问答形式，引发读者阅读兴趣，感叹句的回答，语气强烈，具有感染力；"买"字重复使用，加重强调，具有动感。

9.《国际政坛新生代领袖辈出但"嫩姜"辣劲不足？》

标题构思巧妙，俗话说"姜还是老的辣"，比喻资历深有经验，办事老练稳重。编写者进行了改写，运用比喻手法，将国际政坛新生代领袖比作"嫩姜"，其包含的内涵无须赘述，读者一目了然，通过设置问句，引发读者思考。

10.《430架！495亿美元！空客史上最大单笔订单诞生》

运用感叹句式，情绪饱满，语气强烈，通过数据突出新闻的核心内容，吸引读者眼球。

11.《幕僚被废大佬逼宫对岸大军杀到  英国到了最危险的时刻？》

提示新闻内容，并巧设问句，吸引读者进一步阅读新闻。

12.《什么操作？！美国邀请印尼武装部队总司令，又不准他入境》

一个问号，一个感叹号，渲染气氛，使标题具有感染力，同时巧设问句，引发读者的思考。

13.《中国要小心了？！蒂勒森要美印"百年好合"！》

运用成语"百年好合"，将美印合作拟人化，新颖而生动；通过标点符号突出感情色彩，同时也表达出编写者的疑虑。

14.《朴槿惠，没放！》

短短五个字，但主题突出，感叹句式的使用使标题语气强烈，给读者留下深刻印象。

15.《世界那么大，大熊猫宝宝也去看看》

网络用语的巧妙运用，既拉近了与受众的距离，又使新闻报道更有特色，富有时代气息。"去看看"采用拟人手法，生动有趣，具有幽默感。

16.《"感谢中国的这份礼物"》

直接引用新闻人物的原话，显得亲切质朴，感情真挚，同时增加了新闻报道的真实性。

17.《特朗普当着全世界威胁"摧毁朝鲜",然后呢?》

巧设问句,引发好奇心,激发探究欲,吸引读者进一步阅读。

18.《美国为何又把朝鲜"拉黑"了?》

运用网络语"拉黑",使标题更具表现力,通俗形象,接地气。

19.《心塞!带回3000亿交易的特朗普还没到家,就被美媒狂轰滥炸……》

网络热词的运用迎合了受众心理,使新闻标题更新颖,报道内容更生动形象;抓住亮点数字,并运用成语"狂轰滥炸",以夸张的修辞手法,突出主题,吸引读者关注。

20.《去,还是留?英与欧盟"闹分居"结果即将见分晓》

标题中"闹分居"将英与欧盟关系拟人化,形象而生动;设置问题,引发读者思考,吸引读者关注。

21.《美国为什么偏偏选在这个时候"退群"?》

运用大家耳熟能详的网络用语,贴近读者。

22.《"果酱"家庭的尴尬》

运用引号,赋予"果酱"不同寻常的含义,何为"果酱"家庭的尴尬,引发读者好奇心,继续阅读寻求答案。

23.《自豪!全世界都在为中国"新四大发明"打 call》

感叹句式的使用让标题的感情色彩更浓烈,网络用语"打 call",更易引起读者的共鸣。

24.《这个国,我爱定了!》

感叹句式强化感情,突出立场、观点鲜明,引起读者的共鸣。

25.《美国竟要用这种理由关驻古巴使馆,这是要找碴?!》

问号与感叹号同时使用,渲染气氛,更具感染力,也表达出编写者的震惊与质疑,吸引读者关注。

26.《这个国家跟中国建交百日表现怎么样?反正我们给了100分》

采用自问自答的形式,突出新闻的核心内容,答案传达出编写者的态度,打破了千篇一律的标题形式,具有新意。

27.《"如兄弟般更加亲密团结"——访老挝外交部部长沙伦赛·贡马西》

引用新闻人物的原话,亲切质朴,感情真挚,直接点明主题。

28.《美朝又开始互怼了,今天的头条必须留给他们俩》

网络语"互怼"的巧妙运用,既拉近了与受众的距离,又使标题富有特色和时代气息。"今天的头条必须留给他们俩",口语化表述,轻松幽默,更易吸引受众关注。

29.《德国大选,看似平淡?》

看似疑问,实际上答案暗含其中,也透露出编写者鲜明的观点,同时引发读者的思考。

30.《不可思议的印度!火车开出160公里……才发现跑!岔!道!了……》

连用4个感叹号,而且打破常规,将感叹号插入句子中,既渲染了气氛,又突出了发生在印度的这件事多么"不可思议",令人过目不忘。

## 参考标题

1.《特朗普又不退〈巴黎协定〉了?你恐怕看到一则假新闻》

2.《三国间经济联系紧密　美国内利益诉求多元　北美自贸协定"大修"不易》

3.《"让人们永远铭记那段悲惨历史"》

4.《欧洲央行为退出量化宽松铺路》

5.《日企的海外并购"情结"》

6.《"中国元素,苏里南名片的一部分"》

7.《用音乐架起中澳友谊之桥》

8.《加泰罗尼亚自治区前主席"跑路"比利时》

9.《美军士兵阵亡　总统"慰问电话"被批伤人》

10.《德国基建投资也有"大缺口"》

11.《在德国东部,提起针灸,就会想到72岁高龄的施瓦尼茨　德国"老中医"针灸四十载》

12.《意大利离退出欧元区有多远》

13.《德国加速让离岸黄金"回家"》

14.《除了"抓王子",他还为沙特女性干了这些"惊天动地"的事》

15.《讲真!这个国家的总统卸任后要去孔院学汉语》

16.《本报记者见证的新"一千零一夜"——穿越古今丝路情》

17.《你幸福吗?"世界幸福国家"年度排行榜出炉》

18.《"和中国做邻居很幸运"——访老中友协秘书长西昆·本伟莱》

19.《中企对德国投资并购持续发力》

20.《强寒流"冻坏"欧洲多国》

21.《"觉得自己快是中国人了"》

22.《这个国家以前没有国产轿车 现在中国帮忙圆了这个梦》

23.《中国周边外交一次重要行动!王毅感叹:手心手背都是肉》

24.《美国"拉黑"古巴企业破坏美古关系?原来背后有这样一盘棋》

25.《普京与特朗普交谈内容聚焦叙利亚》

26.《黎巴嫩总理迟迟不回国 总统要沙特给说法》

27.《"伊斯兰国"最大头目或藏身最后据点》

28.《美俄再次互怼 指对方违反〈中导条约〉》

29.《也门乱局升温 沙特伊朗角力》

30.《美国得州教堂枪击案 27人死亡》

31.《普京65岁生日收获"忠诚"牧羊犬》

32.《日本大选开锣 安倍政权迎"大考"》

33.《对战安倍 小池新党推"百合经济学"》

34.《合适就留下 美对〈巴黎协定〉"玩暧昧"》

35.《朝鲜再射导弹 两分钟飞越北海道》

36.《加泰罗尼亚权力平稳过渡,专家分析——西班牙为抵制分裂主义提供了一个范例》

37.《美韩在朝鲜半岛搞军演没完没了》

38.《朝鲜半岛还有多大斡旋空间》

39.《一位NHK记者在中国的未了心愿》

40.《安倍即将访印 话题多"名堂"更多》

41.《IMF报告给英国脱欧谈判再浇一盆冷水》

42.《大选在即　伦敦一夜遇三袭》

43.《缅甸补选硝烟尽　民盟依旧笑春风》

44.《听，大国外交新时代的铿锵足音——中共中央总书记、国家主席习近平访问越南、老挝纪实》

45.《报复"黑客门"　美将对俄全面制裁》

46.《菜价"坐火箭"　鸡蛋成"金蛋"》

47.《我外交部：不应让分歧阻碍合作》

48.《身份曝光　特朗普"黑料"收集人跑路》

49.《达沃斯欢迎晚会：自信面向世界》

50.《特朗普国会"首秀"晒出成绩单》

51.《要脱欧还是要咖喱？愁煞英国人》

52.《"突击"会见勒庞　普京否认"站台"》

53.《与法国警察冲突　一中国公民被杀》

54.《边走边谈后发了个联合声明　普京特朗普越南再见面称彼此"感觉良好"》

55.《〈生逢灿烂〉被比〈与青春有关〉　果靖霖：没有可比性》

56.《美国购枪审查系统漏洞多》

57.《高考，让韩国人"操碎了心"》

58.《内部分歧难弥合　外部压力需权衡　欧盟防务一体化走向"深水区"》

59.《首个产能合作项目投产一个多月　日产氧化铝即达2000吨　中企"救活"牙买加老工厂》

60.《"牙买加联盟"谈崩，德国组阁陷困局》

61.《目标不动摇力度不放松　楼市调控不会"喘口气、歇歇脚"》

62.《近年遭遇寒冬的美国实体零售业纷纷搭乘中国电商快车　中国"新零售"的美国故事》

63.《较量不断，美俄关系"裂痕"难弥补》

64.《最新调查显示，七成韩国民众表示韩日应就"慰安妇"协议进行

重新协商 "我们要日本真诚地道歉"》

65.《汉学家，用外语写作"中国故事"》

66.《一千多年前，一艘艘船头高耸的绛红色阿拉伯木船，鼓起巨大的三角帆，驶向广州……"苏哈尔"号见证共同的丝路记忆》

67.《中柬姻缘传佳话》

68.《"一带一路"，让马六甲看到复兴曙光》

69.《为"一带一路"科技领域合作平添亮色 中国造机车在欧洲多点开花》

70.《韩国当选总统火线履新》

71.《逃避税款，谷歌在欧洲麻烦不断》

72.《主张跨越"左右之分"的"前进"运动候选人马克龙当选总统渴望变革，法国选择"前进"》

73.《中国已成为引领世界的"火车头"——欧盟各界关注十九大之后的中国机遇》

74.《"中国有意愿、有资源、有领导力"——美国智库、媒体展望十九大后的中国与世界》

75.《"中国你好！"——跟随和平方舟医院船官兵走进坦桑尼亚孤儿院》

76.《"脱欧"接着谈？欧盟给英国10天期限，欧盟要求英国拿出更佳方案，否则将无法解锁包括贸易协议在内的第二阶段谈判》

77.《两伊宣布"伊斯兰国"被剿灭；伊朗、伊拉克分别宣布"伊斯兰国"已被打败；专家称下一步聚焦在叙利亚国内局势》

78.《G20峰会"双普"将首会白宫和克里姆林宫宣布，特朗普和普京下周将在德国汉堡举行的G20峰会期间会晤》

79.《韩美总统会谈共识难掩分歧，特朗普与文在寅6月30日在白宫举行会晤，美韩将在半岛核问题上加强合作，军费贸易问题存分歧》

80.《"双普"将初见会谈前隔空"互怼"，特朗普批评俄在一些国家"破坏当地稳定"；普京批评某些国家热衷于制裁和贸易保护主义政策》

81.《巴格达迪已死，"IS"幽灵不散曾多次"被死亡"，2014年宣布成立"IS"是其唯一一次公开露面；分析认为，恐袭将回归传统方式》

82.《青瓦台翻出朴槿惠 1361 份新"罪证"》

83.《韩国又发现一批朴槿惠涉嫌违法"问题文件",将被送与调查委员会和检方》

84.《"通俄门"现新证据？专家：特朗普仍有躲闪空间；特朗普长子小特朗普被指为获取希拉里黑材料,在大选期间与俄罗斯律师会面；此行为或违反联邦竞选法》

85.《稻田朋美：从"接班人"到"弃子" 出任日本防卫相一年间,负面新闻不断,已向首相安倍晋三提交辞呈并征得同意》

86.《巴黎市区"闲逛" 马戏团出逃老虎终被击毙》

87.《欧洲"夏休"时》

88.《不期而遇？朝韩外长对话难破僵局》

89.《朝鲜外相告诉韩国外长,韩方提出的"柏林倡议""缺乏诚意"》

90.《日媒称东京都知事可能组建新党,自民党担心放任其势力发展或致都议会选举败局重演攻其不备,安倍要冒险提前举行大选？》

91.《找到保存在俄罗斯的录音记录和数百份资料,部分曾经的 731 部队队员现身说法 NHK 播"731 部队真相",揭其罪行》

92.《巴塞罗那恐袭由 12 名成员组成团伙所为,原本计划搞一起更大规模的恐袭；从独狼到群狼,欧洲反恐挑战更艰巨》

93.《美驱逐舰撞船是因遭黑客攻击？美军方称调查人员会考虑一切可能性》

94.《澳官员与菲总统合拍"拳头照"招批评；杜特尔特扫毒行动遭西方指责,澳情报机构负责人此举被指让外界误读澳方立场》

95.《货车、煤气罐,惊出荷兰一身冷汗》

96.《电视竞选辩论,默克尔"稳"操胜券；民调显示德国大选默克尔阵营将胜出,剩下的只是选择和哪个政党联合执政问题》

97.《临时改道,在佛州西海岸登陆,让迈阿密躲过一劫 "艾尔玛"登陆美国,特朗普称"幸运"》

98.《法国女性遭家暴多数不报案 每 3 天就有 1 人死于伴侣之手》

99.《南非"黑色星期五"来袭 线上线下同样火爆》

100.《外交部：严重关切澳方涉南海"不负责任"言论》

101.《美国总统访华，为啥爱"秀"中国名言？》

102.《小雪豹在空中跳跃　神似卡通片角色跳跳虎》

103.《政坛格局出现严重碎片化　社会分歧难寻最大公约数　德国"共识政治"失灵了吗？》

104.《一条狗的生活：曾经惨遭虐待如今玩遍全美》

105.《从"鳄鱼帮"到国家英雄！姆南加古瓦：津巴布韦变局中的"鳄鱼"》

106.《伦敦：使用咖啡渣当"燃料"的公交车上路》

107.《2018，中国旅游什么样？》

108.《透明"泡泡"帐篷让你能够睡在星空下》

109.《美国伊州华人参政方兴未艾　又一位华裔竞选州议员》

110.《Nathan A. Wright：中国企业对外投资要规避风险》

111.《波恩联合国气候会议临近尾声中国频被"点赞"》

112.《"大联盟"或再续　默克尔谈展望、舒尔茨示谨慎》

113.《"9·11"后最惨恐袭事件　埃及血腥恐袭令世界反思》

114.《中国将建立东京审判纪念馆　日本这下有点慌》

115.《三菱公司再曝数据造假丑闻　波及全球274家公司》

116.《打击极端组织虽有成果但各方难寻反恐"交集"》

117.《争相引渡黑客美俄爆发"拔河大战"》

118.《"马克龙效应"？美跨国公司欲在法"扩招"》

119.《国际消除对妇女暴力日今年活动主题——"不让任何人掉队"》

120.《印度大学生公交车上遭割喉　乘客冷漠无人过问》

121.《配合"通俄"调查　弗林与特朗普团队"掰了"？》

122.《搜寻地外文明：科学家向"可能邻居"发无线电讯号》

123.《美国政府发动"媒体战"俄罗斯见招拆招！》

124.《西班牙也患"恐俄症"？俄"黑客"难逃"被黑"》

125.《"乐"不起来！韩国乐天集团将迎重大重组》

126.《"黑料"越曝越多　韩前总统李明博辩称遭政治报复》

127.《特朗普访华"国事访问+"的三重意涵》

128.《来自人类的祖先？英国发现1.45亿年前动物牙齿》

129.《"死胡同"前急刹车 土美"签证战"局部停火》

130.《英国首相扛起"反俄"大旗 充当西方利益代言人》

131.《英国买日本高铁首秀演砸 民众：换中国高铁》

132.《英媒：谁山寨谁？美国开始复制中国的赚钱模式！》

133.《财阀结构现弊端 韩国经济亮红灯》

134.《90亿现金能装几个蛇皮袋？俄反腐抄巨贪结果骇人》

135.《千年木乃伊疑穿"阿迪"运动鞋 网友：时间旅行者》

136.《罗塞夫指巴西副总统"政变"：光天化日下的共谋》

137.《埃菲尔铁塔下的"气候大餐"》

138.《美国一男子恶搞 把儿子"炸了"》

139.《中方是否有计划访问朝鲜？外交部回应》

140.《出大事了！德国"铁娘子"走到十字路口前途莫测》

141.《英国：世界最大飞行器"瘪了" 试飞时坠毁气体泄漏》

142.《美国为何执意退出〈巴黎协定〉？》

143.《东南亚国家纷纷点赞："中国有很多经验可供我们借鉴"》

144.《特朗普要来了！人文交流筑牢中美关系"地基"》

145.《美国：飓风中的人生百味》

146.《日媒揭露二战罪行，狠狠打了日本右翼的脸，政府啥态度呢》

147.《美国国会的一堂中国历史课告诉我们……》

148.《厉害了！普京的老东家：克格勃最保密的部门"S局"》

149.《刚刚，特朗普做出了一个影响地球未来的决定！》

150.《坏了，国际组织把中国的这个"秘密"告诉了全世界！》

# 第六节 社会新闻标题

1.《花两分钱"买"近4000元白酒》

花两分钱"买"近4000元白酒，显然不合常理，"买"字蕴意丰富，点明主题,使标题具有动感;运用数字强化主题,"两分钱""近4000元"形成鲜明对比,更加凸显新闻价值,抓住新闻亮点,吸引读者眼球。

2.《这个拥抱,他们等待了57年》

一个拥抱为何需要等待"57年",设置悬念,引发读者兴趣,吸引读者进一步阅读。

3.《从早上5点忙到次日凌晨2点》

运用数字突出主题,从早上5点忙到次日凌晨2点,使读者感受到其中的辛苦,进而引发好奇心,进一步探究其中缘由。

4.《2.3米"巨人"想再站起来》

"巨人"一词抓住了新闻的亮点,运用数字突出主题,给读者留下深刻印象。

5.《次旺卓玛:拼命"老"村长》

"老"字蕴意丰富,突出了新闻人物特点,既点明人物的年龄,也体现出人物的精神,令人心生感佩之情。

6.《房子如何保障住、防止炒》

抓住社会关注的民生问题,直接点明主题,言简意赅。

7.《"抠门"武警战士4年捐8万善款》

"抠门"与"捐8万善款"产生鲜明对比,引发读者好奇心。

8.《借7.5万元,还384万元和一套房!》

通过数据对比更加凸显新闻的新奇之处;感叹句式增强感情色彩,同时表明编写者态度。

9.《小伙耗时一年做了段1分钟广告 让未婚妻的旧车身价暴涨40倍卖出》

运用数字凸显新闻独特性,吸引读者眼球。

10.《网购减肥药?或为新型毒品!》

采用问答形式,突出新闻的核心内容,感情色彩更为强烈,使标题更具表现力。

11.《谢顶的人涂抹姜汁可以生发?医生:当心加速毛囊老化》

以设问的修辞手法,起到强调作用;自问自答,明确给出答案。

12.《90后"绝命毒师"落网：缴毒22公斤捣毁7个制毒工厂》

"绝命毒师"点明当事人的特征，运用数字突出新闻亮点，吸引读者眼球。

13.《"拖延症监督服务"有效吗？监督员比妈妈还操心》

巧设问句，激发读者的探究欲，吸引读者进一步阅读新闻。

14.《户口登记，一个都不能少》

借用电影《一个都不能少》片名，突出主题，构思巧妙，别具新意。

15.《男子心脏骤停两小时 医生15000次按压击退死神》

运用数字突出主题，抓住新闻独特之处，令读者印象深刻。

16.《国庆中秋加班8天能赚多少？北京至少1840元》

采用自问自答的形式，突出新闻的核心内容，比一般的陈述语气更有力，增强了标题的表现力。

17.《"通讯录里的父母"咋养老？多元模式值得尝试》

"通讯录里的父母"比喻生动，关乎每一个家庭，"咋养老"也是每个家庭之问。标题抓住了新闻核心内容，引发读者关注。

18.《"这个扶贫干部亲得很"》

直接引用新闻人物的原话，使标题更具感情色彩，也增加了新闻的真实性。

19.《水管爆裂 水漫金山》

运用夸张的手法，将水管爆裂的后果比作"水漫金山"，生动形象，画面感强，使读者一目了然，增强了标题的表现力。

20.《"河水变清了，俺又能钓鱼了"》

直接引用新闻人物的原话，方言贴近生活，令人感到亲切自然。

21.《女童失亲上学成难题 "13个爸爸妈妈"轮流接送》

抓住新闻亮点"13个爸爸妈妈"，吸引读者眼球。

22.《全球首例！医生借助3D打印为84岁老人翻修膝关节》

运用感叹句增强感情色彩，强调新闻的价值。

23.《"合淮阜高速"事故现场，她居然在玩自拍，结果玩出了"解聘"！》

运用感叹句表明编写者立场。

24.《22年前残杀4人"作家嫌犯":细节想听吗?很残忍的!》

运用数字突出主题;运用感叹句加强语气;巧设问句,引发读者的好奇心。

25.《违法居住违法生产违法经营 电线如蛛网钢瓶似"炸弹"挤作一团》

将安全隐患比作"炸弹",形象生动地传达了其危险性,令人印象深刻。

26.《浙江大叔的逆袭人生!40岁患癌46岁过司考52岁硕士毕业》

"浙江大叔的逆袭人生!"使用网络语,拉近与读者距离,标题开头即有冲击力,突出新闻价值。"40岁患癌46岁过司考52岁硕士毕业",运用数据强化主题,抓住新闻亮点。

27.《惊险!东莞男童独自在海上漂流6小时,全身湿透,究竟发生了什么》

运用感叹句,语气强烈,给读者冲击力,通过设置问题,吸引读者阅读。

28.《国庆假期,各地开启"人人人人你人人人人"模式!西湖边4G信号都被挤断了!!!》

"人人人人你人人人人",网络语的巧妙运用,使标题别有新意,画面感十足;"西湖边4G信号都被挤断了!"夸张手法的运用,富有幽默感,生动有趣,令人忍俊不禁。

29.《广告上的"神医"与能治69种病的保健茶,牵出亿元大案》

运用反讽,表达了编写者的立场,夸张的数据吸引读者了解事实真相。

30.《上海:厨余垃圾变脸记》

运用拟人的修辞手法,使标题生动有趣,引发读者阅读兴趣。

### 参考标题

1.《这个年肯定能过好》

2.《没有震慑力 欠薪成顽疾》

3.《养老跨地头补贴到床头》

4.《两票制能否制住虚高药价》

5.《女生被黑人强奸后保研?湖北黄石网民造谣被拘5日》

6.《团伙诱骗未成年人打断锁骨去"碰瓷":从网吧等地诱骗,麻醉后打断锁骨;在多地伪造"交通事故"索赔;弄断9人锁骨;嫌疑人已被刑拘》

7.《高铁"外卖"今开订,地方美食可送上车,可通过12306网站、手机APP订餐,需在开车前2小时预订;首批27站开通供餐服务》

8.《一碰按钮,ATM机吐出5000多元钞票 男子当即报警还失主,原来失主存钱没存成功》

9.《分级诊疗有啥大招》

10.《运营商争推1元1G流量 老用户为啥搁在了门外?》

11.《71.5%受访者有"被直播"经历 78.4%担心泄露隐私》

12.《100多年后甲骨再次"惊"天下》

13.《还在清理僵尸粉?微信官方发出警示》

14.《国考报名明日结束 最热职位千里挑一》

15.《中传女生被害案二审维持判死刑》

16.《24岁硕士研究生变身"公益达人"》

17.《小门脸变大书店 出门就有"精神食粮"》

18.《亲,快递电动车乱开乱停要受罚!》

19.《100元2万条,你的信息"一分钱不值"》

20.《29天,断了一宗"理还乱"的亲情案》

21.《请你对这座城市温柔以待——由"南京好姑娘"助人故事引发的思考》

22.《求职者之死,网络招聘平台是否应担责》

23.《未成年人非紧急救助热线96156开通》

24.《长枪短炮围攻西坝河戴胜鸟》

25.《"达康书记"上车窗贴 搞怪小心被罚》

26.《腾讯工地着火 新浪保安伸援手》

27.《踩杠回环 天坛大爷炫技走红》

28.《因直播恶搞躺枪 故宫报警》

29.《96岁老兵站着诵读"抗战家书"》

30.《"在职1分钟,干好60秒!"》

31.《7000户室温99.79%合格 集中供暖期间每月5日、15日、25日将入户抽测》

32.《家中室温"底线"必须达到18℃》

33.《专家解读农民工监测调查报告——农民工越来越"恋家"》

34.《"没想到代考交规后果这么严重"》

35.《世纪佳缘真收钱"假相亲"?》

36.《踢皮球缓兵计 耐克道歉没诚意》

37.《它们,上了央视"黑榜"》

38.《一名四年级学生午餐时意外身亡 痛心》

39.《市劳模黄胜发命运多舛成"渐冻人"》

40.《拿走一盆花被公司开除》

41.《82岁"国民被单"两代人集体记忆》

42.《网恋"情人"设下温柔陷阱》

43.《"二孩经济"来临 80后、90后妈妈双11"剁手"最狠》

44.《新政落地,房子原来还可这样租》

45.《远程监控、肉菜溯源、利润分析、信用管理……郑州推进农贸市场升级让居民拎上"智慧菜篮子"》

46.《海口:生活痛点成规划起点 找出生态修复、城市修补等七方面不足,拿出一揽子解决方案》

47.《铜陵:给垃圾袋办身份证记录居民分类投放情况,形成积分以资鼓励》

48.《家庭医生,签约啦》

49.《重庆出台〈城市精细化管理标准〉城市管理怎样绣好花》

50.《国家卫计委介绍农村健康扶贫经验 三种做法为大病兜底》

51.《全国建筑工人实名制管理平台正式上线 干活有数据讨薪有实据》

52.《把握完整病史,解开患者心结 马大夫看病爱"聊天"》

53.《两孩妈妈:家庭职场如何兼顾》

54.《大兴"11·18"火灾现场内部首次曝光 "夺命"浓烟从一层电

梯井侵入租户房间；西红门镇原计划在火灾事发当日进行清退工作》

55.《明年"京考"后天开始报名，招考职位 2095 个，招录人数 4272 人；笔试公共科目测试时间为 12 月 17 日》

56.《谁"染"出了山村镉米　九江一矿山污染多年，有村民曾经举报未果》

57.《致命"笑气"："笑气"学名一氧化二氮，多位中国留学生在美国吸食"笑气"致瘫痪，该气体在中国尚处于监管盲区》

58.《"地铁色狼"拒捕咬民警10秒未松口　男子地铁内涉嫌猥亵女乘客，为逃避抓捕咬伤民警被刑拘；北京警方表示打击"色狼"取证面临难点》

59.《宜家多半床位被"蹭客"避暑所占　附近上班族、老人孩子成蹭客主力，商城进行劝阻但效果不明显》

60.《78家单位纷纷开出优厚待遇　用人单位争相会"拼桌"招聘》

61.《记者亲历手机扣费乱象　连续掉"坑"无法设防　被"低消"吞话费没商量》

62.《"11·18"火灾事故发生第9天　今天上午记者探访事故现场　悲剧发生在清退前两天》

63.《又见跨省偷倒！浙江的垃圾咋跑徐州来了？》

64.《"沪小胖"食客餐后患上横纹肌溶解症食客：吃完小龙虾，凌晨出现呕吐腹泻、肌肉酸痛　监管部门去饭店检查暂未见异常》

65.《破坏智能电子警察，未想到其"阵亡"前仍在拍摄　嫌疑人看到自己的"作案摄像"目瞪口呆》

66.《"这个现象让我们心里添堵"》

67.《"格斗孤儿"正式重回俱乐部》

68.《上海A级旅游景区、星级旅游宾馆评定和复核　厕所不达标可"一票否决"》

69.《上海公布初中和小学体育课改评估报告　爱上体育课的小囡多了》

70.《"共享单车坟场"到底伤了谁　调查显示厦门的合理保有量将不到10万辆　一些企业开始调整计划》

71.《现金贷是馅饼还是陷阱？年化利率或高达391%　借款人还面临暴力催收状况》

72.《3999元买"足银"杯内含不锈钢　商家已下架该类产品　南锣商会先行退一赔三》

73.《参加招聘被拦，开考还没进校门大批学生等待了近一小时，组织方：校内沟通出问题已延长交卷时间》

74.《"口袋弹弓"存隐患　3米外射穿易拉罐具有一定危险性　法律人士表示商家有提示义务　如造成伤害使用者承担法律责任》

75.《老年乘客大出血　公交车"秒变"救护车》

76.《901路公交车改线直达医院正值上班高峰　50余乘客无一人有怨言》

77.《苏州夫妇国外度蜜月潜水时遗失手机　北京游客捡到后"意外"找到失主———一部坠海手机的奇幻漂流》

78.《轿车冲下农展桥　驾驶人"失联"》

79.《去年辞去世界五百强企业主管职位　专心从事极限飞行运动　长春姑娘翼装飞越喜马拉雅》

80.《"礼"在和平门路口　志愿者点赞好司机》

81.《动物园下车"投喂"狗熊游客认错　事发北京野生动物园游客表示不是砸熊而是投喂胡萝卜》

82.《29年前，他背井离乡，内蒙古修车大哥给他温暖　29年后，他事业有成，找到大哥想帮他开修鞋店　恩人，该我帮你了》

83.《擦洗滚轮不慎　印刷机"吞"了双手》

84.《还买给孩子？部分儿童智能手表存隐患成监听设备》

85.《海南新疆宁夏已成高考洼地　"高考移民"为何屡禁不止》

86.《山东济南：一批3C免办摩托车被销毁　单辆最高价值20万元》

87.《一个骗子的自白：聊什么，怎么聊，我们有"教材"》

88.《朋友圈里的网红店炮制"秘辛"：几分噱头几分套路》

89.《"三无"子女遇上"双陪"　父母陪读之后还要陪工》

90.《伙伴"下套"卖特价车　老板"中招"陷骗局》

91.《北京小学生大数据研究苏轼爆红　校长回应是否"拼爹"》

92.《"残疾人服务一卡通"服务全:"芯"技术新动力》

93.《"脑立方"和"内力觉醒"是怎么忽悠家长的》

94.《隔空"发功"为幼儿治疗脑积水　男子涉嫌诈骗被刑拘》

95.《警惕！手机、银行卡、身份证都在身边，钱却被刷》

96.《女子凌晨回家看到1名男子在家　接下来的事让她气愤》

97.《一家两代接力赡养无腿邻居　35年只为当年一句承诺》

98.《无臂美女做直播成网红　全国已拥有170多万粉丝》

99.《男子结婚心切中圈套　掏空4万元积蓄》

100.《货车司机叹倒霉:上起事故刚完结后面宝马撞来》

101.《救人！乘客突发疾病东航飞悉尼航班放油17吨备降塞班》

102.《"弃考族":为找工作考研　为找到工作放弃考研》

103.《170平方米的房子单价1万多？业主交75万定金后悲剧了》

104.《男子打麻将"出千"被捅伤　在每张牌里安装芯片》

105.《趵突泉再遇停喷危机　提前3个月跌破橙色警戒线》

106.《"包子婆婆"卖包子四年　只为还清儿子生前欠下巨债》

107.《666！外国小女孩飚中文,说得比我都好……》

108.《没良心！男生当街暴打智障亲妈　母亲:我不怪他》

109.《96岁酱菜奶奶每天快乐出摊　不为挣钱只图乐》

110.《惊呆！领证当天，两家人拳脚相加！只因准新郎在女方卧室发现了一双高跟鞋……》

111.《20年前遭抛弃，她不计前嫌守护前夫6年，这个女人说了一句话让很多人动容……》

112.《你的快递正在燃烧……今早一看物流信息，心都碎了……》

113.《游客住丽江客栈被蚊子咬醒，前台:是宠物,熏死一只赔一百！更可怕的还在后头……》

114.《跳楼产妇曾下跪求剖腹，家属最新声明来了……当妈妈到底有多痛？》

115.《南京一行4人被"网红气球"炸伤:点烟引发》

116.《那个写抗癌日记的四川女孩走了,家人:剩余善款将帮助更多人》

117.《徐州公厕采用人脸识别:取纸要刷脸,一人想取两次须等9分钟》

118.《热电所长上班时跷腿看彩票称"我得睡觉"已被撤职》

119.《一脸蒙圈!外卖小哥忙取餐撞碎商家玻璃门 拿着门把一动不动》

120.《液体酒精再惹祸!两名大学生吃火锅被严重烧伤》

121.《菜场摊主边卖牛肉边练字 顾客笑称肉吃起来有墨香》

122.《一对情侣的四次北京迁徙:"愿你们不再颠沛流离"》

123.《12月新规来了,前三条与你的钱袋子密切相关!想省钱赶紧看过来!》

124.《突发!又是因为它,安徽4人身亡!这个紧急提醒,多一次转发,就会少一次悲剧!》

125.《女学员科目二考了整整14年终于放弃……驾校校长:太好了我请你吃饭》

126.《为反对设"慰安妇"像,日本竟然这样做!网友看不下去……》

127.《大学生心痛!考研泄题案,真相出人意料……》

128.《吓傻!"兄弟团"暴力接亲致多人受伤!网友大呼看不懂……》

129.《视频点击超6000w+!男子被撞成植物人,肇事女高管买车买房就是不赔钱!》

130.《为骗50万保险,男子自导自演捷豹坠河!成功模拟多次最终溺亡……》

131.《女子遭遇家暴流产,起诉离婚却遭母亲以死相逼!最后的解决方法亮了》

132.《"奉上级指示"退出,地铁提示语变柔声细语散文体》

133.《女子家中遇抢劫,勇斗歹徒掰断了刀,但抢镜的却是一条"劣质"狗……》

134.《殴打、推倒、灌芥末!今天这段托幼所视频让所有人怒了》

135.《刘鑫江歌案:法律可以制裁凶手,但谁来制裁人性?》

136.《19时30分,幸福门下实拍!》

137.《构筑老年人居家安全智能防护网》

138.《宜昌老人自己居无定所拾荒度日　捐助洪湖苦命女 12 万》

139.《智能客服"听不懂人话",那还服务个啥?》

140.《警惕!国家食药监总局:这两种酒有"毒",立即停止销售或饮用》

141.《活久见!胎儿已足月,夫妻浑然不知,"痛经"就医产下小宝宝》

142.《深圳北站"最牛钉子户"获赔 1.3 亿?一地产中介被抓!业主称赔偿金额为……》

143.《街头惊现奔驰 PK 海马!变道、超车、飘移……两人吃近万元罚单!》

144.《留日女生家门外被刺死,究竟有无反锁?当时在屋内的凶手前女友终于回应了》

145.《让人无语!儿子失踪 3 年,父亲却谎称失踪了一天,怎么回事?》

## 第七节　股票新闻标题

1.《火爆的转债!正股涨停转债两度临停!但真正的赢家只有他们》

标题先简短表述转债市场并不乐观,但有赢家,勾勒出了一个矛盾,读者看完标题后必会产生疑问:这些赢家是谁?他们为何能够取得赢势?要想获得答案必须阅读新闻正文。

2.《诡异!三十年未曾见,全球股市如此"平静",为何?》

标题开头即给读者冲击力,突出新闻价值,同时设置悬念,引发读者进一步阅读新闻内容。

3.《这些小票正在被机构大肆抛售!原因究竟是什么?》

标题在陈述事实时留有悬念,未说明是什么小票,紧接着一个疑问句,两个悬念激发读者阅读兴趣。

4.《看好中国资管"大蛋糕"　外资憧憬公募绝对控股权》

把中国资产管理行业比喻成一块美味的大蛋糕,这一比喻也形象地表达了外资机构想要获取利益的欲望。

5.《A股投资新时代　价值股有望从"春"入"夏"》

春天是播种的季节，夏天则是蓬勃生长的季节，价值股从"春"入"夏"，说明价值股的投资潜力极大，股价有望提升，由此吸引读者阅读全文，了解具体情况。

6.《主力提裤走人？旧爱新欢谁会胜出》

将主题对象及发生事件都用拟人化的方式表达，犹如一场人间大戏，勾起读者的好奇心。

7.《绩优股"吃香"释放啥信号？》

使用形容词"吃香"，生动形象，读者一目了然，并产生进一步阅读新闻的欲望。

8.《神奇！这只中国"妖股"曾经暴涨4555%，之后大跌超50%，现在又涨了1000%，原因无人知晓，突然被停牌，发生了什么？》

"神奇！"标题开头即渲染气氛，突出新闻价值，"暴涨、大跌、又涨、停牌"，简洁明了，再现了该股的变化过程，同时巧设问句，吸引读者进一步阅读新闻。

9.《新规直面"无股不押"股民需防"踩雷"》

"无股不押"，需防"踩雷"，标题带有明确指导性，提供服务性信息，以此吸引投资者阅读全文。

10.《芯片概念王者归来　机构看好"芯"机会》

标题采用了谐音双关的修辞手法，"芯"既代表芯片类股票的表层意思，还代表着新机会，"芯"与"新"谐音，暗含芯片类股票前景看好。

11.《10月大宗商品进口环比全线下挫　中国买兴阑珊商品反弹如履薄冰》

标题套用"意兴阑珊"，改为"买兴阑珊"，而后又直接引用了成语"如履薄冰"，言简意赅，清晰地勾勒出大宗商品的消极形态。

12.《"科赛飞"欲上演金蝉脱壳游戏　大手笔并购高管套现接踵而至》

妙用成语，贴近主题，使读者对新闻内容了然于胸。

13.《A股有哪些灰犀牛和黑天鹅？》

使用股市专用术语，"灰犀牛"比喻大概率且影响巨大的潜在危机，"黑天鹅"则比喻小概率而影响巨大的事件,标题用两个词汇概括了A股中的两种类型,一句话就将新闻大意讲清楚了。

14.《比特币空头注意了!还有一个月你们就可以做空了》

带有明确指导性的标题,提供服务性信息,以此吸引投资者阅读全文。

15.《高送转降温,"韭菜"割不动了?》

标题中的割"韭菜"是指一部分股民亏本离场,新生力量又加入股市,就像韭菜一样,割一茬还很快又长一茬。

16.《儿童节吐槽A股:愿你炒股半生归来仍然有钱》

标题套用网络语"愿你出走半生,归来仍是少年",将"出走"改为"炒股",将"少年"改为"有钱",正合投资者心意,且幽默风趣。

17.《成交量不会骗你!资金急速流向大蓝筹你还在犹豫什么?》

标题提供明确的指导性服务信息,以此吸引投资者阅读全文,无论指导的方向正确与否,但这种标题的吸引力是毋庸置疑的。

18.《为何蓝筹股不如小盘股牛?》

巧设问句,引发读者思考,吸引读者进一步阅读新闻。

19.《A股"喝酒吃药"行情上演》

"喝酒吃药"是指酒类和医药类的股票行情看好,标题中使用股市专用术语,在表现股市状态的同时,还因专用术语的趣味性可能吸引一些新股民或是对股票感兴趣的读者。

20.《保险业四重利好可持续　龙头股迈上转型新台阶》

股市跌宕起伏,投资者们的心情也是随着股市而起波澜,标题使用"利好""新台阶"具有感情色彩的词语来表现股市跌涨,能够带动读者的情绪,吸引读者关注。

21.《谁是A股市值王?2017年A股上市公司市值报告:7成公司缩水,53家公司翻倍(名单)》

股票市场涉及众多股民,当需要向读者传递更多信息时,可在标题中标注附有名单,吸引读者进一步阅读新闻。

22.《股权质押警报再次拉响!利剑高悬,上市公司该如何自救?》

运用感叹句式,语气强烈,具有感染力;巧设问句,引发读者思考。

23.《依然有不少牛股待挖》

巧用动词"挖"增加标题的生动性,使标题形象而不呆板。

24.《险资举牌遭遇监管解禁　减持浪潮涌动流动性趋紧　A股市值蒸发1.89万亿》

"解禁""涌动""蒸发"等动词的运用,使标题富有灵动性;概括并提示新闻的核心内容,运用数据突出主题。

25.《调整后股市短线反弹存机会?机构看好173只超跌个股》

以设问的方式提出问题,引发读者的思考,吸引读者继续阅读新闻。采用自问自答的形式,直接在标题中给出答案,明白地回答了自己提出的问题,明确了编写者的态度。

26.《持股4.99%现象频现　醉翁之意若何?》

引用"醉翁之意",增强了标题的文学性;巧设问句,吸引读者进一步阅读新闻。

27.《二六三买买买　股东卖卖卖》

通过音律加强节奏,使标题更具韵味,给读者带来阅读上的愉悦感。

28.《今天的房价=4000点时的A股?》

标题巧用运算符号,富有新意,一目了然。

29.《诱多是假,杀跌是真,周一开门黑》

通过对仗加强节奏,使标题更具韵味,读来朗朗上口。

30.《涨!涨!涨!三因素致全球股市创新高或轮到A股》

通过"涨"字的重复,将全球股市创新高或轮到A股的美好愿景形象生动地突显出来,同时简明扼要地提示了新闻的核心内容。

### 参考标题

1.《大盘进入消化整固阶段》

2.《靠业绩才能打破"茅台魔咒"》

3.《新股纷纷挑战老股"股王"地位》

4.《辉山乳业拖累几家A股公司?》

5.《雄安概念股受追捧集体涨停》

6.《老股民这两天有点"胸闷"》

7.《上证指数月收盘创一年半高点》

8.《乐视股价雪上加霜》

9.《阅文拟港股上市 平台"IP"曾陷抄袭门》

10.《趣店股价连跌六天 遭美律师事务所调查》

11.《抛售资产汇冠股份迎接新主》

12.《"蛇吞象"的悬念 迅游科技27亿并购狮之吼》

13.《新城控股1美元收购关联公司 获近3000万"陪嫁"》

14.《股王全通教育：市值缩水近400亿实控人被调查，实控人今年年初曾掐点减持；目前市值已从高点缩水83%，今年上半年预亏超千万》

15.《焦作万方三股东争夺控制权》

16.《尔康制药遭证监会立案调查 股票估值大跌》

17.《A股入MSCI 消费板块受益》

18.《震荡市中龙头股更"抗跌"》

19.《外资持有A股规模首破万亿》

20.《新规对A股影响总体中性偏暖》

21.《A股三年掀204起影视类资产并购》

22.《威创股份24倍收购标的 营收依赖关联方》

23.《安信报告喊茅台上900元遭上交所通报风险》

24.《三部门明确——"新三板"国有科技企业可实施股权和分红激励》

25.《确认"借壳"江南嘉捷上市——奇虎360或引领更多优质中概股回归》

26.《荣华实业实控人易主，神秘富豪郑建明接盘受让16.37%股份，成荣华实业实控人；早就布局新能源产业，曾经"蛇吞象"吃下无锡尚德》

27.《开盘跌41% 红黄蓝市值蒸发3亿美元盘前破发，紧急宣布12个月内回购最高5000万美元股票；红黄蓝加盟园数量远超直营园》

28.《顺威股份"闪跌"牵出世纪金源》

29.《让AI替客户炒股，创业公司准备好了吗？》

30.《"复星系"两度跳水郭广昌：股价被低估复星国际每年可回购不

超已发行股份 10% 的股票；复星国际 7 月 6 日已回购千万股股份》

31.《乐视股东大会 15 分钟"闪电结束"贾跃亭缺席；孙宏斌称，资金不是问题，主要问题是关联交易怎么办》

32.《融创折价配售融资 35 亿元股价跌 7.46%》

33.《次新股黄山胶囊陷原始股纠纷，多位原始股股东称股权遭清退，对公司上市不知情；黄山胶囊回应股权转让系"自愿协商"》

34.《4 只个股获机构净买入》

35.《本周将出现一次跌出来的机会  重点关注这几类个股！》

36.《沪指春节前后上涨概率超 90%  A 股"春节效应"今年还有效吗？》

37.《产业资本投资股市  海螺水泥扮"老司机"》

38.《"股权质押新规"对市场影响有限》

39.《股权开放加码成国企改革新趋势》

40.《纽约股市三大股指震荡收跌》

41.《乐视网筹划引入战投华夏基金澄清爆仓传闻》

42.《中房股份控股权迷局：汇金被踢神秘人上位》

43.《美股财报效应显现  能源股不来电》

44.《中概股组团归来：回国当个"大胖子"》

45.《美股"一九行情"：大盘股的狂欢》

46.《千股十日停复牌：躲闪理由多归队干货少》

47.《三维度找寻定增破发股"黄金时代"》

48.《机构"会诊"股价下跌原因  实控人声称"没有压力"》

49.《年关躲避"披星戴帽"  国发股份抛售农药资产》

50.《新三板注入"稳定剂"  市场回暖个股创新高》

51.《监管层新规"刺痛"百家上市公司  股票质押告别"任性"》

52.《安徽最赚钱上市公司堪称"股神"  海螺水泥上半年炒股赚 18.6 亿》

53.《第三轮大资金入场  A 股变道"鸣枪"》

54.《联手复星系 50 亿并购  三元股份"出海"或补短板》

55.《货币政策由"紧"转向"稳"  A 股秋季行情可期》

56.《闯关 MSCI 国际化再下一城　A 股成人礼》

57.《浑水喊话引发错杀　通达集团"蒙冤"今脱险》

58.《增发完成遇股价大跌　皖维高新"活埋"七机构》

59.《盐湖股份"高送转"转眼间变卦》

60.《深港通开通两周"北热南冷"　格力电器拔得深股通交易头筹》

61.《刘士余"捉妖"后举牌概念股集体下挫　深港通首日深强沪弱》

62.《2017，A 股去哪儿　国家队和险资吸筹》

63.《双良系 32 亿让出友利控股控制权　80 后"副院长"成实控人》

64.《A 股上演并购大戏　雪松控股 52 亿收购齐翔腾达》

65.《沪港深基金集体"狂欢"仅有一只亏损》

66.《迎来"黑色星期四"　A 股创今年最大单日跌幅》

67.《绿色航油上天　多重利好促"两桶油"大涨》

68.《"大象"起舞　沪指重回上升通道》

69.《数量接近"高峰"时期　破净股接近历史低位》

70.《QQ、微信"牛股推荐"满天飞，神秘"股神"到底是何方神圣？》

71.《"易主"生变　哈空调开盘一字跌停》

72.《重仓股阶段性回调　明星基金"平衡能力"迎大考》

73.《厦华电子拟"卖子"　还未回复问询交易对手突毁约》

74.《小牛奔腾之涨停股揭秘：雄安概念股掀涨停潮》

75.《拐点还是买点　探秘大跌后资金面"DNA"》

76.《"高送转"预期降温　基本面因子纳入考量》

77.《十年漫漫涨跌路　恒指再上三万点》

78.《降"酒量"减"药量"　海外资金对牛股态度现分化》

79.《凯伦股份现金流寒碜　多名"撞脸"经销商一注册就合作》

80.《神秘"案外人"半路杀出　恒宝股份专利侵权案再起波澜》

81.《海正药业"分手"　辉瑞上交所发来问询函》

82.《上市公司控股权纷纷"打折"甩卖　壳资源贬值是主因》

83.《兆新股份"联姻"惠强新材告吹》

84.《股东"瞒天过海"科融环境 7446 万"得而复失"》

85.《投资"寡头"的A股逻辑:疯了的茅台们和狂欢的巨无霸》

86.《私募论道A股下半场:价值股是长期主题》

87.《再停牌两只"细价股" "50只不能买的港股"名单中5股已中招》

88.《空头"大打出手"沪指"飞流直下" A股的"寒潮"要持续多久?》

89.《头悬平仓之"剑" 这些个股赶紧补充质押》

90.《股价异动 飞上风口的"大师兄"揭秘:想吃我,这些你必须知道!》

91.《周期股"卷土重来" 布局需以"龙"为首》

92.《各方"巨无霸"抢滩登陆住房租赁市场 概念股拉升走强》

93.《当前A股估值水平高不高?一项权威调查告诉你真相》

94.《凛冬依旧 三大酒类股为何低迷27个月》

95.《刚过了把"女首富"的瘾 如今孙俪有望成为文投控股股东》

96.《举牌退潮众生相:有人金蝉脱壳有人骑虎难下有人悬崖勒马》

97.《高处不胜寒 创新药龙头恒瑞医药市值新高后持续回调》

98.《印纪传媒165亿市值限售股解禁 股价大跌后定增股东仍浮盈2.36倍》

99.《广汽集团早盘离奇闪崩 紧急电话会议揭"骄龙系"持股》

100.《A股光伏板块有多火爆?这两家龙头股股价又翻倍了》

101.《本周274亿市值限售股解禁 吴江银行会遭遇跌停吗?》

102.《新鲜出炉!距离抄底还有多远?深度解码A股迷局》

103.《"白马"停留驿站金融与周期接力筑防》

104.《马蔚华:金融和科技"热恋",企业怎么办?》

105.《黄金股建仓时机来临 四指标筛出6只潜力股》

106.《反攻的号角即将吹响!此板块就是领军者!》

107.《"冷空气"来袭 控制仓位锁定利润》

108.《博信股份8年盈利130万 两任"养壳人"养壳8年赚6亿》

109.《京东方A四连跌 分析师称股价高了情怀也要忍一忍》

110.《五大原因导致A股市场大幅杀跌:是"黄金坑"还是下跌中继?》

111.《三大利空引发市场调整:短期元气已伤,指数或向下寻求支撑》

112.《龙头股跌停！白马股跌停！还有一个消息不得不重视》

113.《今天 A 股大跌元凶被抓！注意这一点才能守住你的钱包》

114.《一年股价大涨 128%，涨幅比茅台还高，Ta 离世界第一还有多远？》

115.《迅雷股价涨 245% 花了一年，而旗下虚拟货币暴涨 80 倍只要一个月……》

116.《茅台股价破 700，市值 9000 亿！高盛喊出 881 元目标，但被新华网怼了回去》

117.《茅台炒酒客：四天内每瓶亏 30 元，有钱也不敢这么囤了》

118.《港股越牛基金分化越大　南下"擒牛"谁家有真本领？》

119.《A 股秋点兵，300 个尖子已就位，等你来检阅！》

120.《香港资金买股票有多厉害？他们今年在 A 股赚大发了！》

121.《价值投资大时代，"国家队"抢跑一步，宠爱上了这些股！》

122.《搜狗发布招股书：王小川持股价值超 10 亿，最大的赢家却是 TA》

123.《不寒而栗！枪企股票涨，防弹衣走俏，最惨枪击案后美国人忙着买枪……》

124.《港股突破 3 万点，创十年新高，大涨原因找到了……还有哪些机会？》

125.《别再说"股市是绞肉机"啦，大数据告诉你，股票才是最长情的告白，这 6 大领域有赚钱机会……》

126.《从闪崩到秒板，兜底式增持成 A 股最亮的星，背后真相让我惊出一身冷汗！》

127.《小心！又一家公司遭做空，被指"横跨 10 年的世纪骗案"，股价暴跌 27%（附 58 页做空报告摘要）》

128.《三大指数惨跌！接下来怎么在 A 股里赚钱？八大券商的观点分为了两派……》

129.《A 股区域竞争力图谱：京粤市值破 10 万亿，各地最赚钱上市公司曝光》

130.《昨天，许家印超越马云马化腾，成中国新首富！揭秘：地产股

为何崛起？》

131.《什么信号？A股主动式回购激增！机构透露小散介入时点》

132.《"逃"还是"淘"？当A股一日蒸发1.58万亿元后……》

133.《还不到双11，上市公司控股权已纷纷"打折"甩卖，背后的原因竟是……》

134.《腾讯市值超4万亿港元，马化腾实时财富474亿美元，成国内首富；机构看好腾讯后续股价》

135.《网易经济学家年会上名人专家跨界论财富：国内7万家庭财富超5亿，明年股市或可回4000点》

136.《华尔街"狼王"一只股票赚20亿，随后又错过40亿，"我不会因此哭泣"》

137.《A股已经"无股不押"！大面积平仓会出现吗？》

138.《公准解猪一分钟宰三头的"神功"如何练就？》

139.《一直被"唱空"的科技股，惊现37亿美元大逃离，狼真的来了吗？》

140.《史上最严采暖季限产来了，这些黑色系股票期货已"启动"！》

## 第八节　军事新闻标题

1.《把战区这条路蹚出来！》

感叹句式的使用加重语气，"蹚"使标题具有动感，表达出攻坚克难的决心和勇气。

2.《再见，战友！》

短短四个字，凝练有力，配合感叹号的使用，语气强烈，感情饱满，容易引起读者共鸣。

3.《"工作要干好，老婆也要哄好"》

引用新闻人物原话，增加标题的亲切感。这种质朴、接地气的语言风格，更易引发读者共鸣。

4.《一百一十五名军嫂撑起另一座营盘》

运用"撑"这一动词,生动形象地描绘了115位新闻主人公的辛酸与不易,产生先声夺人、引人入胜的效果。同时,"另一座营盘"具体指的是什么,标题未展开,意在设置悬念,吸引读者通过阅读新闻找到答案。

5.《铿锵玫瑰　声震沙场》

运用比喻的修辞手法,将沙场女兵比作"铿锵玫瑰",生动形象。同时,"铿锵玫瑰"与"声震沙场"形成对偶,使标题形式整齐、语言凝练,富有文学色彩。

6.《同事成领导,咋一起"玩耍"?》

运用"一起玩耍"这一网络流行语,诙谐幽默地传达了文章的主旨,同时提出疑问,吸引读者思考并产生阅读兴趣。

7.《价值1100亿美元,沙特从美国买到了什么》

运用抓人数字第一时间吸引读者关注。同时巧设问句,引发读者好奇,吸引读者进一步阅读新闻。

8.《打出来的"大功三连":"仗怎么打,我们就怎么练!"》

直接引用新闻人物原话,使标题富有亲和力,能够拉近与读者之间的距离。

9.《美俄在叙利亚"斗而不破"的局面还能持续吗》

"斗而不破"一词的运用准确凝练地描述了美俄当下的局势,概括传达了新闻核心内容。末尾以设问的形式抛出悬念,引发读者关注与思考,激发读者的阅读兴趣。

10.《加班赶制!第一套红军正规军服诞生于88年前》

运用感叹句式加重语气,通过数据突出主题,概况新闻核心内容,吸引读者眼球。

11.《中越两军边境高层会晤被取消!到底发生了什么?》

巧设问句,引发读者思考,吸引读者进一步阅读。

12.《给力!300余名高端技术人才入选火箭军专家方阵》

巧用网络流行语"给力",增强标题的生动性,拉近与读者的距离;同时,通过数字概括新闻核心内容,简洁直观,增强新闻的真实性。

13.《我们距离打仗还有多远：转变思维，打通胜战之路》

直接将公众最关心的话题"我们距离打仗还有多远"置于标题开头，第一时间吸引读者关注和思考，随后给出答案，吸引读者阅读文章。

14.《人民空军今天是你的生日：祝68岁生日快乐！》

运用生活化的祝福语作为标题，不仅让人眼前一亮，更能增添标题的感情色彩，更易拉近与读者的距离。

15.《昨晚川航疑似劫机续：中国反劫机，谁能顶上来？》

前半句紧扣热点事件，吸引读者眼球；后半句以设问的形式，表明立场，设置悬念，吸引读者关注与思考，从而进一步阅读新闻。

16.《印巴激烈争夺两种全球最短腿导弹：中国笑笑说我们有火箭炮！》

"最短腿导弹"运用拟人修辞手法，赋予标题拟人的色彩，"激烈争夺"与"笑笑说"形成鲜明对比，使标题具有冲突感和感染力，更易吸引读者目光。

17.《一算吓一跳！中国仅用百余枚导弹即可让对手军用机场瘫痪？》

利用大众耳熟能详的俗语渲染气氛，既能增添亲切感，又能扩大感染力；同时巧设问句，引发读者思考，吸引读者进一步阅读新闻。

18.《美海军将接收第9艘先锋级高速运输船 载货600吨 最大航速35节》

运用"9""600""35"一组数据突出主题，概况新闻核心内容，吸引读者眼球。

19.《取长补短互学，立足岗位共进》

运用对偶使标题句式工整，语言凝练，富有节奏感与音律美，更易给读者留下印象。

20.《俄罗斯才是大敌！美智库称北约搞错目标还自废武功》

运用感叹句式加重语气，概况新闻核心内容，吸引读者眼球。

21.《1年歼敌700！西媒称土耳其用无人机对付库尔德武装》

"1年歼敌700"，以亮点数据突出主题，概况新闻核心内容，吸引读者眼球。

22.《中国"枪王"神操作，出枪仅0.6秒，摄像机都跟不上》

将网络流行语"神操作"应用于标题，语言生动形象，能够拉近与读者的距离;"摄像机都跟不上",运用夸张的修辞手法,贴切形象,夺人眼球,激发读者阅读兴趣。

23.《为新时代"打Call" 90后官兵很有"感"》

运用"打Call""有感"等网络流行语,既有趣又亲切,使标题有新意、有亮点,吸引读者进一步阅读。

24.《超萌!中国的导航卫星在太空搭了条神秘的路!》

以"超萌"这一网络语作为开头,生动活泼,抓人眼球。"神秘的路",充满神秘色彩,激发读者的探究欲,吸引读者进一步阅读并寻找答案。

25.《军演不停导弹不息……朝鲜今晨再发导弹,进入"暴走"模式?》

"军演不停导弹不息"以对偶的修辞手法使句式工整,简练统一,富有节奏美与音律美。同时,巧用网络语言"暴走",生动形象地概括新闻核心内容,给读者留下深刻印象。

26.《远方朋友强行留下来!美俄军队常驻或令叙分裂局面无法挽回?》

借用大众熟知的歌曲名并加以改写,赋予标题亲切感和感染力。同时巧设问句,引发读者思考,调动读者的阅读兴趣。

27.《Wow!战友有话说:三分钟带你读懂中国空军历史》

巧用网络语"Wow"使标题生动有趣,既拉近了与受众的距离,又使新闻报道变得更有特色,具有时代气息,从而引发读者产生共鸣。

28.《摁下葫芦起来瓢!IS在叙伊穷途末路转进非洲或再成大患》

妙用耳熟能详的俗语"摁下葫芦起来瓢",给予读者亲切感,增强标题的感染力,吸引读者进一步阅读。

29.《南昌陆军学院:考场对接战场,教学融入实战》

运用对偶的修辞手法,使标题具有形式美和节奏美;透过标题,便可让读者闻到考核场上的"硝烟味",感受洪炉铸剑的军营风采,激发读者产生共鸣。

30.《"老排长"卢施灿的"逆袭"之路》

巧用网络流行语"逆袭",一方面可以增加标题亲切感,拉近与读者的距离;另一方面可以简洁凝练地概括新闻核心内容,给读者留下深刻印象。

## 参考标题

1.《最严禁酒令　军营咋执行》

2.《用上"中国心"的俄护卫舰是啥样？》

3.《"鱼鹰"高事故率　"打脸"日本政府》

4.《俄洲际弹道导弹或充当"撒手锏"》

5.《中国首个海外保障基地为何选它？》

6.《外交部用七大真相怼回去》

7.《揭秘"韩国型三轴作战体系"》

8.《要轻型航母还是超级航母，美国海军很纠结》

9.《"火力—2017·青铜峡"，一次对抗演练为什么打了两遍》

10.《日本欲向泰国出售雷达，意在"一箭三雕"》

11.《"枪王"的老师》

12.《从"我是一名大学生"到"我是一个兵"》

13.《起飞吧，中国陆军》

14.《两个春天之间的改革——陆军第76集团军组建纪事》

15.《大师走了，棋局继续》

16.《把数十吨的车开出漂移感》

17.《政工干部学军事的"深蓝"样本》

18.《透视俄罗斯海军21631型导弹舰——近卫"暴徒"千里点穴》

19.《踩准"民参军"鼓点》

20.《最美"钉子楼"美在哪》

21.《敢向习惯性思维叫板》

22.《听，梦想开花的声音》

23.《书写新时代大国担当的中国答卷》

24.《应对军中乱局，韩军出"奇招"征募一线守兵》

25.《"特朗普时代"来临，美国军方或成大赢家？》

26.《英军"海狼"集体"趴窝"　盟友投来怀疑目光》

27.《越盟军大炮轰开"奠边府大门"》

28.《美陆军轻型机动支援登陆艇呼之欲出》

29.《极端组织遭"群殴" 拉卡之战"收官"难》

30.《"霸权模式"受限 有人想为美军"支招"》

31.《充满"实战"元素的沙场点兵》

32.《阅兵式上十大"国之利器"》

33.《拦截洲际导弹？实战化还远着呢》

34.《让单兵遁入无形，"隐形衣"有点儿"炫"》

35.《联马团遭袭 我维和医疗队全力救治》

36.《首艘小型客滚船"参军"入列》

37.《"寻找喻平"：一封互联网时代的新"家书"》

38.《英雄部队还能称雄吗》

39.《四级主官沉到一线解难题》

40.《"尖兵"分队引发"鲇鱼效应"——东海舰队航空兵某团实战化训练向纵深发展新闻调查》

41.《一个中国红线决不容许逾越》

42.《幕后"红人"操纵军购 韩国军费成"摇钱树"》

43.《二战美军"明星飞机"毛病一箩筐》

44.《美反导系统遭智库差评，被指"过时且无用"》

45.《军事外交战线上的"铁齿铜牙"——俄罗斯国防部副部长安东诺夫其人其事》

46.《2003年，入侵伊拉克的美军势如破竹，胜利似乎唾手可得——美军"阿帕奇"巴格达郊外遭痛击》

47.《珠海航展揭开"空中帅府"神秘面纱》

48.《数万美军要"保护费" 韩国抱怨成"提款机"》

49.《俄举办超级军备展 "两个盟友"维护国家安全》

50.《二战期间，意大利蛙人多次偷袭直布罗陀港内的盟国船只——"海上特洛伊木马"折腾英军基地》

51.《土耳其被指政局不稳 美核武去留引发关注》

52.《阿勒颇之战又成焦点 叙利亚博弈再趋激烈》

53.《"坦克两项"赛事激烈 多国精锐竞技交流》

54.《"北约第二大武装力量"深受内忧外患困扰》

55.《美第三次"抵消战略"：冷战遗产再发新芽？》

56.《应对军中乱局，韩军出"奇招"征募一线守兵》

57.《"鸢"虽小，但凶猛》

58.《"亚太稳定计划"为特朗普亚太战略"探风"》

59.《实弹射击、野外迫降……他们这样备战维和任务》

60.《"天剑"突击队比武夺冠，回国第一件事不是庆功》

61.《爸爸妈妈：当你们看到这封信时，我已经奔赴战场》

62.《成立68年，人民海军距离世界一流还有多远》

63.《揭秘德国"网军"》

64.《死里逃生的中国特种兵》

65.《记住你们的不仅有亲人，还有祖国和人民——1772个载入史册的名字》

66.《意大利军队实力有多强》

67.《美国海军首型航母舰载无人机为何是加油机》

68.《批准海豹突击队也门反恐，特朗普军事"首秀"失利》

69.《"我们不会像美国一样建立12个航母编队"——本报记者专访全国人大代表、军事科学院国防政策研究中心主任陈舟》

70.《印度的渐进式"扩核"之路》

71.《维护英烈名誉既要打舆论战，也要打法律战》

72.《美"科幻战舰"部署在中国周边是高概率事件》

73.《"水下间谍"无人潜航器如何威胁我国家安全》

74.《中国新一代远程轰炸机拥有五大突出特点》

75.《情人节，走进军嫂的"战场"》

76.《法国为何热心亚太事务》

77.《"这是对'政治工作无用论'最有力的回击"》

78.《美俄是否会掀起新一轮核军备竞赛》

79.《当代革命军人的好样子 温总：用大数据打仗》

80.《日本防卫预算五连增　显性支出外还有隐性经费使用》

81.《成立一年，善后办啃了多少"硬骨头"》

82.《奥巴马的三大军事"遗产"》

83.《最繁华地方有最沉痛记忆　告诉我们强大国防值多少钱》

84.《习近平带领新军委班子履职一月　"首要政治任务"走在前列》

85.《在天安门广场执勤：每个哨位都能打胜仗》

86.《国产 AC312E 民用直升机高原试飞成功》

87.《我空军飞行员通飞多型先进战机？专家：反映人好飞机好》

88.《国防部：只要不搞"台独"，何必胆战心惊》

89.《"海盗"难缠　海军护航编队演练　武力营救遭劫船只》

90.《美舰南海寻衅意欲何为？专家：充当南海问题"加热器"》

91.《日将用 XASM-3 导弹对付中国航母？专家：如蚊子叮大象》

92.《跨出国门，"卫生列车"播撒友谊之花——中国人民解放军赴老挝"和平列车"医疗队在琅南塔省开展医疗服务活动纪实》

93.《震撼！驻藏部队实弹演习　重装备高海拔进行炮弹齐射》

94.《对话艇长马志民：在深海大洋中如何锻造"利剑"？》

95.《反恐精英威震天山！立下赫赫战功的武警新疆某特勤中队》

96.《解放军1.2万官兵、600余台装备、100多架飞机接受检阅》

97.《习主席的褒奖是我们进步的最大动力》

98.《作为战地女兵，我为挽救战友生命而自豪》

99.《雪豹突击队，顶尖的反恐"杀手锏"》

100.《港媒：解放军集训锤炼维和战力　时刻准备执行任务》

101.《解密中国"战场之眼"：防空反导反隐身　样样俱全》

102.《"和平之港"再迎"和平方舟"》

103.《韩媒传中方就萨德提"三大要求"　中国专家驳斥》

104.《罕见！美国将向韩国派遣6架F22战机参加联合军演》

105.《M1A2 大战 T90？印媒：印军又要采购数千辆坦克》

106.《特种部队的"虐俘"训练：你想象不到的残酷！》

107.《解放军轰-6远海训练　"绿委"叫嚣：给台军练兵》

108.《我军装备的第一种大口径火炮：54式122榴弹炮》

109.《不只是海报！我们要带你走走祖国的边陲海岛》

110.《"空降排"来啦！我ZBD03空降战车首次主场作战》

111.《运-20飞机列装空军一年 "胖妞"从能飞到能战》

112.《军队武警部队停止有偿服务如何补偿？官方回应》

113.《歼-10B战机首度出征 与世界先进战机同场竞技》

114.《中国第8次试射此战略大杀器，逼近中美核威慑平衡点》

115.《中美都不敢得罪 纠结的韩国一天三次改口》

116.《退伍＝离别？这个老兵竟把营区装兜里带走了》

117.《堡垒-M、VT-4？其实巴基斯坦想要的是"哈立德-II"》

118.《俄罗斯是如何提升军人荣誉感的？媒体告诉你》

119.《新型"夜老虎"利用北斗锁"敌"，夜战命中率八成以上》

120.《美国的最大秘密武器都没想到：世界第一轰炸机还有这用途》

121.《继菲律宾柬埔寨之后，这个南美国家开始重拳打击国内亲美分子》

122.《德媒称古巴领导人会见朝鲜外相：外界期待古巴化解僵局》

123.《俄大型发动机PD-14准备出口中国？目标可能瞄准C919》

124.《我军飞豹战机最新改型亮相 与S300对抗战损率下降2/3》

125.《伊朗展示新型制导炸弹 中国产歼-7战机挂弹出镜》

126.《打仗16年血白流了？美媒建议本国政府放弃阿富汗》

127.《港媒称中国台湾应"警惕"对美军事交流："那是一杯毒酒"》

128.《巴雷拉在京强调："一个中国"是巴拿马长久国策》

129.《抛弃"暴君"？外媒称英王因担心工人起义拒救落难沙皇》

130.《参照印巴模式？外媒称印度或提议建中印两军总部热线》

131.《"新冷战将至？"俄媒称全球军费呈加速增长趋势》

132.《各有长短难分高下 俄媒盘点伊朗沙特军力对比》

133.《伊朗总统严肃警告沙特不要玩火 称其"什么也不是"》

134.《难得体验！军迷细品美军F-18假想敌机》

135.《一艘俄柴电潜艇要得北约团团转 美刊：美军也应造常规潜艇》

## 第九节　法治新闻标题

1.《油老鼠4个月盗油百余起》

使用比拟的修辞方法,将盗油者比作"油老鼠",既生动形象又富有讽刺意味。"4个月盗油百余起",将核心内容进行提炼,吸引读者进一步阅读新闻。

2.《半数"大老虎"因巡视落马》

将落马官员比作"大老虎",化枯燥为生动,吸引读者进一步阅读新闻。

3.《老赖,周末想睡懒觉?执行法官叫你起床!》

众所周知,"老赖"是人们对失信被执行人的约定俗成的称呼。标题巧妙运用"老赖"这一特定称谓,生动形象,激发读者的阅读兴趣。同时,使用"睡懒觉""叫你起床"等生活化的词语,拉近与读者的距离,引发读者共鸣。

4.《快速推进体现效率 借鉴超越贵在担当 天津司改厚积薄发驶入快车道》

前半句运用对偶的修辞手法,使标题工整、醒目、富有节奏感。后半句运用"驶入快车道"来比喻"天津司改"的进步,贴切、生动、记忆点强。

5.《法治思维渗入每个社会细胞——广东培育出一系列岭南特色普法品牌》

运用"渗入""社会细胞"这样贴切、生动的字眼,使普法这一行动变得具体可感,使读者感同身受。

6.《铁腕治理环保!江西106人被问责!包含10名厅官,46名处级干部……》

感叹句式的使用使标题感情饱满、语气强烈,立场鲜明,标题中直接写出问责人数,更显铁腕治理环保的力度,既增强了说服力,又展现了客观性。

7.《海南一市委副书记敛财900余万 一审被判11年"明星官员"不问苍生问"大师"》

运用"明星官员""大师"等反讽词语,表达讽刺与批判,吸引读者眼球。

8.《上半年检察机关查办职务犯罪超 3 万人，同比上升 19.6%；上半年批捕刑事犯罪嫌疑人 51.5 万人，提起公诉 74.7 万人》

准确提炼文章核心数据并呈现在标题中，一方面可以有效吸引读者关注；另一方面强化了标题的说服力与客观性。

9.《大快人心！欺客宰客，三亚一饭店老板服务员被拘留 15 日》

巧妙利用"大快人心"这一词语表达出读者的内心，使标题的感染力倍增，吸引读者进一步阅读新闻。

10.《"两高"司改报告出炉："员额制"改革下一步怎么走？》

巧设问句，引发读者思考，激发读者的探究欲，吸引读者进一步阅读新闻。

11.《丢失手机卡有多危险？不仅账户钱被偷还多次被贷款》

以问答形式巧妙传递问题的严重性与紧迫性，吸引读者进一步阅读新闻以寻求解决方法。

12.《水库游玩 1 人溺亡 8 同伴被诉 法院判决参与划船的 5 人担责，未下水且未划船的 3 人不担责》

巧妙运用数据概括新闻核心内容并形成标题，同时利用"5 人担责""3 人不担责"这一判决结果制造冲突感，激发读者的猎奇心理，吸引读者进一步阅读。

13.《10 万元车被撞 开口索赔 15 万元 "隐形代驾"竟牵出在逃疑犯》

前半句利用数字反差塑造事件的冲突感，后半句巧妙提炼新闻的核心内容，吸引读者产生阅读兴趣。

14.《非法炒卖外汇 八个"黄牛"涉两亿案值 最高获刑八年》

运用数据突出主题，标题中直接写出涉案人数、涉案金额及获刑年限，通过客观的数据展示，既增强了说服力，又展现了客观性。

15.《履行法定义务 弘扬法治精神——宁夏"法治模范"引导群众懂法守法》

主标题对称整齐，增强了标题的可视性与节奏感，使标题读来朗朗上口，容易引发读者的阅读兴趣。

16.《吉林男子求爱遭拒杀人潜逃22年,"高科技"人像对比揪出》

前半句准确提炼新闻事件核心内容,吸引读者眼球;后半句使用"高科技人像"巧妙地埋下伏笔,吸引读者进一步阅读新闻一探究竟。

17.《29.8万元买的金盘居然"生锈" 买主想退货银行拒绝》

通过凝练的语言总结了这一真实却又不合常理的事件,凸显新闻价值,吸引读者进一步阅读新闻。

18.《男子自愿加班后猝死,家属索赔50万!法院将如何判决?》

感叹号与问号的使用渲染气氛,语气强烈;同时,运用数据突出主题;巧设问句,引发读者的思考,吸引读者进一步阅读新闻。

19.《曝光!吉林四平红黄蓝幼儿园虐童案继刑事之后民事诉讼又宣判,案件细节还原》

通过使用"曝光"这一短促有力的词语,给读者带来视觉和心理上的冲击,在第一秒就抓住了读者眼球,吸引读者产生阅读兴趣。

20.《立案、送达、调解一天搞定!当事人点赞"小额诉讼"》

利用"一天搞定"这种口语化的表达方式,以及"点赞"这一网络流行语,使原本生涩难懂的法治新闻变得生动活泼,拉近了与读者的距离,从而激发读者产生阅读兴趣。

21.《生命的最后一天,他还在提审》

读罢这则标题,读者心中定会产生疑惑:谁在生命的最后一天还在提审?为什么会在生命的最后一天还在提审?这便是此标题的妙处:通过短短几个字的叙述,巧妙地营造了冲突感,设下悬念,吸引读者阅读新闻找到答案。

22.《法学家谈江歌案:面对冷漠,法律真的无能为力吗?》

巧设问句,引发读者思考,激发读者的探究欲,吸引读者进一步阅读新闻。

23.《赵薇夫妇收购"大戏"面临顶格处罚!背后真相如何?》

"大戏"一词运用反讽的写作技巧,讽刺了新闻当事人的荒唐行为。同时利用"背后真相"一词结合设问的形式,巧设悬念,吸引读者产生阅读兴趣。

24.《判了!海归男求爱不成把女同学从19楼抛下,一审被判死刑,赔偿15万!》

感叹句式的使用让标题蕴含的感情饱满、语气强烈、立场鲜明,运用数据突出主题,吸引读者注意。

25.《监察委员会如何运作》

巧设问句,引发读者的好奇心,激发读者的探究欲,吸引读者进一步阅读新闻。

26.《用订单真扶贫扶真贫——贵州省司法厅创新"订单模式"助力脱贫攻坚》

"真扶贫扶真贫",巧妙地通过变换"真"字的位置,达到了一石二鸟的作用:一方面为新闻标题带来了新意,使其更加生动、活泼;另一方面凝练地总结出新闻的核心价值。

27.《老人养老院坠亡,谁的不可承受之重?》

巧妙地借用并改写了大众耳熟能详的《不能承受的生命之轻》书名,引发读者共鸣。同时以设问的形式激发读者的探究欲,吸引读者进一步阅读新闻。

28.《"套路贷"的"套路"》

重复使用"套路"一词,借以突出内容,加强语气,引发读者思考,吸引读者关注。

29.《爽身粉致癌"第一大案"宣判,强生赔28亿!然而这一切才刚开始》

准确提炼"28亿"这一庞大数字,抓住新闻核心亮点,迅速吸引读者关注。紧跟着,利用"然而这一切才刚开始"设置悬念,吸引读者进一步阅读新闻。

30.《最高法终审宣判!王老吉加多宝,别争了!》

"争"这一动词的运用既生动又形象,使标题富有感染力,令读者有如身临其境一般,迫切想要继续阅读新闻,进一步了解事件原委。

### 参考标题

1.《人民陪审的南京试验》
2.《法律也是有温度的》
3.《大胆疯狂！新疆一处长党校学习期间还不忘受贿，竟让行贿者送钱到宿舍》
4.《大山深处的"双拐法官"》
5.《缉毒战场上的"印老英雄"》
6.《蓝色钱江纵火案，一场或可避免的悲剧》
7.《"徐玉玉案"宣判，主犯被判无期！法院是这样说的……》
8.《这条法规一出，那些刷单、删差评的人在瑟瑟发抖……》
9.《赞成！在公共场合侮辱国歌情节严重可处3年以下有期徒刑》
10.《委员：侮辱国歌罪适用于"公众场合"还是"公共场合"应斟酌》
11.《广东汕头"银行柜员机前杀人案"被告人今日被一审判处死刑》
12.《吉林90后姑娘与男友同居未婚生子，为保名誉杀掉孩子被判刑》
13.《"同案不同判"为何难以避免》
14.《男子花30万买价值百万抵押车被扣 聚众围堵法官警车》
15.《20年资助办理法援案件47万余件 法律援助基金会让1640万群众受益》
16.《130位原告诉讼即将开庭 金亚科技首批遭索赔近3000万》
17.《安徽一法院执行局局长"吃"了原告"吃"被告 已被处理》
18.《喝茶致癌？云南普洱茶协会将起诉方舟子 索赔六百万》
19.《"瓷房子"到底值多少钱》
20.《判决书上的"法官诫勉语"》
21.《"爽约"3年后，濒临烂尾的云阳敬老院起死回生》
22.《出国游溺亡途 牛康辉共赔偿》
23.《称猴姑饼干不养胃诉徐静蕾》
24.《司长借女儿留学买房受贿》
25.《扒墙开洞可能上信用黑名单》

26.《"走廊医生"维权终审败诉》

27.《本市首例利用儿童盗窃案宣判》

28.《暴雨中小哥用天津话给车打气：就当你是船　别熄火》

29.《监察法草案首次向社会公开征求意见："留置"不得超六个月需提前报批或备案》

30.《在哪里执法就在哪里普法——专访司法部部长、全国普法办主任张军》

31.《司法大数据这样助力审判执行》

32.《最高法：减刑假释案件审理"全程留痕"；全国减刑假释信息化办案平台开通，明年全面建成；"有权人""有钱人"减刑快服刑短等现象得到遏制》

33.《用云盘传播淫秽信息牟利将追刑责，最高法、最高检发文，称还应综合考虑传播对象等情节，综合评估社会危害性，恰当裁量刑罚》

34.《正当防卫认定难在何处？面临"立法先行，司法滞后"的困境；专家建议制定司法解释统一法律适用标准》

35.《"高调出狱"案宣判：程幼泽一审判5年，因聚众扰乱社会秩序罪获刑，合并执行刑期6年；律师表示将上诉作无罪辩护》

36.《高检要求停止适用"附条件逮捕"规定被指降低逮捕标准备受争议，律师苗永军曾向全国人大申请审查；专家称实践中用得很少》

37.《强迫幼女卖淫最少判刑10年："两高"出台司法解释，强迫不满14周岁幼女卖淫，不需人数限定，均为"情节严重"》

38.《买农业大棚被忽悠　老太状告村委会》

39.《法院判村委会退还农业大棚承包租赁费13.5万元》

40.《民警制造"堵路"纠纷巧抓"枪手"　江苏南京警方侦破特大跨境网络贩枪案，抓获36名贩枪嫌疑人》

41.《海口龙华区法院联合司法局妥善解决一起转租合同纠纷》

42.《接地气表演普及毒品知识》

43.《复制网盘淫秽信息下月起可追刑责　一批新规12月起开始执行》

44.《破产案件的"破"与"立"——广西柳州中院审理破产案件服务

经济发展探索》

45.《法院进入"微时代" 动动指尖"打官司"——浙江余姚法院开启"智慧法院"的实战样本》

46.《辽宁法院宣判三起猥亵儿童案 3名被告人获有期徒刑》

47.《刑事诉讼制度改革的"温州亮点":围绕证据做足文章,多点发力提高庭审质效》

48.《用好"显微镜" 擦亮"探照灯"——山西省检察院推动巡视巡察工作向纵深发展综述》

49.《无意中说到的毒品,到底存不存在》

50.《三份鉴定意见,哪份才是真的》

51.《532个型号手机都有专属取证方案》

52.《山东沂南:设立电子数据取证平台提高取证效率》

53.《快递保价,能保住消费者权益吗》

54.《幼童被虐,如何破解"取证难、处罚轻"难题》

55.《受访专家和检察官指出:园方负有举证责任;幼童的陈述有证明力;应对侵害幼童者做身份标识》

56.《取保候审后,他赶上了孩子出生 开封祥符:羁押必要性审查维护在押人员合法权益》

57.《涉案未成年人无人管护怎么办 重庆开州:出台保护监护困境未成年人制度》

58.《男子向女同事水杯中数月投放雄性激素 四川成都:维持以故意伤害罪判处该男子一年有期徒刑一审判决》

59.《刑事审判监督敢啃"硬骨头" 北京市检察院第一分院:通过集体问诊、类案监督、庭审监督增强监督实效》

60.《携程亲子园虐童事件广受关注 检察官为公众释法说理》

61.《规范司法:确保检察权始终依法正确行使》

62.《中原检察监督路上快马加鞭》

63.《普通工作人员被几把紫砂壶撂倒 "文人"以壶敛财 涉嫌索贿4万余元》

64.《两年前手术切除脾脏 两年后体检肾脏"消失" 是谁"偷"走了他的肾脏》

65.《刘黎：做三尺法台的坚守者》

66.《"急诊医生"提供迅速便捷法律帮助 "两高两部"相关负责人就法律援助值班律师制度答记者问》

67.《贵州省织金县人民法院司法体制改革观察之一 "四力齐发"扎实推进司法体制改革》

68.《一站式受理 一条龙办结 一网式跟踪 一体化研判 南通"智慧信访"破涉法涉诉信访难题》

69.《织一张天网 保一方平安 青海海西州"雪亮工程"开启实战化模式》

70.《法院首对司法网拍恶意竞拍者司法拘留》

71.《最高法出台意见：规范行使行政诉权 涉政府信息公开滥诉不予立案》

72.《南阳中院发布房屋买卖合同纠纷案例 购房不弄清权属风险大易惹纷争》

73.《辰溪100余乡贤化身"和事佬"》

74.《"黄金国际EGC"传销路上的一夜暴富梦》

75.《家事审判，法律温度在其中》

76.《被告人侵犯公民个人信息被判处有期徒刑6年 "徐玉玉案"黑客一审判决生效》

77.《"办理一个案子，挽救一个孩子"》

78.《晋中"三三三"机制夯实大调解基础》

79.《一条病骨置换供需链牵出腐败窝案 南阳某骨科医院原副院长因单位受贿罪获刑》

80.《海南一住建局长贪腐近二百万元被判五年半 "作秀局长"一边拿先进一边收现金》

81.《增加互联网领域内容成反不正当竞争法修订草案亮点 遏制互联网恶性竞争，条款是否越细越好？》

82.《彭宇华、李明哲颠覆国家政权案一审公开宣判　二被告人当庭表示服从判决不上诉》

83.《浙江文成创建海外人民调解员制度　涉侨纠纷有了和事帮手》

84.《让失信者无处遁形》

85.《三个大学生的"二维码"骗局》

86.《辍学青少年成未成年人违法犯罪"重灾区" "在人生起点给他们一个正确的方向"》

87.《浙江发布数据：开车使用手机导致大量交通事故　"就那么两三秒，车子方向就偏了"》

88.《"机器人写的法律意见书很好" "法律机器人"会取代律师吗》

89.《1500万元砸进网络游戏　城管科长何以"玩"出牢狱之灾》

90.《化学"天才"学制毒　全家参与同被捕》

91.《"随手拍"的法律边界在哪儿　专家认为，并非曝光不文明行为就一定不侵权》

92.《网络聊天落入跨国运毒陷阱　年轻的"带货人"》

93.《提高刑事审判证人出庭率难在哪里》

94.《江苏：让虚假诉讼"无所遁形"》

95.《武汉一高校副教授涉嫌参与制造新型毒品　走私贩卖寄往境外的"4号产品"》

96.《北京门头沟检察院打造"五位一体"帮教模式　观护涉罪未成年人回归正途》

97.《剑指"热情立法、冷眼实施"怪象》

98.《越来越多当事人愿意选择跨域立案　家门口立案打异地官司变轻松》

99.《马鞍山构建以法治为核心矛盾纠纷多元化解体系　让矛盾走不出预防调处"包围圈"》

100.《房地产"问题广告"触碰哪些法律红线》

101.《千元借款1年滚成万元债　暴力催收竟成"核心竞争力" 揭秘现金贷"一个身份证就能借几千"的真相》

102.《"摩拜"撞倒"ofo" 骑行者致人死亡逃逸》

103.《刑案辩护"全覆盖"或将有效防范冤假错案出现》

104.《欠账不还"躲猫猫" 法官深夜扣车逼"老赖"现形》

105.《最高检:坚决查处金融领域搞利益输送的"内鬼"》

106.《买房?法官带你识破房屋租售中的常见"套路"》

107.《熟人借贷亦需谨慎 规范手续方能维权》

108.《醉酒驾驶二轮电动车不属醉驾?法院告诉你:不可能》

109.《"浙江第一悬案"今日宣判 绍兴中院一审判处被告人徐利死刑》

110.《起底"民族资产解冻"网络骗局》

111.《电商注意了!虚假降价促销被判三倍赔偿》

112.《竟把国旗做门帘?青海门源查处一起涉嫌侮辱国旗案》

113.《美容机构代为申请放贷不告知贷款金额一次性用完款项 "整形贷"给消费者挖了多少坑》

114.《媒体:念斌赔偿申诉被驳回,疑问并未因此消弭》

115.《婚后三个月就离婚 彩礼该退吗 法官:如何理解"共同生活"是关键》

116.《男子遭丈母娘家暴 法官教你正确申请"人身保护令"》

117.《传好案件线索"交接棒"》

118.《"e租宝"案件二审宣判:维持丁宁一审无期徒刑判决》

119.《3名未成年盗窃嫌疑人浮出水面 烟台民警一举侦破摩托车失窃案件》

120.《"闭环式"管理杜绝案件"体外"流转 新疆深化公安执法规范化建设》

121.《三部门点赞专治老赖的江西"法媒银"平台 各地还有这些奇招》

122.《成都少女离家出走遭性侵 法院首度判赔心理康复费》

123.《解密于欢案:执法记录仪还原处警过程》

124.《刺死辱母者》

125.《夫妻二人被判入狱15年未见,中秋大墙内相会,你还认得他(她)吗?》

126.《最高法说了,婚内出轨要付出更大的代价》

127.《市民给违停警车贴"违章通知单" 交警：罚涉事民警百元并通报》

128.《章莹颖案嫌犯将被诉以绑架致死罪 最高将面临死刑》

129.《"好人法"10月起实施 做好人要有这些"正确姿势"》

130.《劳动合同误将月薪写成97000元 职员要求发放，法院这样判》

131.《"逼停"高铁 男子被铁路警方行政拘留》

132.《刚刚，我们的国歌正式立法了！》

133.《替儿子顶包？71岁女老赖欠8个多亿后消失》

134.《小伙救同事溺亡却被说成玩水！父母一怒状告获救者获赔》

135.《刚刚，南京南站猥亵儿童案犯罪嫌疑人被依法批捕》

136.《警方破获非法利用信息网络涉毒案 "666"原来是这个意思？》

137.《遇到"缺席仲裁"怎么办？》

138.《南京一法院网拍一台苹果7手机：已被炒至26万，法院将调查》

139.《婚姻法又出新解释，结婚不看清楚，小心背一屁股债！》

140.《"惊动"最高法！女儿名叫"北雁云依"被拒上户口，父母起诉！到底行不行？》

141.《国家传来大消息：这6亿人身价涨了》

142.《有权、有钱就可以加速减刑？最高法回应了》

143.《浙江破获一起制售假药案，成本不足6元的三无产品卖158元》

144.《16岁少年抢劫小男孩20元财物，为何被判刑3年》

145.《4人团伙冒充教育部门发补贴骗贫困考生，卡上9元钱都不放过》

## 第十节 科技新闻标题

1.《喜！科创特等奖首现"双黄蛋"》

"喜！"字开头为标题增添感情色彩；"双黄蛋"的比喻，使标题生动形象，更具表现力。

2.《光纤"神经系统"千里之外"感知"安危》

标题采用比拟的修辞手法，将光纤分布比作"神经系统"，生动形象；

"感知"一词的使用赋予标题动感与活力,增强了标题的表现力,令人印象深刻。

3.《路灯杆中的隐形"钢铁侠"有多牛?》

将路灯杆中的科技装置比喻为大众熟知的"钢铁侠"形象,活灵活现之余,既有亲切感又有新鲜感,从而激发读者的探究欲,吸引读者进一步阅读新闻。

4.《我国成功发射"风云三号D"气象卫星》

标题直接点明新闻核心,准确精练,言简意赅。

5.《海上浮动核电站:随意调遣的"充电宝"》

采用虚实题结合的方式:"海上浮动核电站"作为实题,概括基本的新闻事实,又用"随意调遣的'充电宝'"作为虚题,对这一科技创新成果进行恰到好处的比喻,虚实题结合使读者一目了然,兴趣盎然。

6.《"彩虹-5"无人机,好使!》

"好使"这一口语化的表达方式更接地气,拉近了与读者的距离,更易引起读者共鸣。

7.《光固化3D打印机问世速度超越同类产品近100倍》

准确精练地点明新闻核心内容,并提炼亮眼数据"100倍"突出主题,给读者留下深刻印象。

8.《创新驱动弥合经济科技"两张皮"》

"两张皮"指的是相互之间原本存在必然联系或依附关系的两种事物发生游离而单独存在。借用"两张皮"来比喻经济与科技之间的融合不易,通俗易懂,形象生动。

9.《"月宫365"挑战世界纪录 密闭空间生存200天》

标题运用200天这一数字直接点明新闻核心,准确精练,言简意赅。

10.《科学家"钓"出田园洞人"真身"》

使用"钓"这一具有普遍感知的动作,借代了科学家在化石中提取DNA的动作,使标题在富有动感的同时也显得十分贴切形象。"真身"一词也将遗传基因组的意义,以读者能够理解的方式诠释了出来。

11.《科研+资本,原来没那么完美》

运用运算符号,构思巧妙,形式新颖,吸引读者眼球。

12.《三管齐下对抗超级细菌感染 万古霉素 3.0 药效提高 2.5 万倍》

标题直接点明新闻核心,准确精练,言简意赅,运用数据"提高 2.5 万倍"突出主题,效果突出,给读者留下深刻印象。

13.《你想过有一天人工智能代替教师给你讲课吗?》

通过巧妙的叙述和设问,为读者抛出一张未来假想图,激发读者的探究欲,吸引读者进一步阅读新闻。

14.《地震面前,与死神争分夺秒的红外探测》

成语"争分夺秒"的运用,凸显抗震救灾的紧迫性,让读者好奇如此重要的红外探测究竟为何物,以此吸引读者进一步阅读新闻。

15.《国之重器"天鲲号"下水》

为了与"天鲲号"的名号相匹配,标题使用"国之重器"四字加以形容,颇具古风韵味,为标题增添了不少文采。

16.《羽毛球机器人亮相 WRC2017 这个"陪练"不简单》

采用比拟的修辞手法,将羽毛球机器人比作"陪练",可谓生动传神。同时,通过"不简单"三字巧妙地设置了悬念,吸引读者在阅读中找到答案。

17.《为什么日子越过越长?天文学家这样说》

以"为什么日子越过越长?"设问,抛出一个能够引发读者共鸣的问题,紧接着用"天文学家这样说"收尾,表明了本篇文章的阐释角度,引导读者从天文学的角度思考这一问题,从而进入文章的语境。

18.《亚马逊想要在你不在家时"送货进门",你会同意吗?》

以"你会同意吗?"向读者发问,表面上将选择权交给了读者,实际上是为了激发读者思考,产生想要了解亚马逊的"送货进门"服务是如何操作、有无风险等问题的探究欲,从而吸引读者进一步阅读新闻。

19.《智慧系统不能再"傻傻"拼速度——香山会议上专家把脉智慧产业发展》

以主副标题结合的形式展开,主标题运用生动活泼的网络流行语吸引读者目光。副标题旨在点名新闻主体,并用"把脉"一词贴切地传达了新闻的专业性。

20.《太空两万里：中星9A的救赎与复活之路》

标题直接点明新闻核心，准确精练，言简意赅，运用数据突出主题，给读者留下深刻印象。

21.《巡天遥看一千河——航天测控事业发展50年礼赞》

用毛泽东的著名诗句讴歌了"航天测控事业发展50年"，为标题增加了一抹文采的同时，也增加了记忆点。

22.《极低温 超高压 强磁场 我国启动建设综合极端条件实验装置》

"极低温 超高压 强磁场"9个字直接点明新闻核心，准确精练，言简意赅，富有文采。

23.《哈勃望远镜，无法与你说再见》

"无法与你说再见"运用第二人称代词"你"，而不是"它"，将旁白式的文体变为对话体，使读者不由自主地产生了一种对哈勃望远镜在供职几十年后无法避免"死亡"的惋惜之情，激发读者的阅读兴趣。

24.《国外成主流国内刚开头 液体配肥好在哪？》

前半句采用对偶的修辞方式，增添语句的节奏感，读来朗朗上口，记忆深刻；后半句以设问形式展开，激发读者的探究欲，吸引读者进一步阅读新闻。

25.《无人机"黑飞"扰航，大飞机为什么怕小飞机？》

前半句以"黑飞"一词借指无照无人机的乱飞扰航行为，言简意赅，生动形象。后半句以"大飞机"借代"可以载人的航空器"，以"小飞机"借代"无人机"，浅显易懂，诙谐有趣。

26.《惊险！巨大小行星明天将以最近距离与地球"擦肩而过"》

标题开头以"惊险"一词营造氛围，给读者一定的视觉和心理冲击，吸引读者目光，同时运用成语"擦肩而过"增强标题的表现力与感染力。

27.《在海拔4410米高地张网捕捉太阳系外"信使"》

运用比拟的修辞手法，使标题生动形象，更具表现力；抓住"4410米"这一亮眼数字，吸引读者目光。

28.《ARM怒赞中国芯片！华为8个月神速完工麒麟960》

感叹句式的使用让标题蕴含的感情更饱满、更浓烈，更易引起读者的共鸣，运用数据突出主题，给读者留下深刻印象。

29.《采用国产芯片的超级计算机"神威·太湖之光"全球超算三连冠"神威"如何显神威》

"神威"一词反复出现了三次，巧妙地运用反复的修辞手法强化了新闻主题。"神威"一词最后一次作为形容词出现，表达了作者的赞赏与肯定，构思巧妙，令人印象深刻。

30.《室内混合智能定位：坐在家里"搜"世界》

巧用"搜"这一动词赋予标题动感，增强了标题的灵动性与表现力，吸引读者关注。

## 参考标题

1.《院士们又吵起来了！12米口径望远镜该怎么建？要"稳"还是求"新"》

2.《厉害了！NASA不仅能送你去太空旅行，还能给你建一个太空居住舱》

3.《天文学家发现11光年外"奇特信号"！这次会是外星人和我们say hi 吗》

4.《中国科技企业频频出海，为何有些企业竟连一个美国专利都没有？》

5.《讲真，这个令人忧伤的问题困扰了我很多年！太阳系到哪是个头……》

6.《更厉害的阿尔法狗来了！》

7.《火山炙热熔岩形成诡秘"笑脸"》

8.《看到这样的无人机你怦然心动吗》

9.《未来5年，海洋科技"划重点"》

10.《水稻也能"量身定制"》

11.《我最爱的还是数学》

12.《OLED屏，未来智能手机标配？》

13.《"超级显微镜"能"看"清什么》

14.《金星是如何变"地狱"的？地球也将面临相同命运》

15.《她在基因组上"跳舞"》

16.《忘记自拍杆吧，试试这些"会飞的相机"》

17.《"食物替代"何以如此"吸金"》

18.《"雪龙"的兄弟"牛"在哪》

19.《人工智能为健康"画像"》

20.《当VR遇上心理学可能会产生"化学反应"》

21.《人工智能跑得太快　计算拖了后腿》

22.《中国航天来了俩"老外"》

23.《人工智能时代，学界呼吁给智能学科一个新"户口"》

24.《歼-20真用了"峨眉"发动机？专家这样说》

25.《走近卫星"起死回生"背后的"牧星人"——"天地大营救"》

26.《武汉纺大1000万元转让"烟囱戴口罩"专利》

27.《网上个人信息黑市买卖有了技术"克星"》

28.《浩瀚宇宙架设起了中国人自己的空间天文台——黑洞，中国"慧眼"来了》

29.《我国自主研发生物航煤实现首次跨洋飞行——地沟油上天记》

30.《支付卡突破性技术问世》

31.《华硕联手腾讯发布首款智能机器人——"小布"来了！》

32.《2万米高空！侧颈龟到此一游》

33.《北斗来了，你准备好了吗》

34.《我国跻身第3个可提供碳卫星数据国家——全球共享"碳"踪影》

35.《金立S10评测：首款四摄像头手机，不止于四摄》

36.《AlphaGo以一敌五轻松获胜，面对自己时终尝败绩》

37.《戴尔科技集团联合美国未来研究院研究后得出——人机携手步入和谐时代》

38.《给房屋涂上"防晒霜"》

39.《分子机器人能"搭建"分子》

40.《给装备披上石墨烯防腐外衣》

41.《我国推出高温纸质安全材料浇道管 纸火也能"相容"了》

42.《纳米,最熟悉的"陌生人"》

43.《氢气通过,二氧化碳留下——气体分离"大师"有绝招》

44.《突破卫星信号盲区 他们把室内定位精确到厘米》

45.《人工智能闯医院 白衣天使不必惊慌》

46.《从"天使粒子"回溯天才头脑》

47.《时速超过一万千米,仍可变向高超声速武器杀气腾腾》

48.《摸上去是平的看上去却是立体的 "立"起来的地图呈现裸眼3D特效》

49.《有台软体机器人会"生长"》

50.《猴子收音机,真不是给猴子用的》

51.《人工智能会"放过"艺术吗?》

52.《她的生命里,每个细胞都充满航空动力》

53.《仅凭模糊的监控画面,他绘出了章莹颖案嫌犯肖像——林宇辉:用画笔破案》

54.《红光照射一至两小时,血糖就可恢复正常——智能手机玩起远程诊疗》

55.《木星北极风暴一片混乱 磁场强度是地球的10倍……"朱诺"号首批重要探测成果出炉》

56.《从闲聊到知性 聊天机器人"进化论"》

57.《2.2克显微镜可实时观察脑神经活动》

58.《法国"种下"欧洲首棵电子树》

59.《LED产业:真胖还是假胖》

60.《国家科学技术奖励制度"变脸"三大奖总数不超300项 跑票要奖一票否决》

61.《"罗塞塔"号科学成就再添精彩一笔——彗星"送来"地球大气中22%的氙气》

62.《世界首个非冯·诺依曼处理器获DARPA资助 性能大幅提升能耗显著减少》

63.《"CRISPR 导致基因突变"研究结论有错？两大基因编辑公司要求〈自然〉撤销论文》

64.《"宠坏"你耳朵 且看音频设备里的"生旦净末"》

65.《人类将首次开展月面生物实验 嫦娥四号明年登陆月球种土豆》

66.《5G 商用，前景光明尚需闯关 到 2030 年直接创造经济增加值约 3 万亿元》

67.《Gear VR 涉嫌侵权被诉——全球"VR 第一案"的连锁反应》

68.《"CRISPR 导致基因突变"论战持续升温 〈自然〉杂志、业内专家、部分网友说法不一》

69.《走进国家院所聆听奇妙的核科学——天津青少年核科学教育基地开馆一周年公众开放日侧记》

70.《钱德拉天文台观测到迄今宇宙最早"隐形黑洞"》

71.《中国科研团队首次实现 20 个超导量子全局纠缠》

72.《人机共舞时代来临 它来不是为了鄙视你》

73.《在空间高能天体物理领域由地面观测向天地联合观测跨越——我硬 X 射线调制望远镜卫星"慧眼"成功发射》

74.《绘天图探黑洞 终结我国空间高能天体物理领域无自主数据历史——"慧眼"卫星要干这些大事》

75.《那些年被误判的神秘"外星人信号"》

76.《"开普勒"又发现 10 颗类地行星 大小接近地球 位于各自恒星"宜居带"》

77.《从"三龙"到"七龙" "蛟龙"点燃我国走向深蓝的创新引擎》

78.《在地球模拟太空让潜艇隐遁深海 这个"双层魔盒"不简单！》

79.《果树上"结"出了 120 多个科技进步奖》

80.《可以装入口袋的旅行智能机器人面世 仅百克重》

81.《远在天边？近在眼前！如日中天的北斗产业》

82.《高精度、高安全系数……北斗三号如何服务全球》

83.《10 月"科学"流言榜：左脑语言右脑图像？》

84.《中美太空合作"零"的突破！北理工科学载荷登上国际空间站》

85.《1亿科技工作者，在自己的第一个节日想说点啥》

86.《从"气象特警"到"随身空调" 航天技术来到你身边》

87.《两部委投1.6亿 用四颗空间科学卫星撬动大批原始创新》

88.《景海鹏陈冬在太空泡的茶，老百姓也能喝上了》

89.《世界首台！我国量子计算机超越早期经典计算机》

90.《摩拜单车"集体自燃"？橡胶轮胎：这不科学啊》

91.《港珠澳大桥贯通成桥梁界"珠穆朗玛峰"》

92.《中国第一颗氢弹爆炸成功50周年，这个人不能忘记》

93.《惊艳世界！不靠风不靠水中国造神器发电靠这招》

94.《我国人工智能越来越"能"》

95.《一无所有到傲视全球 这个中国"神器"震撼世界》

96.《续航800km！现代新一代氢燃料电池车中国首发》

97.《联想HPC技术总监：AI为超算领域带来不同思路》

98.《打破三星垄断 国内首条柔性屏幕生产线实现量产》

99.《智能微型耕地机亮相杭州 外形酷似"玉兔号"月球车》

100.《权威！中国移动终端评测56款手机：苹果三星华为最佳》

101.《CPU大餐！Intel 8代酷睿45款桌面/笔记本i9/9代酷睿齐曝》

102.《霍金：人工智能或成为人类历史上最糟糕事件》

103.《苹果看醉！小辣椒这款新机"完美"山寨了iPhone X》

104.《"巨型稻"2.2米高 中科院推出高产水稻新种质》

105.《细胞体外"上学堂" 器官移植"不认生"》

106.《我发现稗稻相争的"秘密武器"》

107.《机器人后空翻是这样炼成的！这个表演你给打几分？》

108.《刚刚，中国又一巨头取得重大突破！"能卷起的手机"要来了！》

109.《"吃了就走"的智能餐厅 对着音响叫外卖……"这是最全景的未来生活秀"》

110.《智能机器人将冲击"小白领"？机器人离我们的生活有多远》

111.《你不了解的"竹缠绕"如何从"深闺"走向前台？》

112.《2017年全球硬科技创新大会启幕！什么是"硬科技"？看这里！》

113.《霍金提出"未来之问" 科学家的回答有点"燃"》

114.《独家！航母标配"阿拉神灯"难道就是它……》

115.《让 AI 给你看病，你觉得靠谱不？可别低估了 TA……》

116.《引力波的源头，终于出现在视线中，一图读懂它和你有什么关系》

117.《宇宙普通物质的另一半去哪儿了？这项新发现破解了宇宙大难题》

118.《又搞事情！马斯克造了一架史上最大飞机，还要在万米高空发射火箭》

119.《@各科研单位，快上船！ "深海勇士"海试成功，想做实验的赶紧报名》

120.《200 公斤德国"战车"挑战 3000 公里"最艰苦"太阳能汽车赛道，不服不行》

121.《燃油车"死亡通知书"已在路上，新能源汽车能否弯道超速？》

122.《这值得骄傲吗——我国葡萄产量世界第一，可是 7 成品种却是国外引进》

123.《500 米口径望远镜睁开"天眼" 他却永远闭上了双眼》

124.《超级金属厉害了？航空发动机不会单靠铼就有大突破》

125.《孙悟空会 36 变，冰也有 18 般变化！除了你最熟悉的那种，其他的都不在"凡间"》

126.《热水、冷水哪个结冰快？科学家也说不清》

127.《iPhone X 国行版上手：有人模仿我的脸？没人能模仿我的面》

128.《苹果联合创始人沃兹：今年我不着急买 iPhone X》

129.《iPhone X 偷跑视频再曝光：应用仍未适配"刘海"》

130.《折叠双屏手机中兴 Axon M 上手：一面聊微信，另一面开黑》

131.《猴厉害！到树上工作？微软为员工打造了树屋办公区》

132.《美科技股周一集体大跌：阿里下挫 4.8%，马云财富缩水 13 亿美元》

133.《强悍中国芯！华为首款 AI 芯片麒麟 970 发布，Mate 10 下月首发》

134.《还记得 Windows XP 桌面的蓝天和草地吗？这张照片背后的故事也很有趣呢》

135.《苹果 WWDC 2017 全程汇总：iOS 11 被史上最强 iMac Pro 抢戏》

136.《人工智能时代，谷歌、英特尔和英伟达之间的计算能力角逐战》

137.《"蛟龙"号雅浦海沟采集样品受关注》

138.《利用宇称—时间对称原理 1米之内！新的无线传输系统能高效输电》

139.《重要信息！人工智能要建一级学科了？你想报考吗？》

140.《iOS 11 惹祸！ iPhone 8 曝麦克风拾音 BUG：电话废柴》

## 第十一节　体育新闻标题

1.《八一深圳女排将迎主场首秀 新帅期望开门红》

标题直接点明新闻核心，准确精练，言简意赅；使用"开门红"表现对女排主场首秀的期望，能够带动读者情绪，吸引关注。

2.《化悲痛为力量！布朗好友昨晚去世：带着他的精神出战》

感叹句式的使用让标题蕴含的感情饱满、语气强烈，更易引起读者共鸣。

3.《老马主场首秀 奥体为他沸腾》

标题直接点明新闻核心，准确精练，言简意赅。

4.《国安主场1比2遭亚泰绝杀，以一场失利告别2017赛季——尴尬赛季尴尬收场》

开篇直接点明新闻核心，简单明了。"尴尬"一词反复运用，借以突出内容，加强语气，引发读者思考，吸引读者关注。

5.《开打三天 两人重伤》

标题直接点明新闻核心，对称整齐，言简意赅。

6.《巴萨命太好！奇葩对手开球竟违例 乌龙助攻"送"3球》

运用"奇葩"这一网络流行语，增强标题的生动性；"送"字的运用，贴切形象，富有表现力，有效地传达了新闻亮点，吸引读者注意。

7.《104分钟1球！暴力鸟专进压哨球进球＝BBC总和》

"104分钟1球"准确提炼新闻核心内容，传达新闻亮点；巧妙运用"＝"这一标点符号，为标题增添新意，给读者留下深刻印象。

8.《耻！米兰壕阵沦落成降级队水准 六战强敌全败谁的锅》

以单字"耻"加上感叹号开头，恰如其分地营造氛围，第一时间抓住读者眼球。巧妙运用"谁的锅"这一网络流行语，拉近与读者的距离，更易吸引读者进一步阅读。

9.《82球！上港梦幻四重奏太疯狂 申花不怵1数据仍领先》

通过比分数据突出主题，概况并提示新闻的核心内容。末尾通过"1数据仍领先"设下悬念，迎合读者的猎奇心理，吸引读者产生阅读兴趣。

10.《经典or暴力？上海德比8红火爆 申花盼复仇1-6之痛》

"经典""暴力"两者对比，矛盾凸显，烘托气氛；标题巧设问句，引发读者的思考，并运用赛果数据突出主题，抓住新闻亮点，吸引读者进一步阅读新闻。

11.《2年豪掷11.2亿！上港只求一冠足协杯成赛季底线》

"2年豪掷11.2亿！"，运用亮点数字突出主题，更显上港求一冠足协杯的投入之大，抓住新闻亮点，吸引读者注意。

12.《大逆袭！哈登MVP赔率登顶 碾压众星仅用30天》

"大逆袭！""碾压"等词汇的运用，给读者心理产生一定冲击，吸引眼球；运用数字突出主题，吸引读者进一步阅读新闻。

13.《妖星替补砍31分 爵士破魔术快船末节崩盘8连败》

通过数据突出主题，具有很强的说服力，又在一定程度上展现了客观性。

14.《666！奥尼尔晒超震撼照片 他共扣碎过多少篮板》

网络用语"666"的巧妙运用，生动有趣，既拉近了与受众的距离，又使新闻报道变得更有特色、更具时代气息；"扣碎"这一动词的运用，既精妙又震撼，能够迅速抓住读者眼球，吸引读者进一步阅读新闻。

15.《克洛普：放心！我身体没问题 能杀死我的只有输球》

引用新闻人物的原话，显得亲切、质朴，增加新闻报道的真实性；以

"能杀死我的只有输球"结尾,语气强烈,有感染力,更易引起读者共鸣。

16.《明明能靠脸吃饭为啥还打球?阿不都:我要挣钱啊》

"明明能靠脸吃饭"这一网络流行语的巧妙运用,使标题妙趣横生,富有幽默感,既拉近了与读者的距离,又使新闻报道变得更具活力和表现力。

17.《惊!巴黎3000万镑转会费撬穆帅 英媒:简直疯了》

运用"惊!""简直疯了"等词汇,给读者带来心理冲击,更易产生共鸣;巧用动词"撬",增强标题的灵动性,吸引读者眼球。

18.《登高望远剑指全运冠军》

标题使用了语义双关的手法,利用"登高望远"的双重含义构成了双关语。"登高望远"表面指上海男排登上高塔东方明珠举办夺冠庆功活动,其深层含义是上海男排赢得国内联赛冠军后,定下了更为远大的目标——赢得全运会冠军,这一标题寓意十足,遣词造句优美,令人印象深刻。

19.《这打法很火箭!保罗三分7投4中兼任场上指挥官》

巧妙借用名词"火箭",赋予多重含义,既突出了火箭这支队伍,又表现出其打法具有像火箭一样的气势,语言生动传神。"7投4中"运用比分数据突出主题,抓住新闻亮点,吸引读者注意。

20.《梅西扛着阿根廷进入了世界杯》

运用"扛"字,传神地展现了梅西凭一己之力带领阿根廷进入俄罗斯世界杯的努力与艰辛,贴切形象,给读者留下深刻印象。

21.《周洋:静下心来,努力就好》

引用新闻人物原话,亲切质朴,富含情绪,更易引发读者共鸣。

22.《孙铭徽,这个小伙不简单》

标题采取全取式嵌入人名,突出新闻主体,让读者一瞥标题就能第一时间记住新闻主人公。

23.《连笑:十年磨一剑,滴水终穿石》

运用对偶的修辞手法,使标题对称整齐,富有节奏感的标题朗朗上口,给读者留下深刻印象。

24.《又是武大靖 弱项也摘金》

标题构思新颖,欲扬先抑,弱项也摘金,更加凸显其实力强大。

25.《曹缘称雄三米板 国乒女团无人敌》

将"称雄""无敌"这些常见于武侠小说中的词汇用在奥运报道的标题当中，既形象地展现了中国奥运健儿在赛场上取得的优异成绩，也在无形之间表达了对奥运健儿的赞扬和浓厚的民族自豪感。

26.《北京双雄谁主沉浮》

利用武林叙事手法，使用这一技巧，能够令标题气势十足，迎合以男性为主的读者群体的武侠情怀，更能传神地传递信息和媒体立场。

27.《跳高吴彦祖？请叫我王宇！》

巧妙借用明星光环，吸引读者关注，同时嵌入新闻主人公的人名，突出新闻主体。

28.《如何防小丁？崔万军：包夹不行就三人防》

巧妙运用问答形式，引发读者思考；突出新闻内容，使文章起波澜，有变化。

29.《心无旁骛必取卡塔尔！》

运用"千军万马之中取上将首级"的"取"字，使国足在世预赛生死战前的必胜决心跃然纸上。

30.《对手少1人 国安输1球》

标题对称整齐，具有形式美与节奏美，朗朗上口，记忆点强。

31.《国内比赛海外办 为啥？》

标题巧设问句，启发读者思考，同时吸引读者进一步阅读寻求答案。

32.《飞雪连天曼联难射白鹿》

"飞雪连天射白鹿，笑书神侠倚碧鸳"是金庸将自己的武侠作品名串作的对联。这则标题化用这副对联有两个妙处："飞雪连天"点出比赛在雪天进行；热刺的球场叫白鹿巷，"难射白鹿"暗抒记者对曼联未胜热刺的惋惜。

33.《从1∶5到4∶1价值千万？》

数据的一大优势是便于比较，将不同的数据放在新闻标题之中进行比较，能够起到增强立体感和说服力的作用。这则新闻报道的是中超球队泰达一周前1∶5输给亚泰，濒临降级；一周后4∶1大胜权健，保级有望这一新闻。两组数据对比强烈，球队所设千万奖金的重要性不言而喻。

34.《曹莫默契 申花绽放》

"绽放"一词与申花足球队的"花"字相契合,不着痕迹地赞扬了申花队在比赛中的精彩表现,使标题富有动感,增添语言魅力。可见,就算是语义平淡的动词,结合与其相衬的语言环境,也能起到画龙点睛的效果。

35.《一曲图兰朵 两代花滑情》

标题利用对偶的修辞方式,使标题具有音律美与形式美,遣词造句具有古风意味,颇具文化底蕴,令人眼前一亮。

## 参考标题

1.《火箭最想念的人回来了! 2球让铁闸变成毛巾侠》

2.《火箭对周琦奇葩用法看不懂!被下放到三你敢信》

3.《火箭用一波失利证明保罗多重要!这队不能瘸腿》

4.《NBA最特别合影!这名宿让最强175体验姚明感觉》

5.《不关心!詹姆斯避开欧文话题 他咋评价勇凯大战》

6.《又一首发伤停!骑士这位置告急 或启用43分妖星》

7.《控卫告急!香珀特将休5~7天 骑士如何调整首发》

8.《骑士控卫荒!罗斯至少伤停两周 詹皇还不能多歇》

9.《巨星待遇!周琦享受客场球迷欢呼 连送莱恩大帽》

10.《内讧!C罗拉莫斯互相不满 皇马两核心恐已决裂》

11.《新赛季中职篮赞助收入历年最高,新媒体版权上亿元——这张成绩单,挺亮眼》

12.《业余棋王赛推广有妙招》

13.《中国拳击职业化改革开启新航程——两条金腰带一条融合路》

14.《心态失衡!大帝只硬半场 一球看出他有多想赢》

15.《犯规20-6!匪帅搅屎棍战术成功 36次解围教皇马防守》

16.《李哥利好!米兰接近达成融资协议 未来可获5亿欧》

17.《回忆!郝伟晒健力宝队旧照 青春岁月难再复》

18.《大逆转!勇士客场战胜76人队》

19.《连战连败 快船客场不敌黄蜂 遭遇八连败》

20.《铁卫头槌桑切斯建功　阿森纳 2-0 热刺》

21.《棋坛小鱼儿有颗大心脏》

22.《中国围棋厚度造就高度》

23.《只虐半场筐！前 FMVP 能量用完装死还是不行了？》

24.《高开低走！湖人新老大就爆一节　末节隐身全因这》

25.《又一个！15 榜眼接受左膝盖手术　将无限期休战》

26.《苏神归来！又见招牌庆祝　梅西深情拥抱》

27.《气场太强大！詹皇险些晃倒　小里弗斯轻松得分》

28.《洗牌！中超内援转会暗流涌动　恒大权健已从国脚下手》

29.《1 打 5！最猛科蜜刷爆斯台普斯　他让人想起科比》

30.《15 大最年轻的三双先生：湖人二星詹皇略输一人》

31.《周末，共享篮球大餐》

32.《篮球改革：这次力度不小》

33.《中国杯首战，中国男足不敌冰岛队——踢了半场好球已属不易》

34.《下功夫用实招　推动冰雪运动发展》

35.《强势反弹！天津亿利战胜北京国安　收获神奇四连胜》

36.《重磅罚单！张稀哲因扇对手耳光被禁赛 12 场》

37.《北大女生想跑东京奥运会》

38.《首钢双外援渡过磨合期》

39.《约见冯潇霆　我们问了他 35 个问题》

40.《19 岁小将风头盖过马布里》

41.《WCBA 造星看重人品球技颜值》

42.《巴黎大师赛小人物天堂》

43.《金博洋〈卧虎藏龙〉落地欠佳》

44.《一名 TOP10 球员的尴尬》

45.《丘索维金娜不想退役想见成龙》

46.《彭帅——亚洲一姐美好一年》

47.《纳达尔太拼　跑掉一只鞋》

48.《小花们还太嫩》

49.《WTA 四美争后》

50.《平地一声雷　又见三巨头》

51.《首钢新援亮相　有个火锅师傅》

52.《五环亮了》

53.《32 位官方"兔子"带你跑赣马》

54.《新兴"电竞"向传统体育"靠拢"》

55.《熊北蓉"桨"述乳腺癌阴影下的中年危机》

56.《外教布朗眼中的"小老虎"宁泽涛——"游泳对他来说不仅仅是一份工作"》

57.《专业选手投身市场带动群众科学"打铁"——"大众"与"大神"间的铁三逻辑》

58.《这些"马术裁判"有点儿"生"》

59.《改革力度空前，丑闻大幅度消失——竞技内涵和教育外延在天津全运寻找"交点"》

60.《一双球鞋背后的津门体育观》

61.《中国体育多个"第一"源于天津，全运会为这座城市注入新的活力——一座全运城市长盛不衰的体育基因》

62.《全运玩转"哏儿都"》

63.《"内忧外患"让奥运会不得不变，而变革执行力或成最大变因——奥运"双城记"是主动变革还是无奈之举》

64.《一个周末两起风波，职业联赛"玩不起"——谁来给中国足球开一张"超速"罚单？》

65.《夏季转会窗冷冷清清，预示中超"退烧"——不再 P 图的中国足球终显真实面目》

66.《战旧主　马布里抱一抱》

67.《一个伤了忍着　一个累了挺着》

68.《谁踢亚冠？再等 90 分钟！》

69.《足协杯前瞻：上港莫被双杀迷惑　申花有五大优势》

70.《三人篮球改革打造全民赛事》

71.《"知错能改" 广州男篮收获大胜》

72.《问诊中国男乒 接连外战落败原因几何?》

73.《2017 中羽赛或上演"林李大战" 谌龙能否破福州不胜魔咒》

74.《意大利无缘世界杯 是结束也是开始》

75.《北汽女排零封山东 刘晓彤带伤砍高分》

76.《在三秦大地感受寒冷与高心率》

77.《中国围棋名人战走过 30 年 经典数不清 故事说不尽》

78.《首钢队赢了比赛伤了虎将》

79.《中国队,加把劲儿!》

80.《首钢战上海 小心三分雨》

81.《"羽"球共舞 共享健康》

82.《CBA 联赛国内球员爆发 临时"抢戏"还是改写"剧本"?》

83.《哈登 26+15 周琦送 2 血帽 火箭力克步行者取 6 连胜》

84.《12 中 3 书豪 +22 吓死人！东区小水花不给骑士活路》

85.《国脚们认真听课 唯他玩手机惨遭怒骂:来国足蹭网?》

86.《日本全军被打蒙！中国男乒 4 将集体爆发包揽冠亚军》

87.《吃饭睡觉打火箭！帕森斯持续暴走三节 7 中 7 强行续命》

88.《60 载落幕演离殇 豪杰埋骨地却承亿人梦》

89.《CBA 哪家国内球员实力强 数据证明广东发挥最好》

90.《运营权纠纷 大足赛裸奔 运营商现"罗生门"》

91.《俄罗斯之夏:缺了一点橙 少了一抹蓝》

92.《两场热身赛净吞六蛋 国足失球容易进球难》

93.《皇马 5 将入围年度最佳阵容 齐达内获最佳教练奖杯》

94.《周琦四分钟送出俩盖帽 称卡佩拉是他学习的榜样》

95.《"球哥"成为 NBA 最年轻"三双"球员》

96.《难说再见 那些告别世界杯赛场的球星》

97.《最理所当然、最惊喜与最失意,盘点世预赛上的"最"》

98.《32 强全部产生,秘鲁获得俄罗斯世界杯最后一个决赛圈席位》

99.《体育市场下一个热潮在哪:马拉松跑腻了,那就来场铁人三项》

100.《跑出不一样的人生，脑瘫患者5年单腿完成33场马拉松赛》

101.《詹皇崴脚带骑士艰难取胜　第一人拼尽全力真的累了》

102.《官方：蔡勇将出任中国足协专职执委》

103.《如何适应伦纳德长期缺战波波：当他不存在》

104.《一度战绩垫底　大牌云集的骑士队怎么了？》

105.《又夺冠了！刘国梁指导爱女比赛　妻子变球童》

106.《从世界排名第611到世界第一　冯珊珊用了11年》

107.《U19亚青赛预选赛：国青补时绝杀柬埔寨》

108.《曼城队客场完胜莱斯特　继续领跑积分榜》

109.《秘鲁搭上世界杯末班车！与哥伦比亚的"默契盘算"终获成功！》

110.《大四喜！C罗女友产下女婴　公主取名阿拉娜马蒂娜》

111.《皇马惨败，C罗还有更大噩耗！》

112.《坚强！海沃德重伤后录视频感谢所有人：我会没事的》

113.《官宣！皇马第三门将转会赫塔费》

114.《ESPN：甜瓜本季享受轮休　小刺客痊愈后才复出》

115.《数据观察：勇士得分新低遭翻盘　绿军冲击最长连胜》

116.《哈神：我还欠辽宁一个总冠军　对这里感情最深》

117.《穿裆过人是挑衅？亚当斯回应：我只是在打球》

118.《211天的等待！伊布一声吼宣告上帝归来　他还要征服英超》

119.《老了？西甲生涯最差C罗　55射1球+20米冲刺输老朽》

120.《瓦拉内门线救险　水爷本泽马遭"爆头"》

121.《穆帅钦点之人低级失误连发：心魔犹在or能力不足？》

122.《法老王！萨拉赫恐怖数据超名宿　预定本季最佳引援？》

123.《U20男足首秀令人失望？折磨刚开始这只是练兵》

124.《相爱相杀二十年　奥沙利文终将希金斯彻底碾压》

125.《库里35分勇士24分大逆转　4人20+76人功亏一篑》

126.《虐克星22分！火箭彻底除心魔　季后赛会遇上吗》

127.《不敢输！勇士FMVP曝大逆转真因　都怪大帝话多？》

128.《17+6+4三分！火箭找回强大CPU　双核驱动就是稳》

129.《揭幕战后终于又见　最强火箭西部第一还能更强？》

130.《神吐槽：西班牙国手大脚解围　渣勇比赛还用看？》

131.《赛季最强战！第三节打崩勇士　宇宙队也感受绝望》

132.《老将排行榜：詹姆斯榜首甜瓜第 4　火箭一人上榜》

133.《科比发图忆 15 年前经典绝杀　当年是他救了 OK！》

134.《安掌门的心路历程——从韩国第一中单到世界传奇打野》

135.《五年必夺一冠？上港冲击冠军定律　最强人马蓄势待发》

136.《"失意联盟"叫板世界杯　国足想搭便车需自强》

137.《背水一战遇上哀兵必胜　上港莫轻敌　申花有 5 优势》

138.《无暴力不德比！上海滩老大易主？申花上港能否再献经典》

139.《莫拉塔 11 场造 12 球创队史纪录　卢卡库？他才是宝》

140.《还喷？厄齐尔神数据藐视全英　论喂饼他怕过谁？》

141.《北伦敦之王！阿森纳一战还魂　造主场 11 连胜神迹》

142.《红军"跑不死"火线复出战老乡　关键之人却伤退》

143.《小魔兽终结 7 场进球荒　曼联最恐怖锋线呼之欲出》

144.《用灵魂与爱拒绝皇马！热刺主帅：因信任而回报》

145.《19 日纪录：绿军连胜追平宿敌　快船连败七年最惨》

## 第十二节　影视新闻标题

1.《马云主演〈功守道〉，全片只有 20 分钟》

以"剧名＋名人"的方式制作标题，利用名人效应抓住读者眼球，并在后半句设下悬念，吸引读者进一步阅读新闻。

2.《15 部电影扎堆上映一周 80% 成炮灰》

运用数据突出新闻亮点，同时利用"扎堆""炮灰"等生动形象的比喻给读者留下深刻印象。

3.《〈极恶非道 3〉够"恶"才配北野武》

反复运用电影名中的"恶"字，意蕴丰富，抓住新闻亮点，吸引读者眼球。

4.《IMAX 提前打响激燃团战　60 城酣畅开启 DC 宇宙之旅》

音节整齐，语言凝练，朗朗上口，令人印象深刻。

5.《又一部战狼？〈王者归来黄飞鸿〉即将上映》

标题以设问的形式将两部影片关联在一起，一方面可以巧妙借用电影《战狼》的影响力为影片《王者归来黄飞鸿》做宣传；另一方面可以引发思考，吸引读者产生阅读兴趣。

6.《诺兰来搞什么"灰机"？》

利用"灰机"这一网络流行语，使标题诙谐幽默，新鲜生动；同时以设问的形式制造悬念，引发读者的好奇心，吸引读者进一步阅读新闻。

7.《他是最大彩蛋！〈正义联盟〉超人复活吊打反派》

利用感叹句配合"彩蛋""吊打"等网络流行语，使标题语气强烈，富有感染力，更易吸引读者眼球。

8.《张艾嘉田壮壮成"黄金 CP"〈相爱相亲〉排片反升》

使用"黄金 CP"这一网络流行语使标题更亲切更生动，激发读者的阅读兴趣。

9.《中影发布 4 部主旋律影片　田华等老艺术家助阵》

运用数据突出主题，抓住新闻亮点，吸引读者眼球。

10.《创纪录！全国电影票房首破 500 亿：十几年增长 50 倍》

感叹句式的使用让标题蕴含的感情更饱满、更浓烈，更易引起读者的共鸣；运用数据提炼新闻核心内容，简洁明了，给读者留下深刻印象。

11.《郭富城"易容术"引粉丝点赞　〈密战〉火热公映》

利用明星效应第一时间抓住读者眼球，同时使用"易容术"巧妙设置悬念，营造神秘感，激发读者的阅读兴趣。

12.《〈正义联盟〉3 天过 3 亿　口碑有争议》

"亿"与"议"构成押韵，使标题富有和谐感，读来朗朗上口，给读者留下深刻印象。

13.《这么老套的青春片也能让你"少女心炸裂"？》

运用"少女心炸裂"这一网络流行语，营造亲切感与生动性。同时使用反问的形式，吸引读者进一步阅读新闻，一探究竟。

14.《鉴定〈缝纫机〉：草根喜剧成套路 摇滚情怀最燃情》

利用对偶的修辞手法，使标题的语言凝练，音节整齐，朗朗上口，更易给读者留下深刻印象。

15.《〈金刚：骷髅岛〉8天7.2亿！小长假唯一合家欢大片让你嗨！》

利用"8天7.2亿"这一足够抓人的数据，吸引读者目光。同时，巧妙运用"让你嗨！"这一网络流行语，拉近标题与读者的距离，营造气氛，让标题更有代入感，更易引起读者共鸣。

16.《〈银翼杀手2049〉损失8000万美元 或成票房炸弹》

运用数据突出主题，抓住新闻亮点，吸引读者眼球。

17.《〈我的前半生〉收尾 网友中了陈俊生的"毒"》

电视剧《我的前半生》播出时，"有毒"这一网络语正流行，标题运用"毒"这一网络流行语，既增添了标题的趣味性，又巧妙地设下了悬念，激发读者的阅读兴趣。

18.《你们的女朋友正式回归！〈神奇女侠2〉或明夏开机》

编写者深刻洞悉英雄主义电影受众的心理与喜好，以"你们的女朋友"比喻电影女主角，代入感强，有感染力，能够有效吸引读者产生共鸣。

19.《〈芳华〉定档12月15日，这回真的不改了》

《芳华》曾因上映日期多次调整而引发公众关注，作者抓住这一热点，将电影定档日期这一关键要素置于标题开头，清晰明了。同时使用"这回真的不改了"这一幽默风趣的语言，巧妙传达文章核心内容，吸引读者关注。

20.《海拔4800米的"死亡秘境"〈金珠玛米〉在这儿拍？》

标题巧妙设问，引发读者的好奇心，并运用"4800米"这一抓人的数字吸引读者眼球，激发读者的阅读兴趣。

21.《金马奖赠入围者电饭锅 黄渤要带电饭锅上飞机？》

作者抓住"电影颁奖典礼赠电饭锅"这一看点，反复运用"电饭锅"凸显新闻价值，语言生动有趣，富有幽默感，并通过设问设置悬念，吸引读者进一步阅读新闻。

22.《三天1亿美元！〈敦刻尔克〉全球首周末票房开门红》

标题开头以"三天1亿美元"这一抓人的数据，第一时间吸引读者目光；同时运用"开门红"这一词语形象比喻电影的热映。

23.《差距大！〈变形金刚5〉中国首周票房是北美两倍多》

以"差距大"三个字配合感叹号，传达饱满的情绪，营造氛围，使标题富有感染力；运用"两倍多"这一对比数据传达新闻亮点，进一步吸引读者关注。

24.《博纳影业8000万美元投资二战史诗片〈中途岛〉》

标题虽然语言平实，但胜在准确提炼"博纳""8000万""二战""史诗"等关键词，简洁到位地传达了新闻核心亮点，有效吸引读者关注。

25.《这部印度高分之作，如何成为体育电影的标杆？》

标题巧妙设问，通过疑问句式设置悬念，同时使用"高分""标杆"等词表达了肯定，既引发读者思考，又明确了作者的态度。

26.《影市进入500亿时代 今年突破600亿希望渺茫》

运用数据突出主题，概况并提示新闻的核心内容，给读者留下深刻印象。

27.《热依扎赞〈海牧〉：拍这样的剧才不浪费演员生涯》

直接引用电影主角原话，既可以利用明星效应激发读者的阅读兴趣，又可以使标题更具亲切感和真实性。

28.《8部暑期剧男主演平均年龄37岁 IP剧占87.5%》

准确提炼新闻内容的核心数据，一方面可以清晰具象地传达新闻亮点；另一方面可以增加标题的权威性与说服力。

29.《"长得好看才有青春"？才不是！这部清流青春剧里，孩子家长老师都很珍贵》

前半句以社会上热议的"颜值"话题进行设问，有效吸引读者关注与思考；后半句又以肯定句的形式对设问进行了回答，巧妙传达了新闻核心内容。这样创作标题，打破了千篇一律的形式，使标题富有新意，吸引读者产生阅读兴趣。

30.《玉兔斗白蛇！李玲玉赵雅芝助阵影业发布会首同台》

使用借代的修辞手法，以"玉兔""白蛇"来借代曾饰演过该角色的演员，令人耳目一新，增加标题的记忆点。

**参考标题**

1. 《破次元壁！千名 coser 应援〈银魂〉 打响观影第一炮》
2. 《〈如懿传〉里的女人比〈甄嬛传〉更"狠"》
3. 《成龙变了！〈英伦对决〉超越想象 制霸国庆档》
4. 《12年回忆杀！蔡康永处女作〈吃吃的爱〉献康熙粉》
5. 《〈正义联盟〉超人复活！卡维尔称还有一部片约》
6. 《童年回忆肥皂剧〈豪门恩怨〉重置》
7. 《〈天使之路〉她们仨"硬件"最接近维密秀》
8. 《〈急诊科医生〉张嘉译"怕"谈恋爱》
9. 《〈天才枪手〉将考试拍成惊心"谍战"》
10. 《〈星球大战8〉宇宙家族相爱相杀》
11. 《〈羞羞的铁拳〉就是图个乐》
12. 《宋方金：编剧没死，但影视行业休克了》
13. 《网剧，为什么好看得那么"突然"》
14. 《影帝姜武演技精湛 自曝"脚踹"刘德华一条过》
15. 《"东方快车"驶进京》
16. 《〈东方快车谋杀案〉与〈雷神3〉也讲"缘分"？》
17. 《年度动作爆款！谁为〈王牌特工2〉砸下一亿美元？》
18. 《没有"鲜肉""鲜艳"照样"鲜活"》
19. 《〈亲·爱的味道〉甜度升值》
20. 《那些触动你心灵的英国文艺片》
21. 《遏制抄袭再也不能"温柔一刀"》
22. 《那些爱上"野兽"的她》
23. 《〈金牌律师〉身后走来〈继承人〉》
24. 《这对学霸天才 她冷傲他呆萌》
25. 《〈王牌特工2〉发布会，来了一群小狗》
26. 《〈我的！体育老师〉王笛与张嘉译斗智斗勇》
27. 《〈推理笔记〉主演"跪求"大家别剧透》

28.《〈引爆者〉段奕宏余男"六星级演技"请你检阅》

29.《风格仍然复古　口碑依旧爆棚　〈怪奇物语〉第二季影响蔓延到时尚圈》

30.《集齐诸多"利好"的网剧〈将军在上〉开播遭遇吐槽　女将军也头疼婆媳关系》

31.《看不懂〈银翼杀手2049〉？你需要这份指南！》

32.《"戏骨"何冰演活另类"傻"人》

33.《小故事，大情怀　这些电影接地气看点十足》

34.《"铁拳"撞上"缝纫机"　斗搞笑拼励志》

35.《〈使徒行者2〉归来　港产警匪剧还有套路外的惊喜吗？》

36.《一波三折！〈正义联盟〉成史上诞生最艰难DC电影》

37.《〈帕丁顿熊2〉口碑解禁烂番茄　内地将100%引进》

38.《彻底拜拜！〈金钱世界〉新海报再无史派西》

39.《〈英雄本色〉今日公映　4K技术助力经典重生》

40.《五大看点燃爆来袭　11月硬片〈恐袭波士顿〉今日上映》

41.《任重跨界毕业作品〈寂静的王国〉诚意上线》

42.《〈前任3：再见前任〉角色海报五色炸裂回忆》

43.《到底有多惨　杜江忆〈红海行动〉拍摄　叹耐人寻味》

44.《皮卡丘大电影来袭　〈精灵宝可梦〉成亲子首选》

45.《胡然〈追龙〉柔美转型　"大哥背后的女人"收获力赞》

46.《〈英伦对决〉今日开战　十大看点给你好看》

47.《刘涛谈〈英伦对决〉：默默爱成龙　是知己更是家人》

48.《〈天才枪手〉未映先火　十月必看口碑神作》

49.《还原九十年代的青春模样　路内〈十七岁的轻骑兵〉开机》

50.《别怠慢了你的"双11"：这几部电影教你如何脱单约会》

51.《〈勇敢者游戏〉刷屏　巨石强森征服群兽燃爆全球》

52.《他演〈神奇宝贝〉男主角？粉丝又要热议了……》

53.《"黑亚当"将首度亮相〈X特遣队2〉？或打酱油》

54.《傲娇德普秒变粉丝？〈东方快车〉导演全招了》

55.《万万没想到 妻夫木聪和王宝强合拍了一部电影》

56.《减肥仍要体重过百！〈釜山行〉大叔马东锡有苦衷》

57.《堪称颜值最高的青春电影 胶原蛋白快要溢出屏幕了》

58.《日本有个猫咪纪录片 现在它要改编成电影上映了》

59.《岩井俊二〈烟花〉成〈你的名字〉第二？》

60.《巨制！郭富城梁朝伟谭耀文演绎"四大探长"》

61.《国产佳片〈暴雪将至〉"冷"出"热度"》

62.《〈相爱相亲〉刻画人间最美情感教科书级演技获赞》

63.《有格局，有愿景的电影〈坏爸爸〉即将上映》

64.《年度黑马已内定？宗峰岩携〈八侍卫〉惊心来袭》

65.《Next Idea，你可以的，快来飙戏》

66.《淡妆浓抹总相宜！冯女郎苗苗亮相平遥电影展红毯》

67.《十年惊典〈蝴蝶公墓〉获赞 原著蔡骏：奇情升级！》

68.《献映影片〈六年，六天〉讴歌祖国获评"最走心"》

69.《〈兄弟别闹〉"戳心""鉴男"双杀引爆网络》

70.《〈索玛花开〉热播 王力可传承宿命迎战脱贫攻坚》

71.《〈放羊的星星〉隔10年重拍！传闻邓伦菅纫姿组cp》

72.《"精品荷尔蒙"即将上线 胡兵〈猎场〉出场被争抢》

73.《该哭还是该笑！尹钧相收李钟硕餐车却被曝黑照……》

74.《笑掉大牙！窦骁获徐璐表白笑场：补的牙都笑掉了》

75.《"小戏骨"为啥火？孩子们给"面瘫演员"上了一课》

76.《〈男人装〉与女星的"三百回合"：如何让柳岩、杨幂、海清、蔡明卸下防备展露性感》

77.《DC最帅反派登场！"丧钟"乔·曼根尼罗正式着装亮相》

78.《内地电影配额抽签公开 〈解忧杂货店〉拔头筹在台将映》

79.《〈碧海雄心〉曝惊涛骇浪版预告 上演最美逆行》

80.《〈解忧杂货店〉曝特辑 寄信人困境映射现实生活》

81.《〈夺金四贱客〉将上映 德式幽默不只〈屌丝女士〉》

82.《外媒评〈汉娜〉：像女主角的脸一样冰冷呆滞》

83.《第 74 届威尼斯电影节"大表姐"蕾丝长裙秀傲人上围》

84.《还哥哥一张电影票？张国荣〈失业生〉9 月 8 日重映》

85.《探秘威尼斯 VR 电影岛：在影院看 VR 是怎样一种体验》

86.《张一白献声〈怪物岛〉"声"动演绎呆萌骷髅牛》

87.《悬疑动作片〈Mrs K〉海报曝光  任达华惠英红影帝影后联手引期待》

88.《粉色系也很炫酷！〈极盗车神〉发多张艺术海报》

89.《〈三生三世十里桃花〉发仙器海报  九款仙器齐聚》

90.《〈鲛珠传〉曝萌宠鸥咔预告  发大招助力打怪升级》

91.《〈王牌特工 2〉发动画版预告  英美"贱"谍互怼》

92.《〈闪光少女〉发正片片段  观众变"自来水"应援》

93.《〈黑豹〉与〈雷神〉一家亲！两剧组首拍大合影》

94.《反差萌！〈猩球崛起 3〉神助攻毛里斯身份暗藏玄机》

95.《刘烨谈〈建军大业〉角色："毛泽东游泳"是反差萌》

96.《混搭 CP？中美合作动画〈哪吒与变形金刚〉将拍》

97.《四位英雄亮相〈复联 3〉片场  穿越废墟中的纽约》

98.《银润绘影视"多维版图"  推〈不婚〉等超十亿项目》

99.《〈侠盗联盟〉连曝三预告  导演冯德伦低调撒狗粮》

100.《许晴飒气亮相上影节红毯  本届金爵奖唯一女评委》

101.《谭卓"怼"徐峥笑料不断 〈中国药神〉宣布吉日出诊》

102.《成龙动作电影周来袭！11 部动作佳片角逐"钢铁人"》

103.《〈大护法〉发布粤语喜剧版预告  爆笑与暴力齐飞》

104.《〈变 5〉内地将上映加长版？片长超国外版本 2 分钟》

105.《〈龙之战〉创营销新模式  气味预告闻到战争硝烟》

106.《〈父子雄兵〉重塑经典儿歌  改编"好爸爸坏爸爸"》

107.《蒲松龄将成银幕神探？爱奇艺影业公布新片计划》

108.《〈银魂〉招"腿毛"志愿者  网友：终于可以不靠脸》

109.《彭于晏谈演孙悟空：每天都是杀人，最大挑战是眼神》

110.《〈火王〉开了假发布会？陈柏霖景甜这样放飞自我》

111.《七年后再度合作霍建华：接这戏是因为能打杨幂》

112.《伊朗电影获戛纳一种关注单元大奖　华语片颗粒无收》

113.《黄子韬献银幕初吻　自曝 19 岁私密日记》

114.《吴京回应差评：我不是直男癌我是"直男爱"》

115.《想象力爆棚！〈表情奇幻冒险〉首发国际预告》

116.《辟谣！〈正义联盟〉不大规模补拍　11 月正常上映》

117.《"木唐纯"和尚！〈玄笔录〉李俊辰变实力打生》

118.《〈摔跤吧！爸爸〉发"泪点"片段诠释父女之情》

119.《〈星球大战〉曝十年计划　第九部后会拍更多外传》

120.《〈银翼杀手 2049〉票房遇冷　经典重启真那么难？》

121.《〈河神〉大结局引猜测　"圣童"身份即将揭晓》

122.《〈我们的爱〉延播两年被指剧情过时　导演坦诚剧旧了点》

123.《好莱坞男星抖森开微博　力荐〈金刚：骷髅岛〉》

124.《除了〈人民的名义〉，这些影视剧也有"官方背景"》

125.《中国电影产业正在"刮骨疗伤"》

126.《揭秘大热剧配乐：为什么达康书记配的是钢琴？》

127.《徐静蕾首导动作警匪片　影迷大赞反转剧情》

128.《"史上最长中国电视剧"：播了 3100 集还在拍》

129.《才蹦跶两三年，综艺大电影就过时了》

130.《白子画比墨渊"作"！〈三生〉〈花千骨〉的师徒情》

131.《春节档票房掺"水分"？中国电影市场：怎弄啥哩》

132.《春节档票房增幅近年最低　〈乘风破浪〉口碑最佳》

133.《〈乘风破浪〉主题曲是大男子主义？演的是"妻管严"》

134.《这部剧讲三流的人生，献给没钱没背景，丧丧的却有梦想的你》

135.《不要害怕这部电影，它克制，又善良》

136.《吴聘死了，何润东火了，演技和角色的圈粉力太神奇了！》

137.《豆瓣 9.9 分，是怎样震撼的神片呢？》

138.《很久没看到这么扎我心的都市剧了》

139.《在我后来的人生里，总是想念这部诗一样的电视剧》

140.《黄子韬这一版〈大话西游〉,是史诗级的辣眼睛啊!!》

## 第十三节　灾难新闻标题

1.《四川九寨沟发生7.0级地震 各方立即行动 开展抢险救援》
标题直接点明新闻核心,将最为紧急、重要的事实置于标题中,表达出灾情紧急和抢险救援的迫切性。

2.《九寨沟救援紧张有序进行　伤员救治、家属抚慰、善后处置等全面展开》
标题在叙述和描写中找到了平衡点,既真实有效地传达了事件的最新动向,又运用富有人性的、温情的表达方式,抚慰人心,带来希望,体现出对生命的尊重与关爱。

3.《突发!美国得州一教堂发生枪击事件,数十人死伤!》
感叹句式的运用使标题情绪强烈,表达出作者的震惊;同时利用数据客观传达新闻事实,清晰直接。

4.《新疆博州消防官兵搜救不漏一人 "气温再高,救援也不会停"》
标题前半句以简洁凝练的语句直接点明新闻核心,后半句引用当事人原话,既能够拉近与读者的距离,又可以使标题富有人性和感染力,体现人文关怀。

5.《四川普格县发生山洪自然灾害 致24人死亡、1人失联》
直接列出伤亡数据,可以体现新闻的精确性与客观性,也可以将灾害情况清晰明了地传达给读者。

6.《九寨沟地震救援进入第三天——立体搜救绝不言弃》
采用鼓励性标题,给读者信心与希望,达到在抗灾过程中有效地凝聚社会力量的作用。

7.《地震后女儿获紧急治疗,周强一家感动落泪 "党和政府的关怀实实在在"》
引用新闻人物原话,使标题富有感情和感染力,更易引发读者共鸣。

8.《灾情就是命令 救援牵动人心 各地各部门迅速驰援九寨沟地震灾区

使用鼓励性标题,"牵动人心""迅速驰援"等词具有正向力量,能在抗灾过程中凝聚社会力量,既符合我党以正面宣传为主的新闻思想,也符合新闻媒体在灾害中凝心聚气的作用。

9.《全力抢险救援 战胜地震灾害》

使用鼓励性标题,凝聚社会力量,语言对称整齐,言简意赅。

10.《各路力量紧急驰援》

使用鼓励性标题,直接点明新闻核心,营造积极的抗灾舆论环境,传达正能量。

11.《谁是谣"盐"风波受益者?》

谣"盐"与"谣言"谐音,一语双关,突出主题,构思巧妙,同时设置问题,表达出强烈的质问。

12.《墨西哥发生地震 震级修正为8.4级 目前9人死亡》

标题直接点明新闻核心,将最为紧急、重要的事实置于标题中,使受众迅速了解灾情。

13.《24小时九寨沟 6万人大转移》

音节整齐,语言凝练,直接点明新闻核心,言简意赅,运用数据突出主题,给读者留下深刻印象。

14.《地毯式搜索 不漏掉一个生命》

标题具有人文情怀,富有人性、温情的表达,体现出对生命的尊重与关爱。

15.《法国自巴黎恐怖袭击后已从边界驱逐3414人》

运用数据突出主题,将新闻事实准确清晰地传达给受众。

16.《"这样救人就像攀岩"》

引用新闻人物原话,拉近与读者的距离,使标题更有亲切感,也增强了新闻的真实性。

17.《福岛核泄漏事故余波未了 日本进口食品需谨慎》

标题直接点明新闻核心,将最为紧急、重要的事实置于标题中,使读者能够迅速了解关键事实,同时发挥媒体的导向作用,向读者提出警示。

18.《九寨沟地震,为何"震情重"而"伤害轻"?》

"震情重""伤害轻"两者相较,形成鲜明对比,展现事件的矛盾冲突,激发读者思考,吸引读者进一步阅读。

19.《30余辆车高速公路连环相撞,现场浓烟滚滚,已造成18人死亡!》

运用"30余辆车""18人"等直观数据精确传达新闻事实,凸显事故的严重性,更易引起读者共鸣。

20.《警报!埃及西奈半岛清真寺遭恐怖袭击 已致184死125伤!伦敦牛津街发生疑似枪击事件!》

开头即用"警报"这一语气强烈的词语吸引读者关注,运用伤亡数据直观清晰地传达事故情况;将"埃及""伦敦"发生的袭击事件进行关联,可以看出恐怖袭击已成全球问题,洞察深入全面,具有全局观,借报道发出警示。

21.《14车连环相撞大多地区400号高速!火光冲天成人间地狱》

运用数据精确传达新闻事实,运用"火光冲天成人间地狱"对事故现场进行形象的描述,令人印象深刻。

22.《75台车追尾悲剧警示:如何避免掉入高速连环相撞陷阱?》

以惨烈的新闻事实吸引读者关注,同时巧妙设问,引发读者好奇心与探究欲,吸引读者进一步阅读新闻。

23.《18人死亡21人受伤 安徽高速公路30余车连环相撞》

运用数据传达新闻事实,既体现新闻的精确性、客观性,也可以使事故情况更为清晰明了地传达给读者。

24.《这才是沪宁高速56车连环相撞的真相!》

感叹句式的使用让标题语气强烈,立场鲜明,同时可以巧妙地设下悬念,激发读者产生兴趣,从而进一步阅读。

25.《震惊:高速特大交通事故!50辆车连环相撞!》

感叹句式的运用,情绪饱满,语气强烈,表达出对特大交通事故的震惊与惋惜,同时运用数据将事故情况准确清晰地传达给读者。

26.《日本核泄漏辐射量是4年前的8.9倍!机器人也只能坚持走1米!》

通过"辐射量是4年前的8.9倍"这一直观的对比数据,将辐射量有增无减的新闻事实形象地传达给读者；以机器人为参照物，展现辐射污染的严重性，给读者留下深刻印象。

27.《日本福岛又地震了！别担心，这回没有核泄漏》

前半句抛出"福岛又地震了"这一灾害消息；后半句话锋一转，引出新闻全貌，一前一后的呼应，使"发生地震但无核泄漏"这一新闻事实传达得更加生动、更具戏剧性，给读者留下深刻印象。

28.《震后第一夜：安全、温暖、有序》

震后出现的是"安全、温暖、有序"，与人们的普遍认知存在反差，使读者在这种冲突感中感知抗震抢险工作的成效，以鼓励性的标题传递正能量，增加公众的信心。

29.《福岛核泄漏六年：阴影犹在 善后艰难》

标题音节整齐，语言凝练，颇具文采，令人印象深刻。

30.《日核泄漏污染增加已波及美国加拿大！》

使用感叹句式，观点鲜明，语气强烈，有感染力。

## 参考标题

1.《抗震救灾日记（8月9日）》

2.《九寨东环线见证科学救援——本报记者"8·8"九寨沟县地震灾区见闻》

3.《首个"地震宝宝"出生　她的爸爸坚守手术台救人》

4.《因震感强烈用餐者跑出，西安一餐馆三十桌未付款损失六七千》

5.《九寨沟地震：7.0级地震为何发生，七大疑问专家逐一解析》

6.《飓风"哈维"侵袭美国　得州成重灾区》

7.《九寨沟县9成受灾群众搬回"新"家　7000余名群众再就业》

8.《九寨沟地震：48小时撤离　一个母亲和她8岁儿子的灾区纪实》

9.《对话"最美逆行者"：部队都在往上赶，我只是被拍进照片而已》

10.《平时送餐，灾时排队献血：外卖小哥带来的不只是方便》

11.《地质专家——九寨沟地震不是汶川地震余震　与新疆精河地震也无直接联系》

12.《墨西哥地震至少 245 人死亡　全国哀悼 3 天》

13.《日本福岛核泄漏物质污染增加　已波及北美洲海岸》

14.《日本核泄漏后多地惊现畸形怪异植物》

15.《日本核危机引发韩国居民抢购盐和海带》

16.《后悔抢购食盐　多地又现"退盐潮"》

17.《震后游客撤离九寨沟被收"天价包车费"　涉事司机被拘 10 天》

18.《九寨沟地震：巨石砸车前 6 岁女孩跳车自救——要逃命，老师教的》

19.《九寨沟地震：国家邮政局——近期九寨沟地区快件可能积压延误》

20.《动车温州追尾　四节车厢坠桥》

21.《因雷击停车　温州两动车追尾》

22.《黑匣子及事故原因正在调查中》

23.《张德江：调动一切力量救治伤员》

24.《昨日停运 28 列车》

25.《两列绝对不该有交集的动车在温州发生剧烈追尾——数千村民自发救援　温州全城"通宵未眠"》

26.《1 名小男孩被救出》

27.《巨震＋海啸重创日本》

28.《胡锦涛温家宝高度关注云南盈江地震灾情　把抢救生命放在第一位》

29.《8.8 级巨震引发海啸，10 米高海浪吞噬村庄，至少 500 人死，大量人员失踪；核电站关闭新干线停运机场被淹……一瞬间，恍若"日本沉没"》

30.《第二波海啸可能更凶猛》

31.《灾区工作重心转向安置　废墟下已确认无压埋人员》

32.《巴黎恐怖袭击案受害者家属：Facebook 和谷歌都是帮凶》

33.《巴黎恐怖袭击案主犯在比利时落网　已在逃 126 天》

34.《巴黎发生连环恐怖袭击　众星为死伤者祈福》

35.《外交部：中国强烈谴责法国巴黎系列恐怖袭击》

36.《巴黎遭恐怖袭击已致上百人死》

37.《习近平对四川九寨沟 7.0 级地震作出重要指示　要求迅速组织力

量救灾 全力以赴抢救伤员 最大限度减少人员伤亡 李克强就抗震救灾工作作出批示》

38.《全力以赴 分秒必争——九寨沟抗震救灾纪实》

39.《巴黎恐怖袭击案凸显 Facebook 和 Twitter 重要性》

40.《巴黎恐怖袭击案外籍死难者身份陆续曝光》

41.《全球各大媒体头版如何报道巴黎恐怖袭击？》

42.《媒体称巴黎恐怖袭击后 G20 或将聚焦反恐》

43.《恐怖分子发动巴黎恐怖袭击事件仅花费 3 万欧元》

44.《巴黎恐怖袭击发生已近一周 恐袭阴影惊扰多国》

45.《巴黎恐怖袭击事件 拷问西方反恐政策》

46.《强震后惊现神秘光 墨西哥 8 级地震让人不寒而栗》

47.《墨西哥海域发生 8 级以上强震 4700 万人或有震感》

48.《墨西哥海岸发生 8 级地震 政府已发出海啸警报》

49.《墨西哥 8 级大地震致 9 死百余人伤 死者包括 2 名儿童》

50.《韩星李准墨西哥遇 8 级地震立刻躲避 已确认安全》

51.《墨西哥突发 8 级地震 民众逃至街头表情惊恐》

52.《亚盘汇市一波未平一波又起 墨西哥 8 级地震引发汇市"海啸"》

53.《墨西哥 8.4 级地震引发海啸 不会对中国沿岸造成灾害性影响》

54.《恍然大悟！金正男遇刺与马航 370 的诡异联系》

55.《中央电视台：MH370 事件美国警告印尼，真相不能公布》

56.《MH370 失踪三年半只找到 3 片残骸？暗杀事件背后疑点重重……》

57.《MH370 事件开庭结果已出，但却不是我们所期待的！》

58.《MH370 案今日开庭！》

59.《MH370 被远程劫持控制？》

60.《马航 MH370 失联事件带来的不便！》

61.《"马航 MH370 调查"，后真相时代，如何拒绝谣言？》

62.《马航 M370 确认找到了！或"僵尸飞行"后坠海！》

63.《马航 MH370 失踪事件再现阴谋论？真相何时才能水落石出？》

64.《从国际法视角看马航 MH370 事件》

65.《马航MH370失联乘客仍未被宣告死亡:妻子不能改嫁》

66.《我好心好意骗你,你为什么不信我》

67.《MH370,我们终于找到你!回顾马航事件,保险公司的理赔情况》

68.《马航MH370失联案:事件离尘埃落定还有多远?》

69.《"马航MH370失联赔偿",岂能无人承担?》

70.《如果,马航M370能安全返航……》

71.《对话MH370济南乘客父亲:律师建议索赔3000万》

72.《永远的秘密:马航MH370客机失联真相》

73.《MH370事件可能再也不会重演了!》

74.《马航MH370失联事件首起诉讼;911恐怖袭击嫌疑犯要求延期审理》

75.《三百网友接力翻译马航MH370中期调查报告》

76.《独家:一位记者在九寨沟地震后的61小时》

77.《九寨沟地震核心区:人间仙境的"震痛"》

78.《九寨沟地震和三峡工程有关系吗?》

79.《九寨沟地震后,那个曾经欺负我最多的人向我表白了——12个生死时刻的人性故事》

80.《九寨沟地震后企业都在做什么》

81.《九寨沟地震七日祭:这些画面让你想流泪!》

82.《九寨沟地震:"白衣"犹如"战狼"》

83.《九寨沟地震,生死一瞬!有些话没来得及和孩子说!》

84.《九寨沟地震亲历者的惊心时刻,汶川志愿者的回望》

85.《九寨沟地震未见理赔　巨灾险制度缘何推进缓慢》

86.《九寨沟地震解读:我国地震进入活跃期?》

87.《为什么声称"预测出九寨沟地震"的全是一派胡言?》

88.《九寨沟地震后村民重建家园:期盼从未离去》

89.《九寨沟地震理赔数据曝光,国民身价令人担忧!》

90.《九寨沟地震事件:房子没塌,但我的爱情塌了》

91.《关于九寨沟地震,你最好弄清楚这10件事!》

92.《谣言别信!关于九寨沟地震的N条真实情况在这里!》

93.《灾后重建:"8·8"九寨沟地震灾后恢复重建启动!时间表、路线图看这里》

94.《大数据解析九寨沟地震72小时舆论场》

95.《亲历九寨沟地震的惊魂,见无常实相岂敢再游戏人生》

96.《突发:小学枪击事件5死2伤 疯子拿枪扫射 从家中杀到学校》

97.《合肥市二院门口发生枪击事件致1人死亡 已有1人被逮捕》

98.《莫斯科商厦前发生多人参与的枪击事件 至少六人受伤》

99.《美印第安纳州枪击事件致7人受伤 其中1人伤势严重》

100.《美国加州枪击事件致5死7伤 枪手在小学等多地开枪后被击毙》

101.《今年美国已发生52361起枪击事件,中国制造的电视救了一命》

102.《美国得州教堂枪击事件:至少27人死亡,包括一名2岁儿童……凶手身份已确认!》

103.《关注:拉斯维加斯枪击事件》

104.《突发!美国得州南部一教堂发生枪击事件 数十人死亡》

105.《美国得州一教堂发生枪击事件致27人死亡》

106.《又现枪击事件!印州一家夜总会发生枪击案,共7人受伤》

107.《"流动的杀手":30余辆车高速上连环相撞,造成18人死亡!》

108.《30余车高速连环相撞,事故已致18人死亡……》

109.《盐城发生三车连环相撞事故 摩托车驾驶员当场死亡!》

110.《惨烈! 30多辆车连环相撞,18人死亡,21人正在抢救……》

111.《巧了!马鞍山发生一起四车连环相撞事故!》

112.《美国神州时报:芝城35辆车连环相撞》

113.《昨晚,炳草岗大桥上发生5车连环相撞事故……》

114.《高速50辆车连环相撞 现场真是没法看了!》

115.《日本这么发达一个国家,为何三天两头发生核泄漏?》

116.《震惊!日本再次出现核泄漏事故,工人遭最大级别辐射!》

117.《日本再发生核泄漏事故 多人遭受严重辐射》

118.《日本核泄漏已过去六年 现在的样子如世界末日》

119.《日本核泄漏真相比想象中可怕！新华社记者"冒险"亲测福岛……》
120.《日本核泄漏区唯一的活人：照顾动物6年，政府一直希望他死去》
121.《福岛核事故后，它们帮助人类阻止核泄漏——日本科学家谈灾后救援机器人》
122.《还记得今年"3·15"曝光的日本"核污染区"食品吗？2011年福岛核泄漏首次全球调查结果出炉》
123.《日本福岛核电站竟发现UFO！外星飞碟帮助阻止核泄漏？》
124.《突发！日本爆发大地震！福岛再遭核泄漏？》
125.《日本福岛核泄漏变鬼城，一个作死的摄影师偷偷潜入福岛禁区！》
126.《外媒炸锅！全世界多国发现日本核辐射泄漏物质》
127.《核辐射到底多恐怖？日本福岛核泄漏，菊花都变异啦！》
128.《对核泄漏长达6年的掩盖，刷新我对这个民族的认识》
129.《驻日大使：福岛核泄漏对水的污染未得到完全控制》
130.《日本核危机，中国政府为啥不告知国人？》
131.《重磅！福岛核泄漏5年后，你该知道的真相！》
132.《人类历史上最悲痛最惨重的12大核泄漏事故》
133.《灾害无情，竹溪抗灾救灾的场面感天动地！》
134.《重磅新闻：四川地震灾难面前几个自救知识必须牢记！》
135.《技术说了算的新闻时代，灾难报道终于不再被情怀绑架了》
136.《假新闻泛滥成灾，源头上打假还需靠人类》
137.《四川茂县"6·24"特大山体滑坡灾害新闻特写：搜救第一夜》
138.《四川消防全力投入茂县"6·24"特大山体滑坡救援》
139.《四川茂县发生山体滑坡事故》
140.《四川茂县"6·24"山体滑坡航拍救援现场》
141.《"6·24"茂县特大山体滑坡失联人员中15人确认安全》
142.《【"6·24"特大山体滑坡灾害】茂县受灾前后对比图：垮塌前风景秀丽》
143.《茂县"6·24"山体滑坡救援工作进展情况》
144.《关于推荐"8·8"九寨沟地震抗震救灾及"6·24"茂县特大山

体滑坡灾害抢险救灾先进集体和先进个人候选的公示》

145.《茂县"6·24"山体滑坡救援工作进展情况》

# 第十四节　监狱新闻标题

1.《监狱"教育日"的动与静！》

"动"与"静"形成鲜明对比，使标题更具表现力，标题并未对动与静加以解释，起到设置悬念的作用，吸引读者进一步探究。

2.《监狱消防 防患于未"燃"》

"燃"与名言警句"防患于未然"的"然"字谐音，一语双关，形式新颖，吸引读者眼球。

3.《监狱生活竟然如此有趣，完爆一线企业的待遇！》

"监狱生活""一线企业"两相对比，形成鲜明反差，"有趣""完爆"词汇的使用，凸显新闻价值，抓住新闻亮点，吸引读者眼球。

4.《请把我的歌带回我的家，请把你的视频留下》

标题化用了歌曲《歌声与微笑》中的经典歌词，深情地展现了监狱开展亲情帮教的生动画面，同时因为这首歌曲为广大受众所熟知，读来必将唤起受众深深的回忆，使其产生浓厚的阅读兴趣。

5.《世界上最豪华的监狱，连罪犯都不想出狱！》

以"世界上最豪华的监狱"开头，第一时间激发读者的猎奇心，同时运用夸张的修辞方法营造氛围感，吸引读者进一步阅读。

6.《深山狱警：在牢狱内工作、生活是一种什么样的体验？》

标题巧设问句，引发读者的思考，吸引读者进一步阅读新闻主体。

7.《狱警才是地表最强走私犯》

标题直接点明新闻核心，准确精练，言简意赅。"狱警"的正面形象和"走私犯"的反面形象形成强烈的冲突，激发读者的猎奇心与求知欲。

8.《一封特殊来信引发的真相探寻》

借用"一个馒头引发的血案"这个耳熟能详的电影故事剧情，使标题充满神秘感和吸引力,吸引读者进一步阅读。

9.《巴西一监狱内发生囚犯争斗致7人死亡》

标题直接点明新闻核心,运用数据将新闻事实准确传达给受众,清晰明了,言简意赅。

10.《江西鄱湖圩堤上的"青训营"》

新闻内容讲述的是江西未成年管教所青年民警积极参与一线抗洪抢险的故事。标题看似朴实无华,却妙在使用凝练的叙述性语言描绘了新闻事件全貌。

11.《这是世界上唯一七星级监狱,看完居然有点想坐牢》

准确抓住"唯一七星级监狱"这一亮点设置新闻标题,足够吸引读者目光,同时运用夸张的语言风格进行描述,吸引读者进一步阅读。

12.《神秘身份之"拆弹专家"》

将危险比作"炸弹",将女警察比作"拆弹专家",既准确传达了新闻事件的原貌,又能使标题的意境升华,让读者产生一探究竟的心理。

13.《监狱里的餐厅,你吃得起吗》

监狱里的餐厅吃不起,显然不合常理。编写者有意为之,运用反问的形式,一方面可以使标题读起来像直接与读者对话一般,拉近与读者的距离;另一方面可以巧妙地设下悬念,引发读者思考并产生阅读兴趣。

14.《请原谅你身边这个"夜不归宿"的男人》

标题运用了"原谅""夜不归宿"等词语,表达了监狱民警因为工作而无法兼顾家庭的无奈,通俗易懂,感情真挚,让人顿生同情之心,想要一睹为快。

15.《看到监狱这些"最后的晚餐" 你对这些美食有食欲吗?》

借用名画《最后的晚餐》的影响力,吸引读者注意,同时也符合监狱新闻的语境,构思巧妙,使标题更具表现力与吸引力。

16.《欢迎来到摩尔多瓦监狱 今晚上演的是囚犯版〈哈姆雷特〉》

标题巧借莎士比亚最负盛名的戏剧《哈姆雷特》的影响力,使读者对囚犯版〈哈姆雷特〉充满想象,从而激发阅读兴趣。

17.《美国的女子监狱其实比美剧里的可怕多了》

美剧《女子监狱》因其刻画了大量真实的、戏剧化的狱中生活而广受关注,作者巧借其影响力,设下"真实的美国女子监狱比美剧更可怕"这一浮想联翩的悬念,吸引读者进一步阅读新闻。

18.《监狱里也是有"高人"啊!》

运用"高人"这一口语化的表达方式,使标题具有亲切感,拉近与读者的距离。至于监狱中的"高人"是谁?"高"在哪里?标题没有延展,意在设下悬念,让读者通过阅读文章找到答案。

19.《当〈猎场〉遇上监狱》

标题巧用电视热播剧《猎场》的剧名,恰当借鉴,充分发挥,使得新闻标题与热点同频共振,让读者产生强烈的好奇心理。

20.《实拍美国监狱囚犯生活 和电影中不一样》

通过现实与电影两者的反差对比,更易产生冲击感和刺激性,从而吸引读者关注,引发思考,最终激发读者进一步阅读新闻。

21.《美国为监狱瘦身:每年释放70万罪犯》

运用为监狱"瘦身"这一拟人手法引出新闻核心内容,惟妙惟肖,具有新意。

22.《独家探访纽约监狱:美国如何改造杀人犯?》

标题巧设问句,引发读者的好奇心,激发读者的探究欲,吸引读者进一步阅读新闻。

23.《监狱发生暴动,一个外卖员hold住全场》

将当下流行的网络用语"hold住全场"用于标题之中,增强了标题的表现力;同时营造出一种离奇感与荒诞性,这种恰到好处的语境能够有效吸引读者进一步阅读。

24.《监狱新闻自己"造"》

标题巧用动词"造",直接点明新闻核心,言简意赅,同时又能增加标题的灵动性与表现力。

25.《2016年考研泄题案源头:监区长受罪犯利诱 从监狱偷拍》

直接点明新闻核心,直截了当,言简意赅。

26.《国外的监狱和办公室你能分清几个？》

"监狱"与"办公室"两个本应天差地别的场所，为何会分不清？编写者意在使读者带着疑惑进一步阅读新闻。

27.《我的前半生，从军营到警营》

标题巧用电视热播剧《我的前半生》剧名，既使标题与热点同频共振，为标题博取眼球，又使标题能够生动形象且言简意赅地概括新闻主旨。

28.《高手在监狱！11个监狱囚犯的奇葩"发明"》

将当下流行的网络用语用于标题之中，增强了标题的表现力，拉近了与读者的距离。

29.《狱警"最强大脑"：看后脑勺识别400多服刑人员》

借用热播综艺《最强大脑》的影响力，吸引受众关注。同时，"最强大脑"的运用与新闻内容高度契合，构思巧妙，比喻恰当。

30.《泉州：狱警助力囚犯追梦，两人同登央视舞台》

采用对偶的修辞方法，增强标题的生动性，使标题富有形式美与节奏美，读来朗朗上口，能够给读者留下深刻印象。

### 参考标题

1.《美国监狱爆出虐囚丑闻 犯人活活渴死》

2.《解密：唐太宗特赦290名死囚犯是受到谁的启发？》

3.《监狱把重刑犯和恶狗关在一起，结果出人意料……》

4.《监狱民警的"夜生活"》

5.《监狱服刑生活之"穿"在监狱》

6.《监狱女孩：高墙里的青春》

7.《监狱警队又添新"成员"啦》

8.《"艾尔玛"过境英属岛屿 监狱有损致百余囚犯越狱》

9.《监狱里的朗读者》

10.《监狱民警身边的3个"贵人"》

11.《监狱死亡系列二：美国监狱的"死亡螺旋"》

12.《这是菲律宾最臭名昭著的监狱》

13.《监狱民警王小宁荣登"贵州好人榜"》

14.《监狱"刺头"的"变形记"》

15.《监狱硬通货！大毒枭古斯塔夫竟然最爱"老坛酸菜面"！》

16.《监狱减刑利益链：手机、贿赂与关系网》

17.《监狱的公主大人　你们是我带过的最差的一届绑匪》

18.《监狱里的"外卖小哥"》

19.《副所长帮助囚犯嫖妓"精神可嘉"》

20.《看盗版书被抓进监狱后》

21.《监狱里的"异乡人"》

22.《中国台湾监狱贪污案：否认王令麟授意　胡晓菁仍扛责》

23.《美国监狱排队"等死"背后：私营监狱为挣钱资助政客》

24.《外媒揭秘美国最大女子监狱：侮辱无处不在》

25.《监狱民警的心里话儿对党说……》

26.《可恨？可悲？日本现老人犯罪潮，竟因监狱福利好》

27.《被逮捕后，这个漫画家竟做出了爆笑的监狱手账！》

28.《监狱里的口红交易》

29.《监狱民警送"阳光"进军营》

30.《监狱民警踊跃参加　公开遴选成绩优异》

31.《别人家的监狱》

32.《监狱民警刘全胜的跟班故事》

33.《地狱是全宇宙中最残酷的监狱》

34.《监狱警察不该是孤独的守望者》

35.《全世界最凶残的黑帮都挤进了这个监狱》

36.《监狱教育课竟然教如何做微商！》

37.《讷河监狱乱象：犯人赌博越狱自杀，狱警贩酒虐囚枪杀居民》

38.《"黑老大"高调出狱，关键先生"狱警姓啥"？》

39.《走进世界最大女子监狱　男狱警在这很危险》

40.《山西黑老大高调出狱：多次通过狱警传递消息组织仪式》

41.《监狱民警雨中救助拄拐妇人　竟是服刑人员母亲》

42.《轿车撞上行人后落水　路过狱警跳河救人》

43.《狱警昏迷囚犯越狱营救，警方很感动并加固了牢门》

44.《加拿大监狱里视频流出　残忍杀害狱友后拖尸运走　狱警全程无视！》

45.《解密狱警通讯难题　智能安全缺一不可》

46.《鳄鱼做"狱警"能治理监狱腐败》

47.《狱警与囚犯：发生在浦口监狱里的"行贿门"》

48.《监狱丑闻暴露司法体制弊端：美黑帮分子竟"策反"多名狱警》

49.《患癌狱警王礼元：请再多给我点时间》

50.《震惊：墨西哥狱警居然如此腐败！》

51.《法监狱今夏事故频繁　攻击狱警事件增至每日一起》

52.《暖心：美囚犯"越狱"救狱警！》

53.《协警为何要呛声违停狱警？》

54.《处刑之前囚犯还能有哪些要求？死刑犯最后24小时实录》

55.《囚犯写给年轻时候自己的忏悔信》

56.《食物经费不够用　监狱15万囚犯下月底或将挨饿》

57.《警察突发急症晕倒　6名囚犯脱下了他的防弹衣之后……》

58.《美国12名囚犯越狱成功　仅靠一瓶花生酱》

59.《可怕！12名囚犯越狱成功，居民陷入恐慌，全美大搜捕！》

60.《震撼！典狱长借信仰重启囚犯生命之门》

61.《死亡之吻！女子探监后囚犯男友暴毙　法医查明临别长吻有猫腻》

62.《全美最贵！加州监狱"囚犯成本"比哈佛学费还高》

63.《巴西囚犯趁乱越狱　网上发自拍炫耀》

64.《70人监狱挤400人？已死亡74名囚犯》

65.《花生酱成越狱神器！这些囚犯的智商爆了》

66.《因狱警没找到血管　美69岁囚犯"躲过"一次死刑》

67.《南非监狱：难以想象的囚犯生活》

68.《监狱死亡系列三：美国监狱里因得不到医疗而死去的那些囚犯》

69.《伊朗女子监狱　9岁囚犯面临死刑》

70.《巴西囚犯织毛衣可以减刑》

71.《巴西狱警遭遇制服色诱 28名囚犯越狱》

72.《LOL英雄布隆原型曝光 全英国最暴力囚犯》

73.《揭秘死囚犯们最后的晚餐,宁死不做饿死鬼!》

74.《浙江女子监狱举办丝绸文化艺术节》

75.《三门峡支队深入监狱开展消防安全培训》

76.《监狱活动打动服刑人员:决不让母亲再为我担惊受怕》

77.《世界唯一八星级监狱,服刑简直跟度假一样》

78.《女子监狱邀请十九大代表开展"榜样面对面"十九大精神宣讲活动 真学真练将十九大精神融入日常工作》

79.《监狱副科长炮制假新闻被停职 自称是文学作品 "新闻"曾引网上热传》

80.《编假新闻的监狱教育副科长应该受受法治教育》

81.《央视〈新闻调查〉揭秘上海监狱:出狱前的最后50米》

82.《巴西监狱举办选美大赛 女囚走T台魅力四射》

83.《鸽子屡次往返监狱引起警察的疑惑 翻开鸽子羽毛才发现暗藏的玄机》

84.《洛杉矶的这所监狱厉害了,很多影视大咖从这里出入过》

85.《五角场监狱:探索出监狱建设的规范化之路》

86.《山东省监狱五字方针抓党建 强化党支部战斗堡垒功能》

87.《巴西"监狱小姐"选美女囚走T台》

88.《围捕乞丐暂住监狱》

89.《这个监狱很怪:犯人不用做事吃好喝好 可女犯人却怀孕了》

90.《关塔那摩湾监狱囚犯出狱后的困境》

91.《视频:恶心到吐!监狱囚犯吸食"丧尸药"后活吞小老鼠》

92.《塞尔维亚监狱高墙内的世界:犯人的生活就像一个小社会》

93.《宁德监狱:让警示教育触及灵魂深处》

94.《"罪犯"逃脱监管?看监狱如何快速应急处置》

95.《叙利亚军事监狱旁惊现火葬场 美方称其用于掩盖屠杀》

96.《山东监狱管理局回应齐州监狱服刑人员死亡事件：正依法调查》

97.《这个监狱成旅游景点　游客们可以看望囚犯帮其完成梦想》

98.《三亚一男子吸毒后产生幻觉　持刀闯监狱被抓》

99.《委内瑞拉南部一监狱发生暴乱　致37人死亡多人受伤》

100.《圆梦高墙　川西监狱首次为服刑人员办集体婚礼》

101.《四川监狱系统首个民警心理健康平台启动运行》

102.《逃离热浪：美国德州千名囚犯换监狱只为吹空调》

103.《晋中：监狱出纳，挪用公款130余万元，潜逃9年终被抓！》

104.《男子杀人潜逃15年　被警方找到时正在监狱服刑》

105.《揭秘澳维州最新监狱　年底开放将容纳千名男罪犯》

106.《男子刚出监狱又被抓　称想见父母　检察官为其安排》

107.《美一名华裔毒贩戴罪立功　获免至少十年牢狱之灾》

108.《荷兰政府或将关闭五个监狱：罪犯人数不足》

109.《巴西一监狱囚犯试图越狱却卡在天花板上》

110.《喜灵洲监狱爆囚犯群殴　三名囚犯受伤》

111.《现实版越狱：印尼4名囚犯在监狱挖地道成功逃跑》

112.《男子监狱服刑期内最后1个月越狱　网友：智商感人》

113.《澳大利亚将建首个恐怖分子监狱　关押高危囚犯》

114.《不输超模！俄罗斯女子监狱举行时装秀》

115.《美国一监狱允许囚犯点外卖　出炉比萨直接送牢房》

116.《美国传出"虐囚"丑闻：牢房断水7天　囚犯脱水身亡》

117.《贪污公款被判11年　写400万字监狱日记》

118.《监狱指导员被控贪污受贿32万　指使犯人向家人要钱》

119.《国外一些监狱的状况：并非服刑人的天堂，各类矛盾时常发生》

120.《围观国外监狱囚犯待遇：囚犯也是人，别拿他们的人权不当回事》

121.《世界上最可怕的五大军事监狱》

122.《揭秘美国戒备最森严沙漠监狱　关押最危险囚犯》

123.《美国监狱暴动致女警遭性侵　险些遭17人轮奸》

124.《全球最牛犯人统治监狱　血腥事件不断　狱警不敢管》

125.《美国监狱黑帮：隐秘世界的生存法则》

126.《美国监狱打架场面火爆　140人同时出来群殴拳打脚踢》

127.《揭秘美军在恐怖分子监狱的日常生活　记者：单调无味》

128.《美国司法部：因不安全和暴力将停止使用私人监狱》

129.《监狱丑闻暴露美国司法体制弊端》

130.《闽清男子"四进宫"因觉得监狱"舒服"》

131.《中国监狱里的49名国外籍犯》

132.《美国黑帮头目蹲监狱11年　疯狂健身成"网红"》

133.《男子坐18年冤狱后不会说不》

134.《黑老大出狱　百余人列队迎接　监狱门口放鞭炮庆祝》

135.《那次我去监狱的经历感悟：千万不能犯罪》

136.《为了进世界上最舒服的监狱而去犯罪……》

137.《揭秘监狱减刑潜规则：有人入狱前规划减刑路径》

138.《这个美女犯罪后竟被送入男子监狱原因是……》

139.《呼和浩特第一监狱：落马官员监狱生活》

140.《78岁老人杀妻后被判15年　狱中年纪最大者近九旬》

141.《瑞典因犯人少关闭4间监狱　牢房虽好却没人住》

142.《男子监狱内死亡　其父跳河自杀》

143.《VR技术进监狱：帮囚犯重新做人》

144.《日本老人犯罪飙升　进监狱只为食物和住宿》

145.《巴西监狱暴力横行　堪称"犯罪大学"》

## 第十五节　会议新闻标题

1.《十九大报告33个"最"有何深意？》

通过直观数据总结读者最感兴趣的33个"最"，提炼会议精华内容，吸引读者进一步阅读了解。

2.《十九大今天闭幕！新时代，再出发》

标题语言凝练，后半段音节整齐，朗朗上口，富有感染力，令人印象深刻。

3.《十九大说理："新时代"，是重大理论创新和实践创新》

把读者的需求放在第一位，将十九大中最关键的、实质性的、读者最关心的内容提炼到标题中，可以凝练地传达会议核心内容。

4.《十九大报告重点都在这，全是干货》

利用"干货"这一网络流行语，增强了标题的生动性与趣味性，拉近与读者距离，吸引读者进一步阅读。

5.《"颜值天团"备战世界互联网大会》

借用"颜值天团"这一原本用来形容偶像团体的词语，增强了标题的趣味性，打破了会议类新闻标题严肃、枯燥的形式，给读者留下深刻印象。

6.《十九大开幕，全民看直播》

"直播"已成为社会热点现象，编写者抓住这一亮点设置标题，能够第一时间吸引读者关注。同时采用对偶的修辞手法，使标题音节整齐，语言凝练，朗朗上口，增加标题的易读性与记忆点。

7.《十九大报告点了谁的名？》

"点了谁的名"是网友对政府部门对社会上出现的某一行为或现象公开点名批评、立法规范这一行为的趣味性说法。作者巧用这一网络流行语，使原本严肃的、高高在上的会议报告更接地气更亲民，有效拉近与读者的距离，从而吸引读者进一步阅读。

8.《十九大是如何刷屏朋友圈的？》

借"刷屏朋友圈"这一网络现象，比喻十九大相关资讯在社交媒体上的热议，打破了会议报道一贯的严肃形式，使之更加贴近读者，让读者眼前一亮。

9.《十九大今天闭幕！议程、看点全在这儿》

会议新闻在准确无误反映会议精神的同时，应把读者的需求放在第一位。该标题把读者最关心的、与其利益密切相关的"议程""看点"等会议内容总结归纳到标题中，简洁明了，高度契合读者需求。

10.《十九大亮出干部"新标尺"》

善用比拟手法,"新标尺"一词生动形象,增强标题的趣味性和艺术性;巧用动词"亮出",增强了标题的动感与活力,吸引读者眼球。

11.《十九大报告中的十大关键词》

从读者的需求出发,提炼会议关键词,可以有效提高读者对该新闻的兴趣。

12.《乌镇互联网大会前夕:人从众》

利用网络流行语"人从众",形象表达了人员集聚的盛况,增强了标题的趣味性,打破了会议类新闻标题千篇一律的形式,给读者深刻印象。

13.《资讯:第四届世界互联网大会有啥新鲜事?》

标题语言通俗,贴近生活,通过疑问句的形式,引发读者的好奇心,吸引读者进一步阅读新闻,寻求答案。

14.《重磅:第五次金融工作会议解读来了!》

通过开头的"重磅"二字诠释出本新闻的重要性与稀缺性;采用感叹句式,使标题的情绪饱满,语气强烈,富有感染力,更易引起读者共鸣。

15.《金砖会议都讲了啥》

运用"讲了啥"这一通俗易懂的口语化表达方式,一方面拉近了与读者的距离;另一方面设下了悬念,引发好奇,吸引读者进一步阅读新闻。

16.《金砖会议的核心议题你 get 到了吗?》

活用网络流行语"get 到",增强标题的趣味性,形式新颖,吸引读者眼球。

17.《金砖会议如何撼动世界秩序?!》

符号是情感表达的载体,问号与感叹号的叠加使用,使标题情绪饱满,语气强烈,容易引发读者共鸣。

18.《〈海边的曼彻斯特〉首尝分线发行,电影市场将进一步细化》(引题)《中国文艺院线:千呼万唤要出来?》(主题)

"千呼万唤要出来"改用了"千呼万唤始出来"这一诗句,该标题使用了"翻造"(对诗词、歌词等进行翻新改造)这一修辞手法,语言精练,含蓄典雅。

19.《习近平忙碌有序的"金砖会议"时间》

突出新闻中的主角,将最重要的信息凸显在标题中,语言凝练,言简意赅。

20.《金砖会议明日开启,这段时间厦门人民到底经历了什么?!》

"到底经历了什么"是网络流行语,编写者借此传达"金砖会议筹备期内,厦门民众的生活变化"这一新闻主旨,相比平铺直叙的表达方式,更加具有趣味性和亲和力,更易激发读者的阅读兴趣。

21.《问题来了,当APEC会议遇到雾霾怎么破?》

"怎么破"是网友对"怎么办"的趣味性说法。编写者运用"怎么破"这一网络流行语,一方面可以增加标题的趣味性;另一方面可以传达出"破局"之意,构思巧妙,富有新意。

22.《深度合作的百度和小米,会成为AI时代的模范夫妻吗?》

"模范夫妻"一词运用了拟人的修辞手法,生动形象地传达出"百度"与"小米"两家企业深度合作后的密切关系。同时,标题以设问的形式激发读者的想象力,吸引读者阅读新闻寻求答案。

23.《徐州人工智能大会掀起"智能风暴"》

将智能大会的影响比作"智能风暴",能够形象地突出新闻主题,语言准确精练,言简意赅。

24.《不断买地的另类支书——记沂水县前小河社区党支部书记刘乃忠》

这是典型的先进人物报道式新闻标题,以主副标题的形式展开,主标题以叙述的形式生动描绘新闻人物形象,副标题旨在凝练地传达人物信息。

25.《为何儿童水痘疫苗从打一针改为两针?》(主题)

《省疾控专家:接种两剂次的保护效果接近100%》(副题)

整个标题以问答的形式完成设下悬念、解开悬念的任务。读者跟随一问一答的形式阅读完毕,新闻的核心内容也就成功传达了。

26.《这些年,APEC会议上的特色"全家福"》

语言生动活泼,善用借代手法,增强标题的趣味性和艺术性,何为特色"全家福",标题未提及,意在设置悬念,吸引读者关注。

27.《2015年至今国内人工智能医疗领域投资额已超200亿元》(引题)

《资本如何挖掘人工智能医疗新热点？》（主题）

这则新闻标题中引题是背景，主题采用了设问的修辞手法，抛出问题，引发读者兴趣。

28.《特色小镇当先锋：湾区时代中山创新发展的"镇能量"》

巧妙使用"镇能量"和"正能量"的谐音，突出湾区时代下，中山特色小镇发展的前景和势头，形式新颖，巧妙传达新闻核心内容。

29.《喜迎世界互联网大会 乌镇高颜值迎八方客》

使用内容相关、结构相似、语气一致、字数相同的句子排列在一起，以对偶的形式赋予标题形式美与节奏感。不仅使标题朗朗上口，一种磅礴的气势也应运而生。

30.《世界互联网大会：我在乌镇，等你》

标题一改会议标题一贯的严肃风格，语言亲切柔和，富有感情，令人耳目一新。

### 参考标题

1.《十九大双语金句之二：从不忘初心说起》

2.《十九大时光·小学生篇》

3.《十九大：深刻影响世界》

4.《十九大的世界意义》

5.《金砖会议：他们生活在中国》

6.《精彩直击：2017年云栖大会思科Show了哪些？》

7.《重磅！今天的"大会报告"，这样提到了楼市！》

8.《十九大开幕后，企业家们这样表态》

9.《十九大有关产业的高频热词竟然是它……》

10.《十九大开幕侧记：中国发展进入新时代》

11.《十九大，开启我们的新航程》

12.《金砖会议厦门召开，有哪些文化政策和你我有关？》

13.《十九大代表团开放日　为了人民生活更美好》

14.《世界互联网大会将举行　乌镇三项提升静候来宾》

15.《乌镇世界互联网大会日程公布　首次开设人工智能论坛》

16.《第四届世界互联网大会凸显优势　将见证乌镇成色》

17.《乌镇互联网国医馆竣工，即将亮相世界互联网大会！》

18.《世界互联网大会主会场搭建完毕　参展境外企业增加》

19.《实体经济入场世界互联网大会　主流媒体采访团集中聚焦传化》

20.《中国工业互联网大会今日召开　聚焦智能转型进程》

21.《召开前夕的世界互联网大会乌镇峰会》

22.《第四届世界互联网大会亮点揭秘》

23.《乌镇，世界互联网大会，为何这瓶水将再次现身！》

24.《981携手诺莱参展2017GITC全球互联网大会　打造网络豪杰的保健局》

25.《倒计时5天，阿里、百度、华为、沪江亮相世界互联网大会》

26.《点赞！浙江移动精心备战互联网大会》

27.《山西召开第二届互联网大会》

28.《一图带你"穿越"不寻常的互联网大会》

29.《合众智能新能源概念车E-TAKE　即将开进乌镇世界互联网大会》

30.《互联网大会开幕　4产业迎来风口！》

31.《金砖会议：解读"中国模式"》

32.《金砖会议对你的影响，你知道吗？》

33.《金砖会议领导人合影站位有哪些讲究？》

34.《一条微信读懂厦门金砖会议》

35.《金砖会议之后，必来一趟厦门的N个理由……》

36.《分分钟看懂"金砖会议"》

37.《厦门金砖会议的学习礼物》

38.《炸开锅啦！金砖会议聊天记录"大曝光"！》

39.《金砖会议后，厦门美出新高度！》

40.《金砖会议上火爆的茶，现在每个人都可以买了！》

41.《金砖会议：金砖国家之法文介绍》

42.《金砖会议倒计时100天：为什么是厦门》

43.《金砖会议警摩，能代表中国摩托车的未来吗？》

44.《金砖会议对老百姓、创业者、投资、企业有何影响？》

45.《金砖会议扫盲："金砖"到底是什么？》

46.《金砖会议六级考题，你会多少？》

47.《金砖会议"淘金"开始！快跟上》

48.《金砖会议——一个巨大的朋友圈》

49.《刚过去的"金砖会议"你还记得多少？》

50.《APEC会议后，将会迎来哪些新的投资机会？》

51.《习近平离京出席APEC会议并访问越南老挝》

52.《APEC会议上能源成果多》

53.《APEC会议结束，这几个秘密才被揭开》

54.《一图秒懂：5年APEC会议，习近平主席谈过哪些话题？》

55.《习近平在APEC会议上的妙语金句》

56.《小常识！关于APEC会议必须知道的知识》

57.《一周看点：7企业大佬出席APEC会议》

58.《APEC会议结束　请把APEC蓝留下》

59.《华盛顿邮报：史上最好的APEC会议》

60.《习近平APEC会议演讲后，外媒沸腾了……》

61.《盘点近年来APEC会议环保主张，你知道的有哪些？》

62.《细数以往APEC会议的医疗保障》

63.《习近平APEC会议纪实：44小时17场密集活动……》

64.《APEC会议赞助商：盘点食品圈的四大"国货"》

65.《从北京到马尼拉：APEC会议用车大盘点》

66.《历届APEC会议上元首们都穿成了啥》

67.《APEC会议期间北京政府机关事业单位放假6天》

68.《马尼拉APEC会议：中国元素真不少》

69.《APEC会议"同款"服装安家厦门》

70.《让金砖合作之树更加枝繁叶茂——写在金砖国家领导人厦门会晤即将召开之际》

71.《习近平将出席金砖国家工商论坛开幕式并发表主旨演讲》

72.《美丽厦门迎盛会》

73.《金砖国家要共同开创金砖合作第二个"金色十年"》

74.《携手打造世界经济新亮点——论习近平主席金砖国家工商论坛开幕式主旨演讲》

75.《这一刻　世界聚焦厦门》

76.《他们，让厦门惊艳世界——〈扬帆未来〉幕后的那些人那些事》

77.《习近平出席金砖国家领导人同工商理事会对话会并出席金砖国家文化节启动仪式暨文化图片展》

78.《让金砖合作之光照亮未来——解读习近平主席在金砖国家领导人厦门会晤的讲话》

79.《携手踏上亚太繁荣发展新征程——习近平主席出席亚太经合组织第二十五次领导人非正式会议纪实》

80.《习近平出席APEC会议并访问越南、老挝全记录》

81.《东盟资讯：APEC领导人非正式会议即将召开，会议主题延续中国理念》

82.《王毅谈习近平主席出席岘港APEC会议：引领亚太区域合作》

83.《普京与特朗普APEC会议"巧遇"后，美俄发表对叙联合声明》

84.《百度Moments大会题外看点：展区黑科技带你将理想照进现实》

85.《百度：世界大会纪要　AI加速落地　内容精细运营》

86.《百度世界大会DuerOS 2.0发布　一站式智能语音开发套件SoundPi》

87.《小米首届开发者大会：与百度合作　向开发者开放》

88.《百度地图引领数据生产智能化革命　支撑互联网AI大变革》

89.《阿里腾讯百度布局车联网　争夺领头羊地位！》

90.《世界移动通信大会美洲展在美国旧金山开幕》

91.《"2017年世界移动大会·上海"在沪开幕》

92.《2017年世界移动大会：无人机竞速大赛的赛道居然是这样的》

93.《中国移动成功举办全球合作伙伴大会》

94.《中国移动全球伙伴大会召开　康佳布局万物互联"大连接"》

95.《王海峰出席中国移动全球合作伙伴大会　现场演说"AI 进化论"》

96.《中国移动全球合作伙伴大会举行　网联无人机受瞩目》

97.《英特尔亮相中国移动全球合作伙伴大会　加速构建下一代 5G 网》

98.《三星亮相 2017 年中国移动全球合作伙伴大会　创新让未来到来》

99.《OPPO 新品助力中移动全球合作伙伴大会　共同开启新时代》

100.《中国移动全球合作伙伴大会开幕在即　勾画万物互联产业合作新蓝图》

101.《5G 自动驾驶将亮相中国移动全球合作伙伴大会》

102.《ofo 现身全球物联网大会　引领移动物联网时代》

103.《一分钟看懂 2017 年全国人大常委会工作报告》

104.《十二届全国人大五次会议新闻发布会》

105.《一图速读 2017 年全国人大常委会报告》

106.《全国人大常委会 2017 年立法工作计划公布》

107.《2017 年全国人大代表中的西工大校友》

108.《全国人大决定 2017 年起香港普选产生行政长官》

109.《2017 年全国人大部分记者会时间确定》

110.《2017 年两会：人大五次会议新闻发布会，傅莹答中外记者问》

111.《全国人大新闻发布会现场》

112.《十二届全国人大五次会议闭幕会》

113.《全国人大政协会议分别于 3 月 5 日及 3 月 3 日开幕》

114.《全国人大常委会：香港 2017 年起可普选特首，候选人 2 至 3 名》

115.《2017 年"共青团与全国人大代表、全国政协委员面对面"活动座谈会举行　秦宜智出席并讲话》

116.《2017 年两会提案议案》

117.《沈劲：抢占人工智能生态入口——2017 年第一财经技术与创新大会深圳论坛》

118.《大咖云集首届世界智能大会　马云李彦宏怼怼隔空论战》

119.《第四届世界互联网大会即将开幕　国捷人工智能受邀出席》

120.《蚂蚁短租亮相全国民宿大会　人工智能助力民宿精细化运营》

121.《广州云栖大会：全新一代人工智能引擎 MaxCompute 惊艳全场》

122.《2017 年百度创新中心硬科技人工智能峰会暨高校双百腾飞计划启动仪式隆重开启》

123.《中国工程院 2017 年院士增选结果公布　中国人工智能学会两位常务理事当选》

124.《我国首次举办全球卓越大会　聚焦全球质量治理体系建设》

125.《世界浙商大会开幕　签约项目总投资额创历史之最》

126.《GES2017 未来教育大会开幕　科技创新推动教育发展》

127.《第四届世界互联网大会即将开幕　礼仪制服又美出新高度》

128.《国际能源宪章大会关注能源可持续发展》

129.《世界智能制造大会·智领全球博览会在宁举办》

130.《中国互联网汽车金融发展大会即将开幕》

## 第十六节　游戏新闻标题

1.《大吉大利，晚上吃鸡！赢钱为什么要吃鸡？》

"大吉大利，晚上吃鸡"使用网络流行语彰显时代感、塑造亲和力，拉近与受众之间的距离；"赢钱为什么要吃鸡？"，运用设问引发读者深思，吸引读者进一步阅读新闻。

2.《"绝地求生"红头巾价格惊人：6760 元一条》

"绝地求生"绝版围巾是一款火爆游戏中的稀缺皮肤，其皮肤价格格外受到关注。作者准确把握读者的需求，运用亮眼数据突出新闻重点，一方面可以增强新闻的真实性；另一方面可以强化看点，吸引读者阅读。

3.《DOTA 版"三生三世，十里桃花"》

借用大家熟悉的影视剧作品，为读者描绘了一幅画面，既生动形象地传达了新闻核心内容，又可以吸引读者产生阅读兴趣。

4.《吃鸡和生活一样：九分天注定，一分靠打拼》

借用大家耳熟能详的歌词，使标题既新鲜又亲切，拉近与受众之间的距离。

5.《吃鸡最惨的死法莫过于此》

设置悬念，引发读者思考。

6.《这下，腾讯要吃鸡了》

使用网络流行语吸引读者注意，增强传播效果。同时，标题中的"吃鸡"有引申含义，并非指游戏本身。究竟"吃鸡"所指为何，需要读者进一步阅读，寻求答案。

7.《麦肯锡：中国已经成为数字创新企业乐土》

该标题引用麦肯锡发布的《中国数字经济如何引领全球新趋势》研究报告内容。直接将重点拎出，一目了然。

8.《砸出4个亿，腾讯下一个"农药"就这么到手了？》

运用抓人的数字和疑问句，引起受众兴趣，并引出新闻核心内容——"腾讯购买游戏《绝地求生：大逃杀》版权"。

9.《吃鸡游戏的广告植入那么大胆，为什么没有被骂？》

标题直接以设问的形式抛出疑问，引发读者思考，吸引读者进一步阅读，在文章中寻找答案。

10.《英雄联盟的历史上都存在过哪些黑科技》

运用"黑科技"这一网络流行语，不仅可以拉近与读者的距离，还能营造神秘感，激发读者的猎奇心，吸引读者进一步阅读新闻。

11.《惊！"吃鸡"可以年赚千万？？》

运用"惊""年赚千万"等语气强烈的词汇，使标题富有感染力。

12.《英雄联盟决赛凉了，这些品牌却陷入狂欢》

"凉了""狂欢"两者形成鲜明对比，通过营造冲突感，激发读者的阅读兴趣。

13.《马云：饿死不做游戏　网友：有效期五年》

标题巧妙运用"名人观点配合网友吐槽"的对话形式，将新闻核心内容加以提炼，使标题表述清晰，富有冲突感，从而吸引读者眼球。

14.《重磅消息！腾讯拿下"吃鸡"市值超FACEBOOK，概念股涨停！》

标题开始即用语气强烈的词汇"重磅消息"，直击人心，第一时间抓住读者眼球。运用"拿下""涨停"等富有感情色彩的词语，使标题的情绪饱满，富有感染力。

15.《抱上腾讯大腿，巨人网络能否收割"手游吃鸡"红利》

利用"抱大腿""收割"等网络流行语，使标题富有感染力；后半句以设问形式设置悬念，引发读者好奇与思考，吸引读者进一步阅读新闻，寻求答案。

16.《居然会有不打王者荣耀的男生？》

运用反问，答案蕴含其中，编写者观点不言而喻，起到突出强调的作用，使标题有变化，起波澜，更具表现力。

17.《腾讯官方宣布代理〈绝地求生〉 已拥有两端一手三款"吃鸡"游戏》

将游戏名置于标题中，突出强调，同时通过提炼亮眼数字，更显腾讯在"吃鸡"游戏方面的实力，吸引读者关注，提升了宣传效果。

18.《狼人杀杀的不是人，是寂寞！》

活用"哥喝的不是酒，是寂寞"这一网络流行语，增强了标题的生动性与趣味性，拉近与读者的距离，吸引读者阅读。

19.《王者荣耀为什么会火到爆炸？》

运用夸张的修辞手法，起到了强调的效果，具有感染力，吸引读者眼球。

20.《爆料：花椒直播已完成10亿元融资 当天就投1亿进入游戏直播》

运用数据突出主题，既能将新闻清晰明了地传达给读者，也能突出新闻的真实性。

21.《新闻＋游戏：一种更有趣的内容传播方式》

运用运算符号，构思巧妙，形式新颖，吸引读者眼球。

22.《苦心人，天不负！LPL终成亚洲最强赛区》

通过引用诗词名句，一方面可以为标题增添文采和感染力；另一方面可以优美恰当地引出新闻核心内容，更易给读者留下印象。

23.《王者荣耀：欲戴王冠，必承其重》

引用名言警句突出主题，使标题能够脱颖而出，吸引读者关注。

24.《手机游戏为何越来越社交化？》

标题巧设问句，引发读者的好奇心和探究欲，吸引读者进一步阅读新闻。

25.《手游厂商暴减七成，流量红利消失，不买量怎么活？》

综合运用数据、夸张和反问的修辞，准确传达了手游厂商流量红利消失这一严峻形势，同时以反问的形式表达质疑，吸引读者关注。

26.《那些年我们玩过的手机游戏》

标题以耳熟能详的电影《那些年我们追过的女孩》为蓝本，巧妙设置标题，借用电影的影响力，吸引读者眼球，更易使读者产生共鸣。

27.《王者荣耀变"亡者农药"，监管该如何作为？》

王者荣耀因其容易让人深陷其中，神似中毒的沉迷性，被网友戏称为"亡者农药"。作者巧借这一称呼设置标题，一方面可以拉近与读者的距离；另一方面可以形象地传达新闻核心内容，深化新闻主旨。

28.《英雄联盟总决赛：祭奠青春，去现场看最后一次比赛吧！》

将游戏比赛与"祭奠青春"相关联，增加标题的感情色彩。同时，以感叹句式收尾，增强标题的感染力，富有号召力。

29.《游戏直播行业悲剧？YY直播侵权案一审判决结果落地，未来游戏直播可能属于侵权》

标题开头以设问的方式，直接抛出问题，引发读者思考；后半部分则以回答的方式简明扼要地传达了新闻核心内容。

30.《你为什么沉迷手机游戏？》

以第一人称的叙述方式展开，更有代入感，直击人心。同时巧设问句，引人关注，启发思考，如此设置标题比起一般平铺直叙的形式，更能增强标题的表现力。

### 参考标题

1.《吃鸡狂潮愈演愈烈　龙渊网络将推出端游〈代号：龙〉正面对抗》

2.《一文读懂KPL秋季赛常规赛：QG势不可挡　豪强异军突起》

3.《英雄联盟题材的电影，尴尬程度也是超神了》

4.《谢谢你八年陪伴，英雄联盟》

5.《吃鸡游戏太火爆，自然界吃鸡哪个最厉害？》

6.《英雄联盟全球总决赛电竞选手背后的故事》

7.《英雄联盟：UZI 选择继续打比赛放弃了多少？直播人气直逼五五开》

8.《英雄联盟总决赛落幕，说好的不来看呢？》

9.《中国 LPL，不要怕，我们还有青春去追逐》

10.《盘点 LPL 高票解说　娃娃曾泪洒赛场》

11.《S7 鸟巢落幕，中国迄今最好的电竞赛事预示了怎样的未来？》

12.《LPL：再见！S7》

13.《S7 将会是 LPL 最尴尬的一年》

14.《如果 LPL 夺得 S7 冠军，会给 LOL 带来什么？网友调侃：LOL 可以再火三年！》

15.《体育明星视频助威 S7：LPL 我们一起拼到底！》

16.《你们玩的都是吃鸡，为啥到我这就玩成了神庙逃亡？》

17.《王者荣耀"害死"了多少游戏公司？》

18.《西游记版王者荣耀：唐僧坑队友，白娘子闹分手！》

19.《王者荣耀搞笑段子汇总》

20.《王者荣耀！别再夺走我的孩子！》

21.《网易、腾讯混战"吃鸡"游戏，"王者荣耀"失宠，网吧笑了》

22.《王者荣耀为啥那么火，一群五年级小学生拿出了研究报告》

23.《王者荣耀年终奖 100 个月工资？》

24.《王者荣耀背后的电竞江湖》

25.《王者荣耀已走下神坛，吃鸡能再续腾讯辉煌吗？》

26.《王者荣耀这么火，"愤怒的小鸟"之父：我觉得不行》

27.《王者荣耀不能玩！被媒体推上风口浪尖的游戏何去何从？》

28.《王者荣耀，别成为孩子的"荣耀"》

29.《王者荣耀，竟"孕"藏黑科技》

30.《王者荣耀重要，还是我重要？》

31.《吃鸡向左，二次元向右》

32.《玩家只剩几个了　游戏直播行业为什么会出现马太效应》

33.《直播陷入同质化困境　细分的游戏直播才有未来》

34.《游戏直播修罗场：斗鱼 D 轮宣布盈利抱紧国资大腿　虎牙持续亏损明年赴港上》

35.《映客杀入游戏直播，竞争红海中的新杀招？》

36.《百亿资本过后，直播进入"下半场"，视频出海的下一个战场会是游戏直播吗？》

37.《百万狼人杀大赛打响　花椒进军游戏直播第一》

38.《战旗直播全新 slogan 上线　稳固游戏直播平台定位》

39.《不再"明目张胆"植入广告　手机游戏赚钱的圈套并不少》

40.《手机游戏易"上瘾"　如何避免"无法自拔"》

41.《手机游戏都是垃圾？看看今年的最佳创新手游》

42.《手机游戏 or 桌游，你给孩子选哪个？》

43.《手机游戏还是不要太复杂》

44.《手机游戏这四年：腾讯和它正在影响、改变着的行业》

45.《App Annie：半年赚 30 亿美元，中国正成为手游输出大国》

46.《三消还是 SLG？〈使命召唤〉IP 同时开启多款手游立项》

47.《手机游戏开发纪事：小心陷入父子骑驴的状况》

48.《电子宠物品牌"拓麻歌子"将推手机游戏》

49.《手机游戏时代，我为什么怀念掌机？》

50.《库里夫妇推出〈大厨库里〉手机游戏》

51.《我玩 2K 的痛，你真的能懂？》

52.《没打过 2K，你就永远不知道这些痛》

53.《没想到你竟然是这种 2K》

54.《NBA2K"碧油鸡"大全》

55.《虽垄断 7 年但仍在进步　PS4 版 NBA2K17 评测》

56.《2K18 能力值：詹姆斯 97，杜兰特 96，两人到底谁更强？》

57.《2K18 能力值曝光：欧文不敌乔治唐斯　高了低了？》

58.《奥尼尔坐镇〈NBA 2K18〉传奇版封面　官方黝黑蜗壳》

59.《凯文·马丁：无声手枪，以及那连 NBA2K 都搞不定的投篮姿势》

60.《电子竞技野蛮生长，传统体育能从中学到什么？》

61.《电子竞技,这是最好的时代》

62.《电子竞技,一代人的狂欢与梦想》

63.《老师们,是时候重新认识一下"电子竞技"了》

64.《电子竞技登堂入室:成为2022年亚运会正式比赛项目》

65.《电子竞技运动到底算不算一项"运动"?》

66.《电子竞技:从娱乐化到专业化的转变》

67.《电子竞技产业大热背后的商业价值究竟有多大》

68.《易观智库:AlphaGo并非不可战胜,电子竞技更具优势》

69.《电子竞技比传统体育运动更加有吸引力吗?》

70.《电子竞技没有光棍,电竞名人女友大比拼》

71.《电子竞技崛起:背后代价是沉迷和腐化?》

72.《电竞热度不减!段暄〈电子竞技世界〉终将重现江湖》

73.《电子竞技与音乐——别样的艺术》

74.《"入奥"电子竞技可以吗》

75.《电子竞技博彩将成为千禧一代年轻人投注的最爱!》

76.《WCG即将重启!电子竞技的奥林匹克涅槃重生!》

77.《电子竞技哪家强 垫底联盟和蓝翔》

78.《电子竞技不需要视力,但它需要演技》

79.《"走下网络"和电子竞技对立吗?》

80.《电子竞技也有伤痛!职业选手遭"滴滴专车"司机严重暴力》

81.《电子竞技不是"打游戏"!致所有热爱电子竞技的人》

82.《电子竞技北方开战! NEA开始举办电竞奥运规格赛事》

83.《当年火遍移动平台的塔防游戏,该如何找回魔力?》

84.《把王者荣耀变塔防游戏的黄忠到底有多猛?》

85.《如何做出一款月流水千万的塔防游戏?》

86.《无限火力其实就是一个互相伤害的塔防游戏!!》

87.《一大波僵尸正在靠近,超经典塔防游戏〈植物大战僵尸〉》

88.《逆战塔防最难爆的怕不是过载,竟然是它!》

89.《重温塔防经典——单人古墓魔影》

90.《算法：塔防游戏中的路径寻找》

91.《狼人杀：娱乐至死时代，过气桌游的重生》

92.《你以为狼人杀是最好玩桌游，古人不屑地笑了》

93.《狼人杀十大禁忌》

94.《失眠不要紧　狼人杀过瘾》

95.《为什么有些人不喜欢玩狼人杀》

96.《狼人杀：认真骗你，我最后的温柔》

97.《狼人杀为什么这么火？》

98.《狼人杀玩多了，会有哪些后遗症？》

99.《天黑了，请闭眼！一起玩把西农狼人杀……》

100.《其实你一直玩的是假的狼人杀！》

101.《狼人杀，解决人生大事还得靠它》

102.《狼人杀萌新们！发言不要再只说"过"了！》

103.《狼人杀还能这么玩？最全的娱乐局玩法都在这里啦！》

104.《狼人杀社交：泛娱乐背景下的资本狂欢》

105.《狼人杀的前世被我找到了》

106.《狼人杀为何不能贴脸玩？》

107.《狼人杀故事：谢谢你，我的守卫》

108.《狼人杀，杀出新世界》

109.《狼人杀下半场：爆发已过、巨头接管》

110.《王思聪忙着上热搜，而他手下的明星主播都在沉迷狼人杀？》

111.《狼人杀事业振兴，JY喜迎人生第二春！》

112.《三国杀：蜀国为何最先灭亡》

113.《三国杀cos、情景剧和穿越，这里都有！》

114.《三国杀武将cos金刚狼我只服他！》

115.《"吃鸡"游戏〈绝地求生〉持续火爆　多平台间展开"三国杀"》

116.《存活率最高的英雄，竟然是他？！》

117.《〈英雄杀〉手游：随时随地杀个痛快》

118.《他才是WE战队的真大腿！一个英雄杀穿韩服王者局》

119.《为全国英雄杀高手和汉服小姐姐疯狂打call！》

120.《国服主播这个中单英雄杀穿王者局！国服第一实至名归？》

121.《新手英雄杀之旅英雄篇：魏武帝曹操》

122.《〈英雄杀〉手游英雄介绍——君王篇》

123.《英雄杀高校争霸城市复赛　武大出现火拼！》

124.《腾讯将代理"吃鸡"国服版　网易和小米还有机会吗？》

125.《腾讯代理国服〈绝地求生〉 不充钱你还想玩？》

126.《大吉大利！腾讯代理"吃鸡"国服版》

127.《腾讯独家代理〈绝地求生〉国服！难道"吃鸡大战"胜负已分？》

128.《卷！土！重！来！〈怪物弹珠〉国服正式开启预约》

129.《单英雄186连胜！国服惊现最强路人王》

130.《怪物弹珠国服重开　这次还会重蹈覆辙吗》

131.《LOL国服首位75级玩家解锁表情就花10000精粹》

132.《国服第一土豪账号曝光，第一皮肤帝都甘拜下风！》

133.《LOL：如何评价国服四大喷三大腿》

134.《腾讯正式宣布代理吃鸡，吃鸡国服会是RMB的天下？》

135.《Pokemon Go国服开启时间我知道！》

## 第十七节　健康新闻标题

1.《种植牙诞生记：牙是这样"种"出来的》

"诞生记"一词的运用，为标题增添了一抹纪实文学色彩，使读者对文章产生好奇，想要先睹为快。

2.《5亿国人血糖已悄悄"越狱"，小心你已成了糖尿病候选人》

运用数据突出主题，5亿国人血糖已悄悄"越狱"，可见与大众健康息息相关。巧用动词"越狱"，赋予标题拟人色彩，增强了标题的动感与活力，同时该词与热播美剧《越狱》同名，借用电视剧影响力，吸引更多读者关注。

3.《孩子说话晚 电子产品或"作祟"》

"作祟"一词将电子产品拟人化，使标题更具吸引力，激发读者的阅读兴趣。

4.《大热天"孵"空调不流汗好吗？》

"孵"字的运用生动传神，富有新意，使标题活灵活现，更易给读者留下印象。

5.《警惕！越胖越伤肾！肾不好的8个信号你占了几个？》

开头即用语气强烈的词语"警惕！"，给读者造成心理冲击，更易引起读者共鸣；同时巧设问句，吸引读者注意，启发读者思考，使标题有变化，起波澜。

6.《只有吃糖才会蛀牙？预防龋齿应该这么做》

通过设问的方式，一方面引起读者的好奇心，吸引读者进一步阅读新闻主题，寻求答案；另一方面用来引出新闻核心内容，自然顺畅。

7.《比砒霜毒几十倍！ 100℃烫20小时杀不死的致癌物》

"比砒霜毒几十倍！"，运用感叹句式，语气强烈，有感染力；"100℃烫20小时杀不死的致癌物"，通过数据突出主题，概括新闻核心内容，吸引读者眼球。

8.《带这几个字的菜，早进了医生黑名单，很多人却天天都在吃！》

运用感叹句式，语气强烈，有感染力；巧设悬念，吸引读者进一步阅读。

9.《这个东西连皮吃，抗癌第1名，才2元1斤！正大量上市》

运用感叹句式，语气强烈，有感染力，通过数据突出主题，清晰准确地传达了新闻核心内容，吸引读者眼球。

10.《肺心病？冠心病？傻傻分不清楚》

"肺心病？冠心病？"巧设问句，启发读者思考，使标题更具表现力；"傻傻分不清楚"语言生动活泼，具有幽默感，在点明新闻主旨的同时，拉近了与读者的距离。

11.《关心你的血糖 备孕女性千万别轻视》

标题以第一人称的形式，从健康需求出发，语言亲切柔和，体现出人文关怀，更易赢得读者的关注。

12.《生孩子非要忍着痛吗?》

标题巧设问句,吸引读者注意,启发读者思考,使标题更具表现力。

13.《男子喝酒 30 年 喝得股骨头坏死》

运用数据突出重点,加强新闻的真实性,给读者留下深刻印象。

14.《专属护腕招,远离鼠标手》

音节整齐,语言凝练,朗朗上口,令人印象深刻。

15.《便秘吃这些药,当心"毁"肠子》

巧用动词"毁"字,为标题增添灵动性与表现力,活灵活现,更易吸引读者关注。

16.《酒后"作死"集锦》

引用"作死"这一网络流行语,生动活泼,具有幽默感,更易引起读者共鸣。

17.《农村里的一种杂草:小的时候没人要,如今价格涨了 200 倍》

"小的时候没人要,如今价格涨了 200 倍",两相比较,差异显著;"涨了 200 倍"运用数据突出主题,给读者留下深刻印象。

18.《减肥先忌口!6 大发胖食物,吃一口胖十斤,还敢吃吗?》

运用反问的修辞手法,观点鲜明,语气强烈,更易引起读者关注。

19.《春季面瘫高发 七成是三十而立年轻人》

标题直接点明新闻核心,准确精练,言简意赅,使用数据突出重点,加强新闻的真实性。

20.《总是泪眼汪汪怎么办?》

标题巧设问句,吸引读者注意,启发读者思考,使标题更具表现力。

21.《重磅:开天辟地!将肿瘤治疗存活率从 8% 提高到 100%》

"重磅""开天辟地",运用语气强烈的词汇,开头即给读者心理造成一定冲击,吸引读者关注;通过数据对比,突出主题,既增强了说服力,又展现了客观性。

22.《秋高气爽去登山 注意呵护你的关节》

标题从关注公众健康需求的角度出发,语言亲切柔和,富有人文关怀,为公众及时提供健康方面的指导,更易赢得读者的关注。

23.《换肺之难》

短短四个字，简明扼要地点名新闻核心，情绪饱满，准确精练，言简意赅。

24.《冬天小儿患病多，医疗口诀来帮忙》

使用对偶的修辞手法，让标题富有音韵美、节奏美、形式美，朗朗上口，加深记忆点。

25.《涨姿势！英国网友盛传：牙膏可以检测怀孕》

引用"涨姿势"这一网络流行语，语言生动活泼，拉近与读者的距离，既新鲜又亲切，更易引起读者的共鸣。

26.《一条热毛巾=10种"药"！你身边不花钱的保健医》

运用运算符号，构思巧妙，形式新颖，吸引读者眼球。

27.《90后的胃垮了？专家：就诊比例偏高 多为功能性胃病》

以设问的方式，一方面激发读者的好奇心，吸引读者进一步阅读新闻；另一方面自然顺畅地引出新闻核心内容。

28.《女硕士为7000只蚊子"传宗接代"露腿喂蚊子》

运用比拟的修辞手法，"传宗接代"赋予了标题拟人色彩，化枯燥为生动，"7000只蚊子"，抓住亮眼数据，吸引读者眼球。

29.《血管堵没堵，看一眼就清楚》

使用对偶的修辞手法，让标题读起来具有音韵美、节奏美、形式美，朗朗上口。

30.《骨质疏松吃钙片？白搭！》

通过问答的形式，在一问一答之中总结归纳新闻核心内容。同时运用"白搭"这一俗语，使标题更接地气，更具亲切感，可以有效拉近与读者的距离。

### 参考标题

1.《当爸妈变成"养生迷"……》

2.《净利下滑 研发萎缩 哈药局面被动》

3.《"他"的健康关乎"生计"》

4.《一位男博士的心理咨询体验——抚平焦虑 发现自我 找到真爱》

5.《全国口腔健康流行病学调查显示：中年人口腔健康素养最低》

6.《好死真的不如赖活吗——谈谈对老年人的过度医疗问题》

7.《谁是高风险乳腺癌患者》

8.《超过130/80mmHg在美国就算高血压　中国专家表示不服》

9.《近九成公立医院已开展临床路径管理——把医疗"任性"关进笼子里》

10.《自编48万字"护理规范"　援藏医疗人才的风雨兼程路》

11.《害羞不一定是坏事》

12.《康复科不是单纯的机能训练而是恢复患者尊严》

13.《"共情"不是现代社会疾病的心理良药》

14.《2016年度体检统计报告昨天发布　超重肥胖"数一数二"成通病》

15.《每七人中就有一人患耳鸣　长期耳鸣惹来焦虑困扰》

16.《先吃饭还是先喝汤？吃饭顺序可能决定你的体重》

17.《小心"吃出来"的肝癌》

18.《"糖妈妈"从"一本"到"一摞"》

19.《男性感染HPV　常见宫颈癌疫苗也适用》

20.《加湿器使用不当有危险　3种植物适合放卧室》

21.《糖尿病日：糖友能不能吃糖？血糖正常了还用吃药吗？》

22.《通过大数据，找到"患者最信赖的科室"》

23.《"智慧医疗助力医疗服务升级"圆桌论坛嘉宾"献智"医疗服务》

24.《街头煮玉米香甜的秘密！两招买到好吃的玉米》

25.《别不信！30岁之前是女性最佳生育年龄》

26.《关注健康扶贫的实践：努力让42%贫困户远离"致贫源"——写在第四个国家扶贫日到来之际》

27.《心理"话疗"与聊天有何不同？医生告诉你》

28.《心脏手术康复期不能"一动不动"》

29.《爱美女性看过来！为什么我们总是每逢10月胖3斤》

30.《美国研究：养狗可预防儿童患湿疹和哮喘风险》

31.《戴着口罩还抽烟！我们的健康如何走向"精准"？》

32.《这物竟是高尿酸人群大救星》

33.《啥病都能"放血"？中医大夫打脸伪中医》

34.《女孩呕吐腹泻　家长怀疑超市购巧克力变质　掰开见蛆虫》

35.《孕妈反复发烧，一查心脏已成"豆腐"　不明高烧别大意》

36.《治病良药还是癌症元凶？——马兜铃酸致肝癌事件调查》

37.《男子连吃多只大闸蟹　腿脚肿胀患上肾衰竭》

38.《"一年补透透，不如补霜降！"怎么补？》

39.《2块钱的维生素C，和98块钱的维生素C，有什么区别？》

40.《退休教授沉迷买保健品　19年后出书揭暴利乱象》

41.《21岁女孩打一天手游右眼失明　医院：眼疲劳所致》

42.《姐姐玩耍将洗衣液注入输液瓶　弟弟拿来输液险丧命》

43.《母女俩吃野蘑菇中毒送医　专家：误食毒蘑菇或致死》

44.《南京破获假药案：上百元假"伟哥"成本仅一两毛》

45.《无痛分娩已存在100多年，无法在中国普及因"麻醉师没空"以及"不划算"》

46.《"五星酒店不换床单"　别总让社会机构来曝光》

47.《健康健身，你可能不知道这些秘密》

48.《强生多次陷入"致癌门"事件，如何看清进口母婴产品的"门道"？》

49.《辽宁叫停门诊输液　多省市向抗生素"开刀"》

50.《国家卫计委：全力救治湖南桃江结核病感染学生　加强寄宿制中学结核病防控督导》

51.《"饥饿疗法"能饿死癌细胞吗？》

52.《2017年联合国糖尿病日：点亮"蓝光"呼吁关注女性糖尿病》

53.《科普：心脑血管疾病患者需监控"坏胆固醇"》

54.《秋天咳嗽不简单》

55.《想吃火锅又怕升高尿酸？八招让你吃得更安心》

56.《这种高颜值高营养的超级谷物你吃了吗》

57.《院士怒了：五个最坑的养生误区，有人被骗人财两空！化解方法

必看》

58.《最近发现孩子变丑、变笨、不长个儿？竟然是打呼导致的！》

59.《一个枕头藏着百万螨虫，只用这一招，螨虫无影踪！》

60.《这样喝水，你将亲手"毁掉"自己的肾，医生从来不这样做！》

61.《江西发现这种新生儿罕见病，看脸色救回一条命……》

62.《立冬来啦，你的身体准备好了吗？最佳养生期，就这样补！》

63.《一口饭都没吃过，刚满三个月的宝宝就得了糖尿病！》

64.《当心！女子夜里起身喝水突然听到了嘎嘣声……这个病已经盯上年轻人！》

65.《一次生气全身器官受伤，还气出 14 种病！看完再也不敢生气了！》

66.《世界标准"刷牙"姿势公布！好好刷牙降低癌症风险》

67.《21 岁女生出现更年期症状，只因……她这个坏习惯很多人都有！》

68.《只因喝了罐牛奶，男子多器官衰竭危在旦夕，每天医药费上万！牛奶不能这样喝》

69.《警惕！秋冬之际，这几种传染病进入高发期！快来看预防攻略！》

70.《央视曝光：有些奶茶喝一杯等于吃 13 块方糖！咖啡因等于 4 杯咖啡！》

71.《要想长寿，先得"肠寿"！ 4 个方法告诉你如何保养》

72.《这些食物越过期越有用，千万别急着扔，不然等着心疼钱吧！》

73.《这样洗碗等于"吃毒"，洗了一辈子的碗，竟然洗错了》

74.《中年男人该怎么去油腻？有人罗列了 12 个意见请网友补充，目前已经补了 2000 多个》

75.《没想到！ 11 岁男孩一年不长个儿，医生怀疑可能是这个吃多了……》

76.《别再花冤枉钱了！冬虫夏草已被确认没有抗癌成分！反而这些平常吃的食物才是抗癌高手！》

77.《这种酱油致癌？买过也要扔掉？别傻了！快看看这个辟谣帖！》

78.《一个蘑菇就是一座营养宝库！专家眼中的"零脂肪素肉"》

79.《一个梨的 4 种"黄金食疗方" 秋冬这样搭配最养肺》

80.《1.3米长钢筋穿透男子上半身！一场关于生命奇迹的战斗》

81.《7个月吃蛋黄、8个月吃蛋清……一次性说透宝宝吃鸡蛋的学问》

82.《有一种撕心裂肺叫作"抽筋"！附全部8个部位缓解方法》

83.《二郎腿并非一无是处！3类人跷二郎腿反而有好处》

84.《5块和25块的牙膏有啥区别？真相可能让你大吃一惊》

85.《不生病的10条铁律！院士、名医都赞同！想要不生病，一定要记住》

86.《92岁老人血管壁光滑如29岁小年轻，就因每周吃三次这道菜，特简单》

87.《院士说：外科医生挖肉，内科医生下毒，放疗科医生烤电……最后病人死了，癌细胞还活着！》

88.《中国人喝粥能否长寿？哈佛15年研究告诉你！两千年的秘密，值得你看》

89.《癌症好转，肿瘤变小，大自然赋予草药如此神奇的作用！》

90.《皮肤白嫩细滑，保持年轻竟然如此简单，看看她们是如何做到的！》

91.《千万不要乱喝蜂蜜柠檬水了！长期喝蜂蜜柠檬水居然……惊呆了！》

92.《咸蛋黄致癌因为"它"！资深营养师教你怎么吃！所有人都该看看！》

93.《每天两片药，早1片晚1片，活过100岁！你知道是什么药吗？》

94.《血管堵没堵，弯腰摸这里就知道！一个小动作，将血栓冲走》

95.《食物发出的5种"癌变"信号 可惜80%的人没读懂》

96.《每天中午眯一小时竟睡到要做手术？！真相吓人》

97.《看！腰椎间盘就是这样被你"坐"突出的……》

98.《天冷了，这些水果要"趁热吃"！中医推荐6种吃法》

99.《搞了50年肿瘤研究，肿瘤院士总结出5条"防癌经"！人人须知》

100.《恭喜你长得很"长寿"！美国媒体总结7大长寿特征》

101.《@上厕所喜欢玩手机的人：你的7个器官正慢慢受损》

102.《缺觉一周，700多种基因改变！23点以后才睡的人危险了……》

103.《这种常见病的死亡率比癌症还高，只因为做错了一个选择》

104.《Attention！关于"迟到"——你能想到的最严重的后果是啥？》

105.《验血真的有必要抽那么多管血吗？》

106.《让鸡汤香浓10倍的秘诀是什么？这位大厨亲口告诉你答案》

107.《用嘴呼吸，让人变丑又变笨！》

108.《中国有9000万慢性乙肝患者！用这一招保卫你的肝》

109.《燕麦是可以减肥，可你吃的是真燕麦吗？》

110.《花大钱买来的保健品，只是骗子不给自己爸妈吃的垃圾》

111.《@怕冷的人：冬天护好这8个部位，等于自带"暖宝宝"》

112.《脾胃好不好，一摸二看就知道！3个小方法养好脾胃，气血自然足！》

113.《医生称这几种水果能少吃就少吃，尤其最后一种，很多人都不知！》

114.《洗澡时这4件事万万不要做，容易影响健康，尤其是最后一个！》

115.《它是血栓的"克星"，血液"清道夫"，早晚吃两口，血管不堵更健康》

116.《有冇搞错？广东人经常吃的这道菜竟是一类致癌物？！》

117.《菜园里的一种菜被誉为"金不换"，又叫"救心菜"，能防治十多种病》

118.《养生就要少吃肉？不！一种肉是秋季养生"高手"！》

119.《不起眼的它被称为防癌第一汤，每周喝2次，癌细胞"绕道走"！》

120.《全球公认的最佳健身流程，八大步骤！》

121.《白菜营养丰富，但尽量别和它一起吃，容易引起中毒！》

122.《冬季"食疗"首选萝卜！这7种吃法搭配有治病功效》

123.《一颗鲜枣的营养实力：维C含量是柠檬的10倍……》

124.《福利！肿瘤专家的"抗癌食物清单"，对照吃准没错》

125.《见证一杯热饮的治愈力！推荐6款冬季护心热饮》

126.《老祖宗留下的好东西！冬天喝它，舒筋活络，大补气血，关节不痛》

127.《晚餐与体重和寿命的关系，幸好今天知道了！》

128.《它才是真正的"菜中之王"，清理血管、养胃护胃很厉害，才几块钱一斤！》

129.《最全致癌物清单公布！咸鱼槟榔等为一类致癌物》

130.《家里最脏的竟然是卧室！这6个死角打赌你没清理过》

131.《大量掉头发是脱发的前兆吗？答案扎心了》

132.《喝糖水后血糖高，小心糖尿病前期正伤害你！》

133.《长成这样的黑痣，小心是黑色素瘤！》

134.《吃多了喝杯茶解腻消脂　事实真的是这样吗？》

135.《甲、乙、丙、丁、戊，不同肝炎传播途径不一样》

136.《花生增寿核桃抗氧化　坚果才是营养全能王》

137.《三个"套餐"　保脑血管平安》

138.《用对"颜色"也能养生！总有一种适合你》

139.《每天走路别超过这个步数》

140.《旅游晒成"黑爆皮"　躲在屋里能"复白"？》

141.《医生只做5件事就治好了自己的脂肪肝》

142.《一天少喝一罐汽水　一年能减重十多斤》

143.《警惕！这13种心病要找咨询师》

144.《一个小动作毁了你的肺》

145.《开胸"修"心脏　94岁老人"起死回生"》

146.《过期药品怎么办　今起可一键预约上门回收》

147.《中暑或可致死　高温作业需做好防范》

148.《老人头晕眼花眼前模糊　竟是"后脑梗死"》

149.《不良生活方式关联癌症　如何践行健康的生活方式？》

150.《这些疾病自测法就是自己吓自己》

## 第十八节　旅游新闻标题

1.《菊境穿越、菊艺生活、菊花斗艳……2017年湖熟菊花展不容错过！》
采用反复的修辞手法，通过"菊"字的反复使用，把菊花展盛况形象生动地再现出来，同时语言也更为整齐清晰，使标题具有音韵美。

2.《金秋"蟹"逅阳澄湖半岛，美景与美食不可辜负》

利用"蟹"与"邂"的谐音，使标题具有趣味，增加吸引力。标题采用对偶形式，读来朗朗上口，前句"金秋""蟹"，后句"美景""美食"首尾呼应，富有意境美、形式美，给人以美好的阅读享受。

3.《听落叶簌簌 赏最美秋色》

"听落叶簌簌，赏最美秋色"，最美秋色，很容易挑动心弦，引发读者共鸣，标题具有文学色彩，富有意境美、形式美。

4.《掀开喀山的神秘面纱》

运用比拟的修辞手法，"掀开"这一动词的使用使标题富有动感，更具表现力，激发读者产生进一步阅读以便亲自掀开神秘面纱的求知欲。

5.《"渝"你同行 发现大美武隆》

利用"渝"和"与"的谐音，构思巧妙，富有新意。"渝"是重庆市简称，"武隆"是大美所在，直接点明主题，言简意赅。

6.《8天假1237万人次来京旅游》

"8天假1237万人次"，运用抓人数据简洁明了地提炼新闻核心内容，将小长假游客来京旅游盛况直观地传达给读者。

7.《鼓浪屿申遗的"前世今生"》

"前世今生"运用比拟的修辞手法，将"鼓浪屿申遗"赋予了拟人的色彩，同时也增加了新闻的故事性，给读者一种娓娓道来的感觉，吸引读者产生阅读兴趣。

8.《绿茶王子太平猴魁》

使用拟人手法将广大读者不甚了解的中国传统名茶"太平猴魁"比作绿茶王子，惟妙惟肖，引人入胜。

9.《"+"出来的精彩》

巧妙运用运算符号"+"突出主题，别具一格，具有新意，给读者留下深刻印象。

10.《三省交界，"江山"如画》

标题音节整齐，语言凝练，朗朗上口，富有意境美、形式美，吸引读者注意。

11.《面朝大海，看三生三世十里桃花》

借用海子耳熟能详的抒情诗中的名句，使标题具有文学色彩和亲切感；同时，"三生三世十里桃花"巧妙借用影视作品的影响力，吸引读者进一步阅读。

12.《四明三千里 莫负人间赏花春》

整个标题文学色彩浓厚，富有意境美、形式美，以深厚的文化底蕴吸引读者。

13.《老挝新探》

标题直接点明新闻核心，"新"字突出了新闻的独特之处，准确精练，言简意赅。

14.《在云南，有一个景区叫玉溪》

标题胜在语言亲切质朴，可以有效拉近与读者的距离，更易引发读者产生共鸣，从而进一步阅读。

15.《为一场球赴一座城》

音节整齐，语言凝练，朗朗上口，令人印象深刻。

16.《我国居民休闲呈"两增一减"态势》

标题直接点明新闻核心，"两增一减"较好地概括了主题，准确精练，言简意赅。

17.《石家大院、中华武林园：一文一武》

将石家大院与中华武林园二者进行比较，"一文一武"特点鲜明，差异显著，以对比的手法，使标题醒目突出，更具表现力。

18.《北京深秋醉游人 留住最美的黄叶》

遣词造句具有古风韵味，使新闻标题具有文化底蕴，富有文采。

19.《在山的那边海的那边真的有一群蓝精灵》

借用大家耳熟能详的儿歌作为标题，形式新意，别具一格；同时，增加"真的"一词，埋下悬念的种子，现实中怎么会"真的有一群蓝精灵"？吸引读者带着这样的疑问进一步阅读。

20.《吃腻了孙俪在〈那年花开〉里爱的甑糕？想不到敦煌比西安更好吃》

标题巧妙借用影视剧作品《那年花开》的影响力以及明星效应，吸引读者关注，以设问的方式提出问题，将敦煌与西安相比较，产生热点共振，突出主题，进一步提升了宣传效果。

21.《2017 年中国出境旅游消费"买买买"变"游游游"》

采用反复的修辞手法，通过"买"字和"游"字的反复使用，起到强调突出的作用，增加了标题的趣味性，同时语言也更为整齐清晰，使标题具有音韵美。

22.《400 岁神秘古堡复活记》

运用数字"400 岁"巧妙提炼新闻亮点，第一时间抓住读者眼球；同时运用比拟的修辞手法，"复活"一词将"古堡"赋予了拟人的色彩，增加了新闻的故事性与神秘感，给读者一种娓娓道来的感觉，吸引读者进一步阅读。

23.《〈河神〉热播 隐藏在天津老景点里的故事你了解多少？》

与影视作品关联，借用其影响力吸引读者关注，提升宣传效果，巧设问句，起到了启发读者思考，同时突出主题的作用。

24.《滑雪去哪里？当然是瑞士啊！》

标题采用问答的形式，以问题抛出悬念，激发读者思考；以回答给出答案，传达新闻核心内容。

25.《树披"水晶衣" 引人赏美景》

运用比拟修辞手法，赋予标题拟人的色彩，动词"披"的运用使表达更加灵动，令人眼前一亮。

26.《全球"追樱" 看如云如霞的满树烂漫》

标题遣词造句具有文化底蕴，以"如云如霞"比喻花开的繁盛和朦胧之美，富有文采，给读者以艺术般的享受。

27.《徜徉江北美丽乡村》

"徜徉"一词为标题增添动感又突出了美丽乡村的美不胜收，同时也使标题具有音韵美，朗朗上口，可谓画龙点睛之笔。

28.《不负京郊清秋美 静谧之处赏红叶》

标题遣词造句具有文化底蕴，通过文字将美景与意境展现得淋漓尽致，使读者有如身临其境一般，激发读者的阅读兴趣。

29.《辣眼睛！杭州这座老桥上的石狮子竟全都画了"眼线"》

运用"辣眼睛"这一网络流行语，提升标题的生动性与展现力，使读者感到既亲切又新鲜。同时，使用"画了'眼线'"这一比拟的修辞手法准确、形象地传达了新闻亮点，吸引读者进一步阅读。

30.《航拍张掖丹霞：让你遇见人间"调色板"》

将张掖丹霞地貌比喻为"调色板"，惟妙惟肖地向读者描绘了色彩斑斓的美景，画面感十足，吸引读者眼球。

## 参考标题

1.《从一碗红米饭看与农业劳作相关的世界文化遗产》

2.《20 处最美"飘叶"景点出炉》

3.《2017 年中国旅游业的风会往哪儿吹》

4.《春节去"北方雪都"体验冬奥魅力》

5.《舍夫沙万：摩洛哥的蓝精灵世界》

6.《登高赏花看看早春的"上海之根"有多美》

7.《花花世界　寻找最美好的画面》

8.《捅破窗户纸之后》

9.《暑期出游趋势盘点：亲子游学成"刚需"　90 后消费更"精明"》

10.《一个 90 后导游经历的九寨沟地震》

11.《雄安新区比肩深圳浦东的旅游新地标》

12.《慈溪问茶之旅》

13.《来一次独一无二的石油浴》

14.《畅游金坛"一山一水"》

15.《到陕西洋县看朱鹮》

16.《旅游新零售线上线下融合势在必行》

17.《东钱湖值得一去的"城市客厅"》

18.《世界上最奢侈的山际线》

19.《建德新安江：永远 17℃的清澈江水》

20.《三亚两黑一串游》

21.《天子地的千年溶洞》

22.《新罕布什尔州湖区——美国人钟爱的度假天堂》

23.《去佘山寻找让人心静的魔力》

24.《极端高温刷新纪录　水上旅游人数暴涨》

25.《搭乘一列由匈牙利少年运营的火车》

26.《背上行囊　一个人旅行　今年上半年全国单身出游订单是去年同期的1.8倍》

27.《打飞的去澳门享受美食》

28.《以一场"蚝"门盛宴开启冬日旅行》

29.《在伊斯坦布尔与历史迎面遇上》

30.《巴拿马总统巴雷拉夫妇一行参观游览长城　李金早魏强陪同》

31.《叫响"西部胜景·美在巴州"品牌》

32.《全国红色旅游经典景区三期总体建设方案印发》

33.《珠光宝气"闪耀"泰安》

34.《文明城市服务"点睛"》

35.《九台全域旅游建设亮点——"一廊"破题》

36.《秦皇古道载悲欢》

37.《走，去建德体验低空游的精彩》

38.《隆力奇："工业＋旅游"碰撞出怎样的火花？》

39.《重庆：导游维权有了"主心骨"》

40.《天涯若比邻　走走更亲近　国家外交带热中拉旅游》

41.《中越跨境旅游长廊是怎样形成的？》

42.《湖北三峡人家：后5A时代铸就新三峡梦》

43.《347部微电影演映浙里美丽乡村》

44.《"三点一线"看"风情"》

45.《石林让"阿诗玛"活起来》

46.《浙江旅游风情小镇"春风正劲"》

47.《山东体育旅游火爆　热了景区美了游客》

48.《海南再添离岛免税购物新模式　旅客可"提前购"》

第四章 不同题材标题案例点评 273

49.《江西资溪县农旅融合发展：旅游热了村民乐了》

50.《228个景区纳红色旅游景区建设　迎美好"钱景"》

51.《世界最小旅店：仅能住两人》

52.《这才是秋冬最适合睡觉的浙江民宿！值得朋友圈刷屏》

53.《黔江"寻美"的四个打开方式》

54.《震惊！美佛州海滩退潮后现数万只黑蜗牛》

55.《武汉"赏叶"正当时　旅游部门发布"赏叶指数"》

56.《抢市场！线下旅游门店成了香饽饽》

57.《吉林多地雪场宣布"开板"　"冷资源"助推冰雪旅游热》

58.《四川龙泉："十里桃花"散发别样花香》

59.《外星人来了？云南丽江的云美翻网友》

60.《司马台长城被英国泰晤士报评为"全球不容错过的25处风景之首"》

61.《9项金奖　海南旅游商品发展的"逆袭之路"》

62.《只言片语聊东京　到底该怎么玩》

63.《投资150个亿　常德将建一座"东方威尼斯"》

64.《南京东南大学　落叶飘飘铺"超级地毯"》

65.《青海湖化身美丽"天鹅湖"》

66.《二千八百余岁银杏古树"披金"　蔚为壮观》

67.《畅享八天"超长假"　这份文明指南请带好》

68.《世界之最认证官：三清山，你惊着我了！》

69.《一张登机牌打通产业链　坐飞机游江西实惠多多》

70.《没爬过这些山就不知道北京夏天有多美》

71.《"浪迹"巴黎街头　换个姿势更文艺》

72.《夏日到北极村来"找北"》

73.《全新开馆："八一馆"重现壮阔历史》

74.《安徽黄山高温催生火烧云　大半个天空被染红》

75.《"飞阅"天山　穿越新疆最美公路》

76.《西北有座城被〈纽约时报〉评为此生必去　美得低调又霸气》

77.《张家界玻璃栈道算什么？河南这10个绝境恐高族千万别去》

78.《没有厕所不结婚？印度姑娘看到这些中国厕所肯定疯狂打 call！》

79.《Tiffany 开始卖早餐了？！这回纽约人民彻底坐不住了》

80.《长途飞行必备物件大盘点　让你在飞机里睡个好觉》

81.《一篇文章教你如何用迪拜转机　24 小时玩转土豪之国》

82.《你若愿跋山涉水　贵州就是你的天堂》

83.《盘点周边 9 大养生温泉　冬季到来感受美汤暖意》

84.《红遍网络的天津图书馆最近还火到日本去了！》

85.《盘点或将消亡的 14 处濒危景点　抓紧时间去看看吧》

86.《2017 年黑龙江第一场雪　省长陆昊接连打 call》

87.《游客丽江住店被蚊子咬醒　前台：养的宠物，死 1 只赔 100》

88.《十大品质休闲城市花落谁家？》

89.《"帮主"跨界当"镇长"！他开辟了一条"丹寨最走心自驾路线"》

90.《安塞发现 3 处丹霞地貌大峡谷》

91.《亚热带将建冰雪世界？妈祖故乡莆田 60 亿建冰雪小镇》

92.《过去一年，知名旅游达人们都去了哪些地方？》

93.《央视又来千年瑶寨啦》

94.《震惊，吴京与千年瑶寨竟然有这样的缘分》

95.《6 月，清远这些地方的荷花美翻了人间！》

96.《银杏黄了，安徽这几处银杏林惊艳你的朋友圈，错过这次，再等一年》

97.《十大趣游安徽自驾线路火热出炉！切记下了班再看！》

98.《黄金周旅游鄙视链新鲜出炉，共分 5 级，快来看看你在哪一级？》

99.《黄山 4 折！方特半价！安徽 100 多家景点统统免费、半价！持续 9 天，现在请假还来得及！》

100.《热到爆炸！最高温直逼 40℃！安徽新出炉的 8 个避暑胜地送给你！》

101.《央视航拍！九寨沟震后第一个秋天，每一秒都美哭了……》

102.《国庆景区有多挤？87 岁的爷爷说："我当年打仗都没遭过这罪！"然而更戳心的是……》

103.《港真，看完这些郊野和离岛，你还敢说自己把香港都逛遍了吗？》
104.《35座城市，250家餐厅，10斤工伤肉，跟我们用味蕾记录足迹》
105.《中国最神秘的景点，门票比张家界贵15倍，美到令人叹息……》
106.《对不起，我要去安徽了！别再找我了……》
107.《中国面积最大的8个县，有的大过浙江省，你却连名字都没听过》
108.《世界上钱最不值钱的地方，10万亿只买到一棵青菜》
109.《四川这条大环线秋色有毒，只要一次就上瘾！》
110.《太行山原始村落犹如世外桃源，村民百米悬崖上用生命晒山楂》
111.《中国辣椒最多的地方，还藏着一个"冰与火之歌"的古战场》
112.《中国门票最贵的三座寺庙：历史均超千年，门票最低一百二，哪座更值》
113.《除了三亚，国内还有这5个最佳过冬旅行地》
114.《2017年最受网民喜爱的十大古村镇出炉，有一个我竟然现在才知道》
115.《千万别去纳米比亚！因为这里承包了太多外星痕迹，和现实一刀两断！》
116.《〈爸爸去哪儿5〉里面，天上的苗族桃花源就在这！》
117.《"10年消失90万个古村"，趁这7大古村仍美得原始，必须去一趟！》
118.《云南深处的奇特小村，连导游都找不到，没有门票原生态！》
119.《如果只有24小时，外国游客会怎么玩威尼斯》
120.《中国这个跨国大瀑布，年均水流量约为黄果树瀑布的三倍》
121.《任你川藏线自驾过N次，这些被人遗忘的小众景点去过三个就算你牛》
122.《这国火车站竟有中国国旗，站长对我们特友好，富人区非常安静漂亮》
123.《中国最长火车路线，5000公里途经8省，沿途美景不断，上车还要签"生死状"！》
124.《是十不是四！壁立千仞，冠绝古今：中国最美十大石窟》

125.《这里是国内屈指可数的摄影天堂,整个10月都被它惊艳到!》

126.《这个媲美马尔代夫的小岛就在中国!》

127.《今年最火的"抹茶绿"冰岛!看饿了》

128.《你愿意逃离北上广在最有味道的老街"慢"游吗?》

129.《忘记丽江大理 普者黑才是真正的世外桃源》

130.《CNN强烈推荐的8道必尝川菜美食你认可吗?》

131.《冬天去避寒?原来这个城市才是中国的避寒天堂》

132.《去泰国旅游,必吃的十种美食,错过了花几倍的钱都吃不到!》

133.《来到首都北京千万别在这仨地花钱,太坑爹了!》

134.《这座古镇比宏村安静,比乌镇多情,关键还免费!2小时立马到达!》

135.《请不要来昆明过冬了!》

136.《战斗民族的列车,比"东方快车"更奢华?是贫穷限制了我的想象力》

137.《中国"最美水上公路",半年沉没在湖里,车在水中行不怕淹》

138.《特朗普夫人连老公都不陪了,就为了去北京的这个地方》

139.《厦门这次厉害了,获一荣誉,北上广深都没有》

140.《黄山VS三清山:既有相似之处,细节又不一样,都去是最好的选择》

141.《豆瓣9.3分,每一个镜头都美轮美奂、每一帧画面都叹为观止,原来中国这么美!》

142.《媲美九寨沟!被国家点名!上海这个公园最低调,却一直美到让人心醉》

143.《中国唯一太极占星村,600年前刘伯温亲手设计,怪事不断至今未解》

144.《世界上唯一的八星级酒店:装修时用掉22吨黄金,连马桶都是黄金,网友要组团抠黄金!》

145.《厉害了Word火车!一列Z114带合肥侠们走南闯北!》

## 第十九节 社区新闻标题

1.《百姓大舞台放歌新时代 "百姓大舞台"成咱老百姓的"星光大道"》

标题巧借大家耳熟能详的综艺节目"百姓大舞台""星光大道"的影响力,吸引更多受众注意,"百姓大舞台"两次出现,虚实结合,相互呼应,构思巧妙,既突出了主题,又令人耳目一新。

2.《人无我有、人有我优、人优我廉——国安社区的底气》

排比句"人无我有、人有我优、人优我廉"的使用恰如其分,从"有"到"优"再到"廉",感情层层递进,意义也逐步加深,在清晰传达新闻的关键信息之外,使标题兼具新闻性与文学性。

3.《社区工作最重要的是对百姓的爱》

语言亲切质朴,但蕴含的感情真挚,更易引起读者共鸣。

4.《清扫落叶 扮靓社区》

使用对偶修辞手法,使标题看起来赏心悦目,读来朗朗上口,令人印象深刻。

5.《吴亚琴:一心为社区 居民是亲人》

直接引用新闻人物的原话,显得亲切、质朴,增加新闻报道的真实性,同时也表达了作者对当事人的尊敬与佩服之情。

6.《新狮社区:太极相伴夕阳红》

遣词造句具有古风韵味,使新闻标题具有文化底蕴,富有文采,标题巧用"夕阳红",比喻人到老年的时候也能活出精彩,恰如其分。

7.《"我爱成都风光美,天府之都我来唱一回,春来龙泉桃花会,三月樱花笑微微……"75岁大爷表演金钱板上千场 唱尽巴蜀故事》

直接套用金钱板唱词作为标题,让人备感亲切,贴近大众。从唱词中体会巴蜀故事,调动了读者的兴趣;同时又令标题变得灵动而活泼,令人印象深刻。

8.《这些年,咱社区一年一个样》

以第一人称的口吻叙述,令标题更加真实、亲切,拉近了与读者的距离，更易赢得读者关注。

9.《一块香皂"洗出"干净小山村》

巧用动词增加新闻标题灵动性，"洗出"使标题生动而不呆板，激发读者阅读兴趣。

10.《小区垃圾分类从"难推行"到"尝甜头"》

从"难推行"到"尝甜头"两相对比，更能凸显事件原貌，与报道内容互为表里，展示了推行垃圾分类政策的新变化。

11.《地下通道停用 行人"擦车"过马路》

"擦车"一词形象展现了地下通道停用给行人过马路带来的危险，画面感与临场感十足，更易引发读者共鸣。

12.《西夏区社区居民：诗赞十九大，精神润心田》

使用对偶修辞，音节整齐，使标题看起来赏心悦目，读起来朗朗上口，掷地有声。

13.《宽不足两米堆各种杂物 这条小路瞅着真悬》

使用接近百姓的口语化表达，令标题契合百姓生活，吸引读者眼球。

14.《栖霞合并12个园区、新建5个研发机构 园区化零为整，聚力打出组合拳》

通过数据展示研发机构园区化零为整的态势，具有极强的说服力，又在一定程度上展现了客观性。

15.《充电桩和燃气箱当邻居安全吗》

通过疑问语气一改标题以往的陈述方式，让人眼前一亮，启发读者思考；同时也暗含作者对其安全性的质疑。

16.《千余平方米违建三天拆除 木林镇已完成拆违面积22.129万平方米》

运用数据突出主题，"千余平方米违建""三天拆除""拆违面积22.129万平方米"这一组数据，传达了"违建面积广，执法力度大"这一事件原貌，通过直观的数据对比，给读者留下深刻印象。

17.《揪心被撞四次的限高杆 刚修完又受伤》

运用比拟修辞，赋予了标题拟人的色彩，"受伤"化枯燥为生动，又因喻体的固有色彩，表达了作者对此现象的批评。

18.《惜别晋元庄早市》

遣词造句具有古风韵味，使标题别具一格，富有文采。

19.《@华新街社区"爱在厨房"展示邻里厨艺》

巧妙运用网络符号"@"，使标题既新鲜又亲切，吸引读者眼球，增强标题的表现力。

20.《珠海立新社区："白粉街"变"禁毒街"》

"白粉街"与"禁毒街"构成鲜明对比，通过这一直观对比展示了珠海立新社区翻天覆地的变化，使标题富有反差效果，更易吸引读者关注。

21.《武汉万名民警沉入社区 给市民"看得见"的安全感》

巧用动词增加了新闻标题灵动性，"看得见"一词的运用使标题生动而不呆板，形象地展现了武汉万名民警沉入社区所带来的新变化，运用数据突出主题，切合百姓生活，更易引发读者共鸣。

22.《共享健身仓升级瞄准社区，它能开启健身房领域的变革吗？》

标题巧妙设问，抛出容易引发读者共鸣的疑问，激发读者思考，吸引读者进一步阅读寻求答案。

23.《团结社区话"团结"》

团结社区话"团结"，通过"团结"一词的反复使用，使首尾呼应，表述方式新颖，构思巧妙，让人眼前一亮。

24.《社区给空巢老人撑起"保护伞"》

"保护伞"形象比喻了社区对空巢老人的关爱，直接点明新闻主题，重点突出。

25.《街坊爆料！增城广场乐湖鱼儿要与垃圾同游？》

运用感叹句式，渲染气氛，增强标题的感染力。随后，以设问的方式提出问题，引发读者的好奇心，激发读者的探究欲，吸引读者进一步阅读新闻。

26.《养老方式也能打出"文化牌"吗？不信？看看……》

标题巧设问题，通过连续的发问，既反映了社会现实，民生动态，又能巧妙地设置悬念，吸引读者进一步阅读。

27.《社区艺术服务队喊你来玩喽！》

语言通俗易懂、平易近人，契合百姓生活；感叹句式的运用，使标题感情饱满，具有感染力与号召力，更易吸引读者目光。

28.《大兴这个小区楼门邮箱"敞胸露怀"谁能来管管？》

"敞胸露怀"这一成语运用比拟的修辞手法，赋予了新闻标题拟人的色彩，既形象地传达了新闻核心内容，又使标题化枯燥为生动，增强标题的趣味性，使读者产生阅读兴趣。

29.《"他们的关心让我有了活下去的力量"》

直接引用新闻人物原话，在增加标题真实性的同时，给读者一种正在与当事人对话的身临其境之感，增加标题与读者的情感联结，以此吸引读者进一步阅读。

30.《建设"家园型"社区 共享"田园式"生活》

使用对偶修辞手法，音节整齐，使标题看起来赏心悦目，读起来朗朗上口，掷地有声。

### 参考标题

1.《通州区培训干部采取"3+6"模式，理论课后赴重点工程一线挂职——青干班学员"实战"副中心》

2.《2017年全国百强社区卫生服务中心公布：长沙两中心上榜》

3.《山东省滨州市沾化区小房村村民："老有所依"让大家对美好生活充满信心》

4.《安尔发：掘金社区市场》

5.《贯彻新发展理念建设现代化经济体系　深圳市福田区倾心打造世界级湾区现代产业引领区》

6.《"为老"学雷锋，助力夕阳红——探访水电二局社区系列为老服务》

7.《社区"党建+"理念，让老党员有地儿发余热喽！》

8.《熟悉病人病史，提供基本服务长沙：社区医院看病首选》

9.《社区志愿服务暖人心》

10.《廊坊抓党建：把干部下沉到网格　让工作落实到网格——激活社区楼宇"红色细胞"》

11.《环境资源模拟法庭走进建邺区　近百名社区居民零距离感受"庭审"》

12.《秦淮区推进综合执法改革，实行"一支队伍管市场"，对辖区企业"一次上门全面体检"》

13.《秦淮区加快医疗资源"东迁南移"解决医疗资源不平衡，南京红十字医院将东迁至银龙片区》

14.《成都社区建爱心共享书屋 让环保理念"漂流"起来》

15.《溧水医联体"三级分诊"缓群众看病之"痛" 推动开放合作办医，让群众在家门口享受三级医院服务》

16.《由雨花台区"互联网+"创星小镇聘请，产业领军人物担纲，首位特色小镇"镇长"走马上任》

17.《群众安全感连续7年全市第一 高淳获评"全国平安建设先进区"》

18.《欲知村务事，不必出家门 溧水东屏建微信群代替大喇叭》

19.《免费抽奖外衣下的团伙抢劫》

20.《智能"法律保姆"在身边》

21.《安保拓展单位 保安也扫"门外雪"》

22.《地毯式排查建立台账会商机制 多部门联合执法 十个严查确保三间房平安》

23.《一袋树叶换盆绿植 鼓励居民主动维护社区环境 落叶扫了心里踏实》

24.《耄耋老人家庭适老化改造 123位老年人家中多了轮椅、助行器、助浴器材等设施》

25.《居委会申请专款安装升降梯 左邻右舍给予残疾孤寡老人温暖和关爱 街坊邻里都把我当亲人》

26.《"双十一"业务激增 大兴快递"甩货"代收点》

27.《暖气不到18℃打电话》

28.《副区长杨建海到双柳社区调研市政水入户情况 要让居民尽早用上自来水》

29.《改善交通环境祭出"特色武器" 石景山打造"树池连通"工程 人行便道和铁栅栏说拜拜》

30.《禁的禁换的换铺的铺清的清　现代嘉园新物业干了不少实事》

31.《东辛屯村荣登美丽乡村榜》

32.《家有"易走失"老人　儿女多上点儿心》

33.《传承非遗文化感受剪纸魅力　剪刀舞动纸间传神》

34.《马坡千亩"氧吧"开园》

35.《石景山警方成功打掉一个街头诈骗团伙　当心"洗吸油烟机"的骗子》

36.《抢眼手舞足蹈机器人　石景山区 2017 年全国科普日主会场活动成功举办》

37.《通往副中心廊道增添近 3 万平方米城市绿地　广渠路朝阳段提靓》

38.《社区的润滑剂　群众的定心丸》

39.《定福庄东村开展趣味运动会　秋高气爽乐声阵阵》

40.《居民事物自己管　议事平台内容多　斜土街道江南新村"江南匠心舫"自治平台为居民做实事》

41.《提升景区"智慧服务"　让市民游客玩转"徐家汇源"》

42.《双十一"跺脚"不"剁手"　虹梅街道启动"漕男漕女健步走"活动》

43.《现场搜查现金抵欠款　有钱不还老赖终被拘》

44.《不忘初心牢记使命永远奋斗　区委召开中心组学习会，集体瞻仰中共一大、二大会址》

45.《260 组亲子家庭滨江开跑"迷你马拉松"》

46.《让业委会工作不再劳神费力　徐家汇街道引进第三方机构"嘉汇中心"探索服务新模式》

47.《百对新人共金婚　半世真爱永不变　康健街道举办第五届金婚庆典活动》

48.《左邻右里来相汇　不出社区享便利　虹梅街道华悦家园"邻里汇"建成启用》

49.《学习成果齐荟萃　终身学习嘉年华　徐汇区第四季学习节开幕》

50.《"为风貌而设计"岳阳路实践案例展——从城市"微更新"中感

知徐汇温暖》

51.《从可有可无到园区"香饽饽":"泾采·天华坊"探索基层党建创新模式，党建提升园区品质，提供满满获得感》

52.《"精准扶贫，心里要有一本账" 本区召开东西部扶贫协作推进会》

53.《变废为宝话生态　艺术环保美生活　王世君在斜土社区开设环保公益课堂》

54.《补齐短板，发现问题立马改　区委书记鲍炳章等巡检本区创全工作》

55.《别让互联网成为"潘多拉魔盒"　我区开展网络安全宣传周系列活动》

56.《城市足迹漫步衡复　金秋相约 2017 年上海旅游节·第四届复兴艺术节》

57.《上海黄浦区五里桥街道"双向认领"　群众认可才有生命力》

58.《黄道婆基因植入手作温暖元素　华泾打造沪上独一无二手工体验馆》

59.《有颜值更有实力 "日记医生"获十佳——记枫林街道社区卫生服务中心的家庭医生沈德蕾》

60.《他山之石可以攻玉　区领导率队赴杭州学习考察》

61.《向"奇葩证明"说不　下月起社区只开这 15 项证明》

62.《社区两委认"亲"　36 名独居老人有了"新"家人》

63.《"街长"上街　专治背街小巷城市病》

64.《义务照顾幺爸　他 20 年从未离家》

65.《"开放空间"脑力碰撞　社区事务居民共商》

66.《85 岁大爷社区哭诉:我要请保姆——一年多换了 16 个保姆，家人就此矛盾不断。专家提醒:应多关心老人情感》

67.《四川拟支持子女照料失能老年父母，假期、用工制适当倾斜，养老服务分层，低龄老人重文化休闲》

68.《七旬阿婆义务喂猫鸡汤、肉饭，六年来天天不断》

69.《四川金牌养老（康养）机构——成都市第三社会福利院没有亲人难自理 福利院就是他们的家》

70.《"锅盔女王"爱心众筹 孤寡老人免费吃》

71.《我带着你，你带着20元，吃遍祥和里美食》

72.《大爷大妈新耍法 痴迷手机K歌交友》

73.《这个电话很重要 请您说说心里话》

74.《老人第二个"家" 社区日照中心受追捧》

75.《找准社区营造撬动点 当好桥梁和杠杆》

76.《厦门金安社区法律志愿者吴秀丹：哪有矛盾就去哪》

77.《南昌建集散中心：您点单我派单 志愿服务不落单》

78.《19年无偿帮小区老人购物 "买菜哥"感动姑苏城》

79.《83岁党员志愿者陈玄鈇：甘当社区的"手和脚"》

80.《雷锋迷四十载 收集雷锋资料弘扬雷锋精神》

81.《有国才有家 长沙54岁社区志愿者坚守大堤6天》

82.《苏州12个好友组成助学"朋友圈" 点亮孩子人生梦想》

83.《承德社区工委组织开展志愿服务助推"两个创建"》

84.《帮困孤老资助贫困学生 89岁老劳模成了小巷雷锋》

85.《东方社区：志愿服务进社区 服务居民零距离》

86.《激发"红色细胞" 跃进社区成立党员志愿服务队》

87.《莱芜：志愿服务"3+3"爱心洒满邻里间》

88.《记西湖志愿者服务：一把伞折射一座城》

89.《"三单制"推动海口龙华区志愿服务常态化》

90.《奥运开幕式中国热舞大妈谈"走红"》

91.《社区养老出新招 鼓楼有家医养融合的"托老所"》

92.《社区孤老有个孝顺"女儿"》

93.《开封一社区主任以心换心 成社区老人贴心小棉袄》

94.《金城街道朝阳社区党总支：唱快乐歌，跳开心舞，走幸福路》

95.《万盛万东镇：社区文体小广场搭起群众大舞台》

96.《"平安广州"走进社区，教街坊防火防盗防骗》

97.《社区就是我们的家——黑龙江省双鸭山市宝清县亨利社区"四向发力"接地气》

98.《上海康城社区的好时光》

99.《"七彩志愿服务队"打造和谐社区》

100.《一刻钟社区服务圈》

101.《"三民工作法"架起服务群众"连心桥"》

102.《82 岁谢瑾如：社区儿童守护人》

103.《移民社区的幸福"密码"》

104.《从"小雨上下学"看社区功能再造》

105.《人大代表深入社区，让提交的建议有"温度"》

106.《高塍桃园社区有了"老年灶"》

107.《从"一杯水"开始关注社区营造》

108.《暖了群众、红了党旗——追记扎根社区 30 年的"小巷总理"陈叶翠》

109.《社区办园点，缓解"入园难"务实之举》

110.《宁夏石嘴山：念好移民社区"就业经"》

111.《云南罗平：社区经济"活" 居民得实惠》

112.《安徽：社区书吧里乐享阅读便利》

113.《邮"缘"在一起 文明在社区》

114.《藏在社区里的"穿越门"》

115.《安康：城乡飘起"红袖章"社区"五老"传佳话》

116.《"ONE·HOOD"社区篮球赛揭幕》

117.《莫家庄社区国庆安全检查有"群"眼》

118.《纳雍路尾坝社区："面子"亮了"里子"厚了》

119.《社区长街宴 暖了老人心》

120.《小账本里的大民生 青岛平度农民的民生记忆和展望》

121.《社会治理逐步智能化 老百姓的生活透着"科技范儿""村情通"方便村民，智慧平台提升安全感，网格员架起连心桥》

122.《物业进老旧小区居民可"先尝后买" 力争 2020 年当年实现老

旧小区增设电梯 1000 部以上》

123.《这小区竟给业主发了 24 万现金，还有发 126 万的！这笔钱你本该也有》

124.《异地养老给老人更多选择》

125.《黑龙江省：立足省情铺就城乡社区治理发展之路》

126.《契约式服务：健康管理多一点》

127.《北京超 2000 处地下室将转型社区商业》

128.《"庭院经济"让寸土生金》

129.《借社区之力培育万千"新市民"》

130.《"三三联动、一格到底"机制显成效》

131.《合肥市包河区：慈善工作这一年》

132.《拧成一股绳　全力打造亲情家园》

133.《大型"安置小区"怎样做好社区服务》

134.《"老破小"社区的民生改善样本》

135.《党员亮身份　发挥特长服务社区》

136.《北京将建 1500 个社区养老服务驿站　打造"家门口"的为老服务平台》

137.《小网格大数据强基础创和谐——贵阳市花溪区实行"一合三定双平台"网格化管理模式》

138.《顺义区旺泉街道宏城花园社区 "1+365" 工作法打造凝心聚气新家园》

139.《"最美社工"：北京的一道靓丽风景线》

140.《丈夫因病卧床，她来照顾；孙女读高中，她替子女分担；社区网格有事，她忙前忙后——闲不住的李大姐》

141.《大兴区一早市关门　商贩纷纷将摊位摆进河道》

142.《重磅！北京拟划定"居住停车区"，明年路侧停车电子收费全覆盖》

143.《办理医保结算、交通罚款、身份证、缴税不用再回老家啦！四张"便利贴"专治不明白》

144.《专业社工参与精准救助　为需求老人"量体裁衣"解难题》

145.《海淀区印制养老地图　家门口找养老院　看看地图就知道》

## 第二十节　教育新闻标题

1.《推倒校园"围墙"　高校立地生根》

标题采用双关的修辞方法,"围墙"二字并不单单指校园围墙,更是指束缚发展的机制体制障碍。同时使用"立地生根"一词简练、形象地表达教育机制体制改革的价值。如此遣词造句,使标题既简明凝练,又富有文采。

2.《西宁四所薄弱校"逆袭"记》

巧妙运用网络流行语"逆袭",既拉近了与受众的距离,又使标题有特点、有新意,增强标题的表现力。

3.《30多所高校要改名！校名"牛"了,高校就"牛"起来了吗？》

反复陈述同一词语"牛",借以突出内容,加强语气,启人思考;运用反问句式,语气强烈,答案呼之欲出,更易引发读者共鸣。

4.《大学生成赚钱工具？"爱心支教"背后的生意经》

以设问的方式引发读者思考,吸引读者进一步阅读新闻;"'爱心支教'背后的生意经"与常理相悖,矛盾突出,制造看点;"爱心支教"是否名副其实,引发读者思考,吸引进一步阅读。

5.《刚刚！习近平总书记说：优先发展教育事业》

标题直接点明新闻核心,突出新闻人物,通过引用领导人重要讲话,吸引读者关注。

6.《江西22所学校入围"国家级"评选！快来为你的母校打call加油》

把当下的网络流行语"打call"运用到标题中,既亲切又新鲜,贴近读者,引发共鸣;感叹句式的使用让标题感情饱满、语气强烈,富有冲击力与记忆点,也表达出编写者对江西22所学校入围"国家级"评选的肯定。

7.《爸爸陪娃写作业,感受这排山倒海的愤怒吧！看视频,简直了！》

"排山倒海的愤怒",运用夸张的修辞,使标题富有生机,诙谐幽默;运用网络流行语"简直了",使标题具有亲切感与感染力,容易引发读者共鸣。

8.《昔日"老对手"今日"好伙伴"》

运用对偶的修辞方法，使标题在形式上整齐划一，音律上朗朗上口，增加标题的整齐之美；在表意上简洁凝练，有很强的艺术表现力。"老对手"如何变为"好伙伴"，设置悬念，引发读者思考，吸引读者进一步阅读。

9.《寒门难出贵子？城乡教育一体化发展理念如何落地》

标题巧设问句，启人思考，引人关注，使标题有变化，起波澜，更具表现力。

10.《心衰患者装上"中国心"》

标题运用比喻的修辞手法，"中国心"指的是"全磁悬浮人工心脏"产品，它可用机械办法暂时或永久地代替心脏完成泵血功能，推动血液循环。标题胜在以比喻的方式把复杂事物通俗易懂地描写出来，使表达更为清晰、形象、生动，更容易调动读者兴趣。

11.《"恳请救治到7月，让我送完这一届学生"》

直接引用新闻人物的原话，显得亲切、质朴，富有感情，增加新闻报道的真实性，给读者留下深刻印象。

12.《择校退烧 公平升温》

以对偶的修辞手法使新闻标题具有形式美、音韵美，语言凝练，朗朗上口，令人印象深刻。

13.《4年，5轮，20万，50亿》

直接列出一组直观数字，既简明地提炼出事件核心信息，令人印象深刻，又可以增加标题的神秘感，设下悬念，引发读者进一步阅读，寻求答案。

14.《"孩子王"首次当"教授"》

标题将"孩子王"与"教授"这两个反差较大的角色关联在一起，为何"孩子王"会变成"教授"，这样的标题不禁让人好奇，设置悬念，吸引读者注意。

15.《幼升小小升初 采集顺序与入学无关》

使用顶真的修辞，在形式上独树一帜，令人耳目一新，吸引读者产生兴趣；在内涵上，通过语句首尾相连的方式，既揭示了事物之间的关系，又能引人思考。

16.《"当老师，辛苦超乎我的想象"》

直接引用新闻人物的原话，显得亲切、质朴，富有感情，增加新闻报道的真实性，给读者留下深刻印象。

17.《"不想听到下课铃声"——中南大学学生听张尧学院士开讲〈漫谈大学文化〉》

直接引用新闻人物的原话，增加新闻报道的真实性，同时也传达了该新闻的核心内容；使标题显得更具感情，更加贴近读者，从而能够引起读者的兴趣。

18.《@所有学校：这份教育督导意见与你息息相关！》

巧妙运用网络符号"@"，使标题既新鲜又亲切，增强了标题表现力，从而有效吸引读者眼球。

19.《"开学经济"火了谁》

将新闻内容巧妙概括为"开学经济"四个字，言简意赅。同时又以设问的形式提出问题，引发读者思考，激发读者的阅读兴趣。

20.《被玩坏了！福建高校"学霸狗"走红后被学生P成表情包》

将网络流行语"被玩坏了"用于标题中，增强生动性与趣味性，拉近与读者距离，吸引读者阅读。

21.《十九大精神"新鲜热辣"进校园》

"新鲜热辣"一词的运用增强了标题的生动性与趣味性，打破了传达会议精神类新闻标题一贯的严肃形式，令人眼前一亮，兴趣十足。

22.《大手笔！南昌这个区新建10所学校，福利覆盖80.2万人……》

感叹句式的使用让标题蕴含的感情饱满，更具感染力，容易引发读者的共鸣；"新建10所学校""福利覆盖80.2万人"，运用直观数字突出主题，吸引读者眼球。

23.《新规实施 营养餐能否安全又好吃？》

标题巧设问题，引发读者的思考，激发读者进一步探究，继续阅读新闻寻求答案。

24.《"冷餐"变"热饭" 健康又暖心》

"冷餐"与"热饭"形成鲜明的对比，"冷餐"为何会变成"热饭"？

设置悬念，启人思考，吸引读者关注。

25.《放权与监管"两个轮子一起跑"——〈高校教师职称评审监管暂行办法〉解读》

提炼关键内容形成标题，同时运用通俗语言"两个轮子一起跑"，进行生动形象的表述，将新闻核心内容既清晰明了又通俗易懂地传达给受众。

26.《"天使"怎么变成了"恶魔"》

"天使"与"恶魔"是两个对立面，它们矛盾冲突，看似无法相互转化。为何美好的"天使"会变成丑陋的"恶魔"，这样的标题不禁让人好奇，激发读者进一步探究，继续阅读新闻。

27.《让课堂"实"起来"活"起来》

"实""活"的运用使标题富有生机，在突出内容的同时，增强了标题的表现力，同时设置悬念，如何能"实"起来"活"起来，启发读者思考，继续阅读新闻寻求答案。

28.《高一"学霸"编中考教辅 "画风清奇"走红》

运用网络流行语"画风清奇""学霸"，增强了标题的生动性与趣味性，拉近与读者距离，吸引读者阅读。

29.《6名大学生把故宫"搬"上了木板》

巧用动词"搬"，增强了标题的灵动性，使标题具有动感和活力，更易吸引读者的注意。

30.《甘肃宕昌县职专发挥专业优势，送培训到村助力精准扶贫 村民点什么"菜"我们端什么"菜"》

巧妙地将"菜"一词赋予了新的内涵，进而用简洁凝练、通俗易懂的语言传达了新闻核心内容。此外，"菜"一词接地气，让新闻报道更加贴近群众，使读者可以感同身受。

### 参考标题

1.《"打弹球"成西安高校专业课学员乐学"弹指神通"》

2.《党的十九大报告强调，办好特殊教育。到2020年，我国残疾儿童义务教育将实现全面普及——"折翼天使"，一个都不能少》

3.《比技术更重要的，是教育理念》

4.《创新创业教育，亟须"升级版"》

5.《点燃学生头脑的"火把"》

6.《今天，如何与学生谈爱国》

7.《"小粉红""小青马"，爱国也要"萌萌哒"》

8.《"学"与"游"兼得不简单　中小学生研学旅行持续升温》

9.《部分学校对英语无硬性要求》

10.《玩中学　成就最美自己》

11.《学生营养餐：从吃饱到吃好须迈几道坎儿》

12.《千年水乡枕"网"而居——浙江省桐乡市推进智慧教育纪实》

13.《重庆市开州区推行四类村校办学模式——激发村校活力助"短腿"快跑》

14.《长沙市宁乡县青年教师在落实教学常规中快速成长——夏倩兮：一年写"破"三本教案》

15.《99%的人没见过！大学生爬窗去听这门高挂科率课，人多似演唱会……》

16.《多措并举擦亮"创新""应用"招牌——电子科技大学中山学院以应用型高校之"芯"助推地方产业转型升级》

17.《古典诗词研究学者王步高教授辞世——诗风词韵遗世间已不亏人生一度》

18.《"时装秀"》

19.《甘肃肃南探索以社会方式运营社区教育品牌——"牧童"遥指处快乐大本营》

20.《教育翻身仗是如何打赢的——山东省枣庄市台儿庄区教育快速发展纪实》

21.《显性指标可短期速成　隐性指标却需"慢功夫"　中外学者"把脉"我国"双一流"建设》

22.《我双手沾满了成长的快乐——三个自信自立的小学生》

23.《"破墙行动"育中职产业人才》

24.《热爱每一株幼苗的"教育农夫"——记江苏省无锡市天一中学校长沈茂德》

25.《岗位细化为"四型六类",教师可选择职称评审系列　南理工教师坐上职称评审"专列"》

26.《开学见"礼"》

27.《骑共享单车,你满12岁了吗?》

28.《职教对接新能源汽车产业　如何"挂挡"起步》

29.《摘"官帽"成就一批名校长——山东高密推进校长职级制改革的启示》

30.《把关"较真儿"　论文"过得硬"——吉林师大传媒学院学生毕业论文过关记》

31.《江西开展高校领导"双体验日"活动　创新思政育人模式与党委书记做"同学"》

32.《从"独奏""二人转"到三足鼎立》

33.《高考志愿填报如何实现"报偿所愿"》

34.《家长请注意:"问题"玩具枪或致儿童窒息》

35.《全国"最美中学生":战胜癌症绽放美丽》

36.《高考"新政"第一年　教师传授"金点子"》

37.《厉害了!怎么引导学生"多读书,好读书,读好书,读整本书"?这个方法太赞了》

38.《明天高考,无须大补,不要熬夜》

39.《刚入大学,他们已挣得人生"第一桶金"》

40.《建"骨干教师流动蓄水池"　惠及更多学生》

41.《真光中学145周年　老校友"回家吃饭"》

42.《留学前先"预热"　男孩营来深"抢生源"》

43.《国际教育4.0　培育"领导力",培养"跨界能力"》

44.《初中生翻谱子学煲汤　拿到两项发明专利》

45.《VR教育有点酷　在教室仰望星空》

46.《全球众多儿童遭受暴力伤害　施暴者往往是养护人》

47.《一个作业本里的两种焦虑》

48.《清华女生巴黎休学做厨娘　做有胆量的追梦人》

49.《创业大学：为创客树立"风向标"》

50.《唤醒起床困难户　江苏一高校启用互联网"叫早"平台》

51.《"白卷"考生十年后选择重新高考　当年非临时起意》

52.《南京部分小学"无作业日"真的来了！这一天怎么过？》

53.《朝阳区名校长"交卷答辩"》

54.《加减乘除"1+X课程"　成志育人出实践成果》

55.《"汉语热"不断升温　学生呈现低龄化》

56.《这群南航学霸够牛：用宋词写密码　拒35万年薪邀约》

57.《2018年国家公务员考试　165.97万人过审创7年来新高》

58.《"马拉松""种菜"　看这些大学课程的花式创新》

59.《80后美术教师成"改娃"师：替娃娃"微整形"，月入上万》

60.《"三无"子女遇上"双陪"父母：渴望独立，又怕伤了父母的心》

61.《福建大三女生23天造出夹娃娃机：平时喜欢玩，却从没夹中过》

62.《不必舍近求远　身边就有好学校》

63.《"双一流"为高等教育强国建设注入强大动力》

64.《在线教育的冰与火　盛宴背后是骨感的盈利现状》

65.《教育部：放权与监管相结合　推动高校自主开展教师职称评审》

66.《小学老师同台飙戏　"教师版"〈雷雨〉惊艳上演》

67.《"四世同堂"传校风　百余名退休老教师"回家过节"》

68.《我们离一流本科还有多远？——〈中国本科教育质量报告〉解读》

69.《一张"教育成绩单"看砥砺奋进的五年》

70.《高校名单公布！一张图看懂"双一流"建设》

71.《暑假"串门儿"　老师家访"访"出爱的温度》

72.《这个宿管阿姨火了，她和校长一起为新生上开学第一课》

73.《高原上，三朵怒放的格桑花》

74.《武大惊现"迪士尼城堡"？教师：未懂中式建筑的美学》

75.《"30分"和"免学费"都有点跑题了》

76.《小学生英语考 95 分以下　未达到教师要求遭戒尺惩罚》
77.《中国台湾高校招不来学生"出怪招"：不考试也能读大学》
78.《江西一高校开设"解忧杂货店"：和忧愁 say goodbye》
79.《校园上演暖水瓶保卫战　大学生感叹"太无奈"》
80.《女硕士从海外回农村捡垃圾　认识北京一半收破烂的》
81.《17 级毕业生已换三份工作：职校生频跳槽　凸显就业质量隐忧》
82.《考研倒计时 40 天　"考研党"凌晨 5 点带台灯坐马扎排队抢座》
83.《最文艺家书！大学生写作业用小篆　在竹简上誊抄〈孝经〉》
84.《法律定了！今天起，大学生千万别考这个证！》
85.《这怎么下口？大学生点外卖留言多点辣　收到 1 袋新鲜辣椒》
86.《减少骚扰电话　73.2% 受访者认为防止个人信息泄露很重要》
87.《大学生晒被又出新花样　雕塑上晒被子"被玩坏了"！》
88.《万圣节幼儿园让带南瓜，又一个孩子被妈坑了》
89.《大学开减脂课效果如何？纪录保持者两学期瘦 51 斤》
90.《贵州三名"高薪学霸"不当"白领"当农民》
91.《@高考生：2018 年四川高考网报将于 11 月 1 至 6 日进行》
92.《从本硕到教师再到博士：大学老师"回炉"当学生》
93.《暖心！大一男生街头勇救受伤老人　学校奖励 5000 元》
94.《这个城市太拼了！大学生买房租房统统打 8 折！》
95.《点赞！青岛四名初中生集体创意打造共享书屋》
96.《双学位：报，还是不报？学长学姐这样说》
97.《考眼力！达州一小学一个班有 4 对"孪生子"》
98.《00 后上大学了！川大 3 新生年仅 14 岁　川师一个班 4 个 00 后》
99.《大变革！中考时，这门课分数涨到 60 分了！！》
100.《安徽这些高校有机会新增博士硕士学位授权点！有你心仪的吗？》
101.《重磅！合肥普通高中学费将全免！普及 15 年基础教育！》
102.《人社部发贺电！黄山学院的这两名学生在世界出名了！》
103.《应届生平均薪酬 5074 元！而北大女生毕业五年开两家公司！你呢？》
104.《最新！安徽 4 所高校入围一流大学建设（名单）！有你的母校吗？》

105.《喜报！2017年50所全国创新创业典型经验高校出炉，我省两所高校获此殊荣！》

106.《@所有高考生！去年合肥理科状元高考秘籍分享，实打实的干货，赶紧看过来！》

107.《有毕业证学位证，还要学校开"学历证明"？这个高校霸气怒怼！》

108.《"最抢手"高校毕业生新排名出炉！清华未进前三……》

109.《这个高校"双十一"后竟给学生发补贴？网友：请问贵校还缺人吗……》

110.《韩国高考因地震延迟，考生：书都扔了啊！赶紧去捡……》

111.《字字戳心！大学生写25字遗书，网友：又暖又甜……》

112.《清华男生节横幅火了！小仙女们原来都是才华横溢的段子手》

113.《2018年考研，这4个时间点很关键！》

114.《这套辅导书火了！14名"学霸"联合制作，让同学看后沉迷学习无法自拔！》

115.《这么多高校"禁"外卖，学生和学校"吵"起来了！》

116.《惊！部分高校突现"天坑"！网友：看完腿软》

117.《浙江大学宁波校区要来了！过去10年，我国本科高校增长这么多……》

118.《刚刚，国家又给大学生好消息了！"国考"公告发布，这些要注意》

119.《非985大学为何能入选"双一流"？郑州大学校长说……》

120.《这些专业的大学生被疯抢！年薪25万都嫌低……》

121.《大学生都看呆了！牛校小学生研究出苏轼的"小秘密"……》

122.《"学渣奖学金"，敢申请的同学请举手》

123.《这些00后学霸逆天了！超一本线135分，12岁少女考上985！》

124.《多校新生男女比例出炉，这个12∶1的学院让人心疼……》

125.《扎心了！回忆大学遗憾，四成受访者后悔这件事……》

126.《一位教师的暖心告白书：从教书开始，到人生为止》

127.《9堂精彩的名师示范课，4场顶级专家讲座，基础教育课程教学

改革最前沿理论和实践，不容错过！》

128.《一块巧克力引发的告状风波，这位老师的做法引来2万网友点赞》

129.《孩子到底是"假努力"还是"真勤奋"？就差在这4个字上！》

130.《技术派！成功辅导孩子写作业的十个步骤和六大秘籍》

131.《这三碗"毒鸡汤"最坑孩子，80%家庭已中招！你家还在喝吗？》

132.《孩子不爱读书？尝试这100种方法让孩子爱上阅读！》

133.《20年后，这5种孩子将不会被淘汰！你家孩子占几项？这样的孩子咋培养？》

134.《当年"0分"考生十年后要重新参加高考！别再相信"读书无用论"了！》

135.《这位著名校长辞职后公开讲话，说了这三件事儿，值得所有人思考》

136.《定了！人社部这项决定，关系到这两类教师评职称》

137.《重磅！这件事儿，将影响中小学教师队伍的未来！高校师范类专业将实行统一认证啦！》

138.《多省份发文件强调这件事，老师家长一定关注！"家长作业"被叫停，快来看！》

139.《陪娃写作业急到心梗？中小学校长告诉你，家长陪写作业的正确姿势到底是啥》

140.《警惕！又有危险玩具威胁孩子安全！老师家长千万别再让孩子玩啦！》

141.《今天，被这所80年前建立的学校刷屏了！为什么她仅存在8年，却永远被人铭记？》

142.《提气！这群年轻人让"CHINA"响彻国际会场！第44届世界技能大赛，我国以15枚金牌位列金牌榜榜首！》

143.《权威！统编语文教材怎么教？这里有一份最详尽的说明！》

144.《见过生僻字，没见过这么美的生僻字！能读准十组算你厉害》

145.《看北大学霸如何开启大学生活　哈佛才子与MIT学霸教你如何玩转大学》

146.《李白也嘻哈？原来诗词还能这么玩？孩子们都玩疯了！》
147.《当好教师的十大"潜规则"，你不可不知道！》
148.《生活中最全的物理小知识，看完再也不怕孩子提问了！》
149.《毕业生，你好！这份"就业大礼包"专门为你定制》
150.《333项选题中标！2017年国家社科基金重大项目立项名单公示》

# 附录
# 新闻标题制作的微课教学视频

## 一、常规新闻标题制作的微课视频

《新闻标题制作技巧》
主讲者：南昌大学　王卫明
网址 http://weike.enetedu.com/play.asp?vodid=142252

《虚实相生——新闻标题的制作技巧与智慧》
主讲者：青海师范大学　李英
网址 http://weike.enetedu.com/play.asp?vodid=45778&e=1

《新闻标题的写作技巧》
主讲者：白城师范学院　宋扬
网址 http://weike.enetedu.com/play.asp?vodid=189114&e=13

《新闻标题与读者定位》
主讲者：吉林工程技术师范学院　姚丽亚
网址 http://weike.enetedu.com/play.asp?vodid=152077&e=13

《消息的写作之消息的标题》
主讲者：江西师范大学　陈波
网址 http://weike.enetedu.com/play.asp?vodid=145403

《四步学会消息标题制作》
主讲者：唐山师范学院　刘华欣
网址 http://weike.enetedu.com/play.asp?vodid=146110##jtss-tsina

## 二、英语新闻标题制作的微课视频

《英语新闻的标题》
主讲者：陕西理工学院　张媛
网址 http://weike.enetedu.com/play.asp?vodid=141394&e=1

Grammatical Features of English News Headlines
主讲者：重庆医科大学　范漱轩
网址 http://weike.enetedu.com/play.asp?vodid=171216&e=3

How to See through News Headlines
主讲者：郑州大学西亚斯国际学院　代美丽
网址 http://weike.enetedu.com/play.asp?vodid=176240&e=3

# 主要参考文献与推荐书目

1. 左克. 标题一得录：新华出版社，1991.
2. 左克. 标题鉴赏录：新华出版社，1998.
3. 何纯. 百年新闻标题经典评析：湖南大学出版社，2003.
4. 巴蜀报人工作室. 新闻标题精选5000例：重庆出版社，2000.
5. 彭朝丞. 新闻标题制作：中国广播电视出版社，2007.
6. 王卫明等编著. 校园新闻实战手册：江西人民出版社，2011.
7. 王卫明，邓年生主编. 中外新闻事业史（第2版）：北京师范大学出版社，2015.
8. 王卫明主编. 高级新闻采编实务：合肥工业大学出版社，2017.
9. 王卫明，黄晓军主编. 新闻作品赏析：华中科技大学出版社，2017.
10. 王卫明，倪洪江主编. 通讯员新闻采写一本通（第2版）：人民日报出版社，2018.
11. 刘明华，徐泓，张征. 新闻写作教程：中国人民大学出版社，2004.
12. 中华慈善总会编. 爱满人间：首届中华慈善新闻奖作品集（2008年）：新华出版社，2009.
13. 王卫明. 慈善传播：历史、理论与实务：社会科学文献出版社，2014.

# 后 记

2001年，我开始从事新闻编辑工作，担任《华商晨报》责任编辑。此后，我在《现代金报》《宜春日报》《华夏时报》《厦门商报》《天津日报》《法制晚报》《嘉兴日报》《南昌晚报》《江西日报》等媒体担任编辑、评论员、记者、实习生、通讯员。在这个过程中，我经常制作标题、研究标题。我感到，每一位新闻人的案头都应该有一两本深入介绍标题技巧、提供大量标题实例的专业书，以备经常翻阅参考。

2005年上半年，我在中国传媒大学远程教育中心讲授"报刊编辑实务"课程。2007年下半年开始，我在南昌大学执教"新闻写作""新闻采编研究"等新闻业务类课程。在教学过程中，我发现学生们在"制作标题"方面存在种种问题，所以特意加强了标题制作方面的教学研究。我感到，每一位新闻学子都应该研读深入介绍标题技巧、提供大量标题实例的专业书。

近20年来，网站、博客、微博、微信、客户端等新媒体逐渐兴起，传播了海量的新闻报道，新闻标题成为无数新媒体争夺受众眼球的关键。在这个过程中，数不清的新媒体从业者在制作标题。可惜的是，许多新媒体编辑并非新闻科班出身，没有接受过系统的标题制作教育，他们在刚开始制作标题时难免盲目、茫然，迫切需要深入介绍标题技巧、提供大量标题实例的专业书。

标题制作是有难度、有讲究、有趣味、有甜头的。为了帮助活跃于传统媒体和新媒体的新闻人和新闻学子，我决心主编一本满足他们需要的标题制作专业书籍。这就是本书的由来。

标题制作看似简单，其实非常复杂。不同题材、不同媒体、不同地区的新闻报道，其标题都存在或大或小的差异。因此，本书的编写，工作量极大，必须博采众长、集思广益。

本书是我主持的南昌大学校级教改课题"新闻传播学科的立体化教材建设研究"的阶段性研究成果，部分成果发表于《新闻与写作》杂志，部分内容获得全国微课竞赛、江西省微课竞赛奖项。

本书由我策划组稿，由南昌大学新闻与传播学院万莉博士和资深传媒人蔡军剑统稿，各章节主要由南昌大学新闻与传播学院师生负责，人员分工如下：

前言（南昌大学　王卫明；南昌大学　王泽勋）

时政新闻标题制作技巧（南昌大学　王卫明；杭州建德市人民法院　王媛媛）

慈善新闻标题制作技巧（南昌大学　陈慧玲）

气象新闻标题制作技巧（中铁建工集团　程飞）

娱乐新闻标题制作技巧（澎湃新闻　薛莎莎）

房地产新闻标题制作技巧（南昌大学　王卫明；宜丰县税务局　王小园）

政经类新闻标题制作技巧（澎湃新闻　薛莎莎）

股票新闻标题制作技巧（南昌大学　郑艳琦）

军事新闻标题制作技巧（江西省人民检察院　李志锋；上海警备区某部　樊晨）

法治新闻标题制作技巧（浙江大学　李嘉鑫）

科技新闻标题制作技巧（湖南大学　马聪骜）

体育新闻标题制作技巧（中山大学　彭闻）

影视新闻标题制作技巧（中国邮政储蓄银行　周碧娇）

灾害新闻标题制作技巧（南昌大学　王杨）

监狱新闻标题制作技巧（江西省南昌监狱　叶瑶乾）

会议新闻标题制作技巧（华南农大珠江学院　李华龙）

游戏新闻标题制作技巧（南昌大学　马晓纯）

健康新闻标题制作技巧（河南森源集团　朱家萱）

广告软文标题制作技巧（江西科技师范大学　王文谨）

社区新闻标题制作技巧（南昌大学　杨思璐；春峰文化　黄煜盈　王业霞）

教育新闻标题制作技巧（南昌大学　陈慧玲）

微信新闻标题制作技巧（南昌大学　刘艳峰）

手机报新闻标题制作技巧（河南广播电视大学　杨涯萍）

都市报头版标题制作技巧（南昌大学　程高祥）

"10万+"新闻标题制作技巧（华南农大珠江学院　幸华龙）

"10万+"新闻标题案例（华南农大珠江学院　幸华龙）

不同题材标题案例点评（南昌大学　万莉；碧桂园集团　徐玲玲）

新闻标题制作的微课视频（南昌大学　王卫明等）

本书摘录大量标题实例（第四章的20类标题由万莉博士悉心点评），引用了前人的一些研究成果，为节约篇幅，未逐一注明作者、媒体名称、发表时间等信息，在此向有关人士、机构致谢。因我们水平有限，本书必有瑕疵，欢迎读者和同行批评指正。

王卫明

2020年3月3日